あなたはヨブと出会ったか

迷い、躓き、行き詰まりながら読む

今井敬隆

新教出版社

目　次

あなたはヨブと出会ったか

迷い、躓き、行き詰まりながら読む

ひととなり全く、かつ正しく

1ウヅの地にヨブという名の人があった。そのひととなりは全く、かつ正しく、
神を恐れ、悪に遠ざかった。2彼に男の子七人と女の子三人があり、3その家畜は
羊七千頭、らくだ三千頭、牛五百くびき、雌ろば五百頭で、しもべも非常に多く、
この人は東の人々のうちで最も大いなる者であった。4そのむすこたちは、めいめ
い自分の日に、自分の家でふるまいを設け、その三人の姉妹をも招いて一緒に食い
飲みするのを常とした。5そのふるまいの日がひとめぐり終るごとに、ヨブは彼ら
を呼び寄せて聖別し、朝早く起きて、彼らすべての数にしたがって燔祭をささげた。
これはヨブが「わたしのむすこたちは、ことによったら罪を犯し、その心に神をの
ろったかもしれない」と思ったからである。ヨブはいつも、このように行った。

（ヨブ記一章一～五節）

21しかし今や、神の義が、律法とは別に、しかも律法と預言者とによってあかし
されて、現された。22それは、イエス・キリストを信じる信仰による神の義であっ
て、すべて信じる人に与えられるものである。そこにはなんらの差別もない。23す
なわち、すべての人は罪を犯したため、神の栄光を受けられなくなっており、24彼

らは、価なしに、神の恵みにより、キリスト・イエスによるあがないによって義とされるのである。

（ローマ人への手紙三章二一〜二四節）

新年早々、ぶっちゃけた話で恐縮ですが、毎週説教を作るのに汲々としております。また、毎週のテキストを選ぶのもそれに劣らず煩わしいことです。この四年間は、教団の発行する聖書日課に準じて選んでいましたので、「選ぶ」苦労の方は免れておりましたが、それもとうとう一巡してしまいまして、また同じ轍を踏むのもどうかと迷う一方で、最近とみに心身の衰えを感じるようになりまして、説教ができるのもそう長くはないだろうと実感しておりました。そこで、この際思い切って日ごろやらないことをしてみようと、レイト・ワークを兼ねてヨブ記の連続講解説教にチャレンジすることにしました。

正直なところ、ヨブ記はたいへん難解で、おいそれとわたしの手に負えるような代物ではありません。しばしば誤読や勝手読みをするでしょう。迷い、躓き、行き詰まり、迷路に引きずり込まれてしまうなど、いろいろと皆様にご迷惑をおかけすることになるでしょう。

そんなことを考えますと、思い立ってはみたものの、いよいよ始めるとなると尻込みせざるを得ません。あるいは、途中で放り出すことになるかもしれません。意地を張って続けて支離滅裂になってしまうかもしれません。もしも聴くに耐えないと思われましたら、遠慮なくストップをかけてください。その時はまた他のことを考えたいと思いますが、そうなる前にまず、腑に落ちない点や〝自分ならこう読む〟という異論など、ございましたら、率直にお聞かせください。あるいはそういう言葉の交換によって、幾分なりともこの書の真意に近づけるかもしれない……、などと、虫の良い期待をしている次第です。

さて、この書のテーマは〝正しい人がなぜ苦難に遭わなければならないのか〟という点で大方の意見が一致しているようですが、いざ本文細部の解釈となると、さまざまに見解の相違が生じます。

一章・二章と、三八章以下、神がつむじ風の中からヨブに呼びかけ、ヨブがその呼びかけに応え、物語が大団円を迎える部分は比較的分かりやすいのですが、三章から三七章までの、主人公ヨブと友人たちとの間で交わされる神学論争の部分は、延々と同じテーマ（なぜ、義人ヨブが艱難に遭わねばならないのか。なぜ神はそれを見逃しておられるのか……神学用語で「神義論」と呼ばれる問題）が繰り返され、難解な上に退屈です。ヨブ記が説教のテキストに使われる場合、そのほとんどが前後の物語の枠の部分に関するもので、友人たちとの論争の部分を逐一丁寧に扱った説教をわたしは知りません。たぶん、そんな神学論争を聞かされても、聞く人は退屈してしまうだけだ……、という説教者の配慮があるのでしょう。

さて、及び腰に恐る恐るテキストに入って参ります。

（一・一a）

ウヅの地にヨブという名の人があった。

「ウヅの地」がどこにあったか。諸説ありますが、確たることは分かりません。「ヨブ」という名も、「神に敵対する者」だとか、「神を求める者（父はどこに……）」だとか言われますが、確定はされていません。太古の時代に、チグリス・ユーフラテスの流域地帯に一般的にあった名前だという説もありますが、旧約聖書の中には創世記に一箇所（四六・一三）とエゼキエル書に一箇所（一四・一四）出てくるだけです。たぶん、聖書の民にとって、遠い昔のうっすらとした記憶の中の先祖の名でしかないのでしょう。さしずめ、〝むかしむかしウヅというところに、ヨブという人がおったそうな……〟といったところでしょうか。

そのひととなりは全く、かつ正しく、神を恐れ、悪に遠ざかった。（一・一b）

わたしは皮肉な人間ですから、そんな「完全な正しさ」を備えた人間などいるものか……と、つい心の中で呟いてしまいました。

この「全くかつ正しく」を新共同訳聖書では「無垢な正しい人」と訳しています。原語では「疵の無い真直ぐな」という意味で、神殿で犠牲として捧げられる動物の条件を連想させ、イスラエル宗教の祭儀的意味合いを感じさせる言葉遣いです。ほぼ同じ意味のことを言葉を替えて強調するのはヘブライ文学の特徴の一つですから、「全く」も「正しく」も「神を恐れ」も「悪に遠ざかった」もほぼ同じ意味に理解してよいでしょう。ヨブのひととなりの完全さは、イスラエルの宗教的伝統に準拠する「義《ただ》しさ」なのです。

彼に男の子七人と女の子三人があり、その家畜は羊七千頭、らくだ三千頭、牛五百くびき、雌ろば五百頭で、しもべも非常に多く、この人は東の人々のうちで最も大いなる者であった。そのむすこたちは、めいめい自分の日に、自分の家でふるまいを設け、その三人の姉妹をも招いて一緒に食い飲みするのを常とした。（一・二〜四）

子どもの数と財産である家畜の数を表すのに使われている、三・五・七は完全数です。ヨブが経済的にも家庭的にも想像もつかないほど恵まれ、まさに完全な恩恵を受けて日々を送っていたことが暗示されています。

そのふるまいの日がひとめぐり終るごとに、ヨブは彼らを呼び寄せて聖別し、朝早く起きて、彼らすべての数にしたがって燔祭をささげた。これはヨブが「わたしのむすこたちは、ことによったら罪を犯し、その心に神をのろったかもしれない」と思ったからである。ヨブはいつも、このように行った。（一・五）

ヨブの手にしていたこの繁栄と恩恵は、彼が神の前に常に謙遜であったことと関係づけられています。つまり、ここに展開されているのは、〝正しい人は必ず神の祝福と恩恵に与るに違いない〟という因果応報の思想です。これは古代イスラエル宗教のみならず、いずれの時代、いずれの宗教にも多かれ少なかれある要素です。たぶん、これが無ければ宗教は成り立たないでしょう。正直のところ、わたし自身もどこかでそれを期待し善行に励もうとしている。実にみみっちい話です。

しかし、現実の世界はそれほどナイーブなものではありません。むしろ正しい者がワリを食い、悪い奴ほど栄える、こんな不条理をどうしてくれるんだ、と抗議したくなることの方が多い。ヨブ記はその問題をとことん突き詰めようとチャレンジします。

そして、神に抗議するということは、必然的に抗議する側の正しさも問われなければなりません。自分は正しいと思っても、大多数の人が正しいと思っても、必ずしもそれが本当に正しいとは限らない。今日の箇所で言われるヨブの「正しさ」は本当に正しいのでしょうか。ヨブが得た恩恵、即ち、「その家畜は羊七千頭、らくだ三千頭、牛五百くびき、雌ろば五百頭で、しもべも非常に多く、この人は東の人々のうちで最も大いなる者であった。そのむすこたちは、めいめい自分の日に、自分の家でふるまいを設け、その三人の姉妹をも招いて一緒に食い飲みするのを常とした」という状態は、舞台が砂漠の狭い劣悪な生存圏であることを考えると、これは富の一人占めに他なりません。百万とも二百万とも言われる餓死者を出しながら、一族と側近たちだけの贅沢に耽るキム・ジョンイルと大差はありません。世界中に貧困を作り出している先進資本主義国の正義とどこが違うのでしょうか。

現代の視点から考えれば、「そのひととなりは全く、かつ正しく、神を恐れ、悪に遠ざかった」などという前提のもとにヨブを語ることなどできない相談です。

ヨブ記の著者の発想は現代のわたしたちの発想とは違います。けれども彼は彼なりに、〝なぜ、正しい人が苦しまなければいけないのか〟、〝神はなぜ正しい人の苦しみを見逃しておられるのか〟という問題と執拗に取り組んで悪戦苦闘しています。

ただし、ヨブ記の著者はたぶん一人ではないでしょう。ヨブ記がほぼ現在の形でまとめられたのは捕囚期以降だろうと言われます。そこに至るまで、何世代にも亘って、何人もの人がこの問題と取り組んできたのです。正確には〝彼らは彼らなりに〟と言わなければなりませんが、ヨブ記は、そういう歴史的な探求の一つのまとめなのです。しかし、それで結論が出たわけではありません。それ以降も、聖書記者たちはこの問題を考え続けてきたに違いありません。そして、神の義しさを追及することは逆に〝人間の正しさ〟が追及されることでもあります。

因みに、パウロは神の義と人間の正しさについて、「すべての人は罪を犯したため、神の栄光を受けられなくなっており、彼らは、価なしに、神の恵みにより、キリスト・イエスによるあがないによって義とされるのである」（ロマ三・二三〜二四）と言います。いわゆる「信仰義認論」です。

キリスト教ではこのパウロの義認論がスタンダードになっていますが、これで「義」の問題がすべて片づくわけではありません。今もって、悪が栄え善が片隅に追いやられている現実があり、同時に、何が善で何が悪か、いっそう分かりにくくなっています。ヨブ記が提示している問題は旧くて新しい問題、時代を超えて絶えず考え続けるべき問題に他なりません。

そんなわけで、できる限り現代的な問題にも結びつけ、新約聖書にも触れながら、このヨブ記が提出する問題を読み解いていきたいと思います。わたしが音を上げるか、皆様からストップがかかるまで、辛抱しておつき合いいただきたいと存じます。

（二〇〇四年一月四日）

いたずらに神を恐れましょうか

6ある日、神の子たちが来て、主の前に立った。サタンも来てその中にいた。
7主は言われた、「あなたはどこから来たか」。サタンは主に答えて言った、「地を
行きめぐり、あちらこちら歩いてきました」。8主はサタンに言われた、「あなたは
わたしのしもべヨブのように全く、かつ正しく、神を恐れ、悪に遠ざかる者の世
にないことを気づいたか」。9サタンは主に答えて言った、「ヨブはいたずらに神
を恐れましょうか。10あなたは彼とその家およびすべての所有物のまわりにくまな
く、まがきを設けられたではありませんか。あなたは彼の勤労を祝福されたので、
その家畜は地にふえたのです。11しかし今あなたの手を伸べて、彼のすべての所有
物を撃ってごらんなさい。彼は必ずあなたの顔に向かって、あなたをのろうでしょ
う」。12主はサタンに言われた、「見よ、彼のすべての所有物をあなたの手にまかせ
る。ただ彼の身に手をつけてはならない」。サタンは主の前から出て行った。

（ヨブ記一章六〜一二節）

31それから、人の子は必ず多くの苦しみを受け、長老、祭司長、律法学者たちに
捨てられ、また殺され、そして三日の後によみがえるべきことを、彼らに教えは

じめ、[32]しかもあからさまに、この事を話された。すると、ペテロはイエスをわきへ引き寄せて、いさめはじめたので、[33]イエスは振り返って、弟子たちを見ながら、ペテロをしかって言われた、「サタンよ、引きさがれ。あなたは神のことを思わないで、人のことを思っている」。（マルコによる福音書八章三一～三三節）

先週は、地上におけるヨブの状況について考えてみました。ヨブは、古代イスラエル人の思い描き得る最高の人格を備え、最大の幸せを享受していたのです。

きょうの場面は一転して、天上における神々の集会の場に移ります。

ある日、神の子たちが来て、主の前に立った。……（一・六）

ここでは、〝神々〟ではなく〝神の子たち〟と曖昧な表現になっていますが、古代オリエント世界の神話にはよく出て来る「神々の会議」のイメージが読み込まれています。

その天上の会議において、ヨブの境遇に魔が差した……この場合、聖書なら〝サタンが差した〟とでも言うのでしょうか。サタンは、こともあろうに神を誘惑します。曰く、「ヨブはいたずらに神を恐れましょうか」、と。

このサタンの兆発には深い神学的な問いが含まれているかもしれません。「いたずらに」と訳されている語は、〝何の利益も無いのに……〟というほどの意味で、〝信仰はギブ・アンド・テイク（取引）なのか〟という問いが含意されているのではないでしょうか。

更にサタンは鎌をかけます、「あなたはヨブのことを『わたしのしもべ』（アブラハムやモーセ、ダビデ、あるいはエリヤやイザヤなど、イスラエルを代表する偉大な人物に使われる言葉）と呼び、『ヨブのように全く、かつ正しく、神を恐れ、悪に遠ざかる者の世にない……』とまで誉めそやしますが、それは、あなた（主）が彼とその家およびすべての所有物のまわりにくまなく、まがきを設けられ……彼の勤労を祝福され……その家畜をふやされたからではないですか。しかし今あなたの手を伸べて、彼のすべての所有物を撃ってごらんなさい。彼は必ずあなたの顔に向かって、あなたをのろうでしょう」と。

恩恵があるからこそ、ヨブは神を畏れ敬い、悪を遠ざけているのであって、もし恩恵が取り去られたらどうなることやら……。突き詰めれば、イスラエル宗教の根本にある「契約思想」（＝神を崇めるならばイスラエルは子々孫々まで栄える）に対するラディカルな問いなのです。

もしも契約違反があれば（この場合、神が契約違反をするとは考えにくいので、一方的に人間の側の契約違反＝「罪」が問われることになるでしょう）神は祝福を取り消されるのか……。はたまた人間にどんな罰をお与えになるのか……。アダムとエバの物語以来、繰り返し問い続けられている問題に他なりません。

ただし、ヨブ物語では少し違ったニュアンスを汲み取ることができるような気がします。つまり、一方的に人間の側の問題として捉えられているのではなく、神の側の問題としても、あるいはむしろ神の側の問題こそが問われているのではないでしょうか。たとえ神が全能であり人は神の前に土塊に過ぎないとしても、神が人を差し向かう他者として、〝我と汝〟の関係にあるものとしてお選びになった以上、人に投げかけられた問いは、また神にも投げ返されている……〝人は神に顔を背けてばかりいますが、神さま、あなたはどうなのですか。顔を背ける人間にあなたも顔を背けられるのですか〟、と。

果たして、ヨブ記の「作者」にそういう意図があったかどうか。一口に「ヨブ記の作者」と言っても、この物語はイスラエル民族が誕生する以前からの長い長い歴史の中で無数の語り手によって語り継がれ、最終的には、たぶん、バビロン捕囚を経験した作者たちによってまとめ上げられたものでしょうから、すべてをいっしょくたにして作者の意図如何……などと問うことはできませんし、作者たちも「我々はそんな意図は持っていない」と言うかもしれませんが、彼らの意図の如何にかかわらず、天上における神々の集会という場面設定には、この物語の読者の目を神ご自身に向けさせる因子を内包している……と、わたしには思えるのです。

どうして唯一の神を信じるイスラエルの信仰の物語、即ち、旧約聖書のところどころに「神々」のイメージが現れるのか。

例えば、詩篇八二篇には、「神は神の会議のなかに立たれる。神は神々のなかで、さばきを行われる」（八二・一）とあります。詳しくはまた別の機会に譲りたいと思いますが、神々が会議を開くということは、「神」が専制君主ではなく、他の意見にも耳を傾ける方、時にはいったん決めたことを変更することもあり得る方として描かれているのです。しかも、サタンも来てその中にいた……とあります。しかし、あまり深く考えないでおきましょう。

ともかく、神はサタンの口車に乗せられて、「見よ、彼のすべての所有物をあなたの手にまかせる。ただ彼の身に手をつけてはならない」（一・一二）と、条件つきでヨブを試すことに同意してしまいます。

もし、ヨブがすべての持ち物を失って、神を呪ったら、神はどうなさるのでしょうか。〝そんな奴はわしゃ知らん〟と、仰るのでしょうか。ヨブが受けなければならない試練は、神がサタンの誘惑に乗ってしまった結果です。もしヨブが挫けてしまったら、それはもちろんヨブの弱さに違いありませんが、そう仕向けた神にも責任の一端があるのではないでしょうか……。

ヨブ記は直にこの問いに答えません。この後ヨブは最初の試練を撥ね退けます。わたしたちは答えを得ないまま、物語に沿って進んでいかなければなりません。

ここで、ヨブ記の信仰とは離れますが、ペテロを叱りつけたイエスの言葉を思い出します。

それから、人の子は必ず多くの苦しみを受け、長老、祭司長、律法学者たちに捨てられ、また殺され、そして三日の後によみがえるべきことを、彼らに教えはじめ、しかもあからさまに、この事を話された。すると、ペテロはイエスをわきへ引き寄せて、いさめはじめたので、イエスは振り返って、弟子たちを見ながら、ペテロをしかって言われた、「サタンよ、引きさがれ。あなたは神のことを思わないで、人のことを思っている」。

（マルコ八・三二〜三三）

イエスはなぜ、こんな、きつい言葉でペテロをお叱りになったのでしょうか。ペテロがおっちょこちょいで弱い人間だと百も承知の上で……。

もしかすると、これはペテロに向けた言葉ではなく、イエスご自身に向けた言葉だったのではないでしょうか。負わねばならない十字架の定めをできることなら回避したい……、そう願うご自分の心に向かって発した、「サタンよ、引きさがれ……」だったのかもしれません。もしそうだとすれば、神々の会議とは神ご自身の心の中の出来事だとも考えられます。神ご自身、違反ばかりする人間との契約をどうするのか……、迷っておられるのではないでしょうか。〝サタンの誘い〟は神ご自身の内なる迷いなのではないでしょうか……。

聖書が証しする神は、愚かな人間のすべてを受けとめ、ご自分でも深く内省してくださる方なのでは……。

これはわたしの勝手な思い込みでしょうか。

（二〇〇四年一月一一日）

主の御名はほむべきかな

13ある日ヨブのむすこ、娘たちが第一の兄の家で食事をし、酒を飲んでいたと
き、14使者がヨブのもとに来て言った、「牛が耕し、ろばがそのかたわらで草を食
っていると、15シバびとが襲ってきて、これを奪い、つるぎをもってしもべたちを
打ち殺しました。わたしはただひとりのがれて、あなたに告げるために来ました」。
16彼がなお語っているうちに、またひとりが来て言った、「神の火が天から下って、
羊およびしもべたちを焼き滅ぼしました。わたしはただひとりのがれて、あなたに
告げるために来ました」。17彼がなお語っているうちに、またひとりが来て言った、
「カルデヤびとが三組に分れて来て、らくだを襲ってこれを奪い、つるぎをもって
しもべたちを打ち殺しました。わたしはただひとりのがれて、あなたに告げるため
に来ました」。18彼がなお語っているうちに、またひとりが来て言った、「あなたの
むすこ、娘たちが第一の兄の家で食事をし、酒を飲んでいると、19荒野の方から大
風が吹いてきて、家の四すみを撃ったので、あの若い人たちの上につぶれ落ちて、
皆死にました。わたしはただひとりのがれて、あなたに告げるために来ました」。
20このときヨブは起き上がり、上着を裂き、頭をそり、地に伏して拝し、21そし
て言った、

わたしは裸で母の胎を出た。

また裸でかしこに帰ろう。

主が与え、主が取られたのだ。

主のみ名はほむべきかな」。

22すべてこの事においてヨブは罪を犯さず、また神に向かって愚かなことを言わなかった。


（ヨブ記一章一三～二二節）

35さて、ゼベダイの子ヤコブとヨハネとがイエスのもとにきて言った、「先生、
わたしたちがお頼みすることは、なんでもかなえてくださるようにお願いします」。
36イエスは彼らに「何をしてほしいと、願うのか」と言われた。
37すると彼らは言
った、「栄光をお受けになるとき、ひとりをあなたの右に、ひとりを左にすわるよ
うにしてください」。
38イエスは言われた、「あなたがたは自分が何を求めているの
か、わかっていない。あなたがたは、わたしが飲む杯を飲み、わたしが受けるバプ
テスマを受けることができるか」。
39彼らは「できます」と答えた。するとイエス
は言われた、「あなたがたは、わたしが飲む杯を飲み、わたしが受けるバプテスマ
を受けるであろう。
40しかし、わたしの右、左にすわらせることは、わたしのする
ことではなく、ただ備えられている人々だけに許されることである」。

（マルコによる福音書一〇章三五～四〇節）

地上におけるヨブのひととなりや暮し向きを描くことから始まった物語は、舞台をいったん天上に移し、ヨブをめぐる神とサタンとの賭けについて報告した後、再び地上に戻り、最初の地上の場面を継続します。最初の場面の終わりには、「そのむすこたちは、めいめい自分の日に、自分の家でふるまいを設け、その三人の姉妹をも招いて一緒に食い飲みするのを常とした」（一・四）と報告され、これを受けて、きょうの箇所は、「ある日ヨブのむすこ、娘たちが第一の兄の家で食事をし、酒を飲んでいたとき」（一・一三）と飲み食いの場面から始まります。地上の場面は時間的な途切れなく続き、これに並行して天上の出来事が報告される……。物語の主人公ヨブは天上において何が起こっていたか知りませんが、読者には知らされている。即ち、読者は傍観者として、神やサタンと同じ位置にいるのです。

この後、たぶん、「ヨブは彼らを呼び寄せて聖別し、朝早く起きて、彼らすべての数にしたがって燔祭をささげ」るはずです。「そのふるまいの日がひとめぐり終るごとに」ヨブは、「わたしのむすこたちは、ことによったら罪を犯し、その心に神をのろったかもしれない」と思い「いつも、このように行った」（一・五）と記されている通りに……。

しかし、このヨブの敬虔な信仰的行為は、次々にもたらされる悲報によって先送りにされます。

使者がヨブのもとに来て言った、「牛が耕し、ろばがそのかたわらで草を食っていると、シバびとが襲ってきて、これを奪い、つるぎをもってしもべたちを打ち殺しました。わたしはただひとりのがれて、あなたに告げるために来ました」。彼がなお語っているうちに、またひとりが来て言った、「神の火が天から下って、羊およびしもべたちを焼き滅ぼしました。わたしはただひとりのがれて、あなたに告げるために来ました」。彼がなお語っているうちに、またひとりが来て言った、「カルデヤびとが三組に分れて来て、らくだを襲ってこれを奪い、つるぎをもってしもべたちを打ち殺しました。わたしはただひとりのがれて、あなたに告げるために来ました」。彼がなお語っているうちに、またひとりが来て言った、「あなたのむすこ、娘たちが第一の兄の家で食事をし、酒を飲んでいると、荒野の方から大風が吹いてきて、家の四すみを撃ったので、あの若い人たちの上につぶれ落ちて、皆死にました。わたしはただひとりのがれて、あなたに告げるために来ました」。
（一・一四〜一九）

悲報を伝える伝令の「わたしはただひとりのがれて、あなたに告げるために来ました」という同じ言葉が四度繰り返されます。「四」は苦難を表す象徴的な数字であり、その様式化された反復は災難の非情さ、重大さを増幅させます。この災難に神とサタンが絡んでいることをヨブは知りませんが、読者は知っています。読者は次第に傍観者であることを止め、ヨブの立場に引き寄せられ、ヨブに同情し、悲惨な事件に見舞われたヨブがどんな態度を取るのか……固唾を飲んで見守ることになるでしょう。

このときヨブは起き上がり、上着を裂き、頭をそり、地に伏して拝し、そして言った、

「わたしは裸で母の胎を出た。また裸でかしこに帰ろう。主が与え、主が取られたのだ。主のみ名はほむべきかな」。すべてこの事においてヨブは罪を犯さず、また神に向かって愚かなことを言わなかった。

（一・二〇～二二）


たぶん、この結末は読者の期待に反するものでしょう。

「起き上がり、上着を裂き、頭をそり、地に伏して……」という行為が、怒りを表す仕種だと思いきや、深い悲しみにもかかわらず神の前に恭順の意を表す祭儀的行為です。すべてを神にお委ねする……。超越した悟りの境地が窺われ、これこそまさに信仰者の模範です。

しかし、これがヨブの本音なのでしょうか。こんな災難にあって、人はこれほど取り澄まして居られるものなのでしょうか。

このヨブの立派な態度によって、神はサタンとの賭けに勝ち、面目を保つことができたわけですが、百歩譲って、ヨブはそれで良いとしても、被害に遭った人々はどうなのでしょうか。彼ら彼女らもまた、「わたしは裸で母の胎を出た。また裸でかしこに帰ろう。主が与え、主が取られたのだ。主のみ名はほむべきかな」と、突然の死を甘受すべきなのでしょうか。彼ら彼女らの死が、この賭けによってもたらされたものであることを知る読者には釈然としないものが残るはずです。

阪神・淡路大震災から九年、直接の被害に遭わなかったわたしは、正直なところ、昨日ニュースを見て、「ああ、もう九年も経ったか」と思った次第です。当時は結構関心を持ち、被災教会を支えるための募金活動などにも力を入れました。小林健志牧師を招いて被災教会の現状をお聞きしたこともありました。しかし、この、神戸の人々にとっては忘れてはならない悲惨な出来事が、わたしの中では次第に風化し、わたしはすでに傍観者を決め込んでいた……ということに気づかされます。

そんなわたしが言うのもなんですが、震災直後、福音派を自負する教派の有名な牧師が、「社会問題ばかりに現を抜かしている某教団の教会は甚大な被害を受けたようだが、福音主義に立つわたしたちの教派は軽い被害で済んだ……」という主旨の説教をして、物議を醸しました。被害者に対する配慮を欠いたこんなメッセージが福音の名の下にまかり通っている……。

「わたしは裸で母の胎を出た。また裸でかしこに帰ろう。主が与え、主が取られたのだ。主のみ名はほむべきかな」との件《くだり》は、教団の埋葬式の式文にも取り入れられています。わたしもこれを使わせてもらっていますが、「主のみ名はほむべきかな……」、悲しみの内にあるご遺族の心にはどのように受け取られているのでしょうか。そのことで苦情や非難を受けたわけではありませんが、もしかしたら、牧師の勝手な言い分だと思われているのかもしれません。

さて、今までのところ、神はヨブが無垢で絶対の信頼を神に置いていることを少しも疑っていないようですが、福音書のイエスは少し違うようです。

さて、ゼベダイの子ヤコブとヨハネとがイエスのもとにきて言った、「先生、わたしたちがお頼みすることは、なんでもかなえてくださるようにお願いします」。イエスは彼らに「何をしてほしいと、願うのか」と言われた。すると彼らは言った、「栄光をお受けになるとき、ひとりをあなたの右に、ひとりを左にすわるようにしてください」。イエスは言われた、「あなたがたは自分が何を求めているのか、わかっていない。あなたがたは、わたしが飲む杯を飲み、わたしが受けるバプテスマを受けることができるか」。彼らは「できます」と答えた。するとイエスは言われた、「あなたがたは、わたしが飲む杯を飲み、わたしが受けるバプテスマを受けるであろう。しかし、わたしの右、左にすわらせることは、わたしのすることではなく、ただ備えられている人々だけに許されることである」。

（マルコ一〇・三五〜四〇）

イエスの主要な弟子たちであるヤコブとヨハネ、彼らはイエスから「あなたがたは、わたしが飲む杯を飲み、わたしが受けるバプテスマを受けることができるか」と問われ、「できます」と答えました。たぶんその気持に偽りはなかったでしょう。しかし、その心の底には名誉心が潜んでいて、決して無垢ではなかった。しかも彼らの健気な心根も、いざとなれば吹き飛んでしまう……。

イエスはそのことを充分ご承知です。ですからサタンと賭けなどしません。弟子たちの不純さも健気さも弱さも、すべてご自分の身に引き受け、十字架の死を甘受されたのでしょう。「我が神、我が神、どうしてわたしをお見捨てになったのですか」（マルコ一五・三四）という叫びの中には、人が神に向かって発する究極の問いが込められています。

果たせるかな、ヨブ記も、神の御名を褒め称えるだけで終わるわけにはゆきません。

（二〇〇四年一月一八日）

神を呪って死ぬほうがましでしょう

1ある日、また神の子たちが来て、主の前に立った。サタンもまたその中に来て、
主の前に立った。2主はサタンに言われた、「あなたはどこから来たか」。サタンは
主に答えて言った、「地を行きめぐり、あちらこちら歩いてきました」。3主はサタ
ンに言われた、「あなたは、わたしのしもべヨブのように全く、かつ正しく、神を
恐れ、悪に遠ざかる者の世にないことを気づいたか。あなたは、わたしを勧めて、
ゆえなく彼を滅ぼそうとしたが、彼はなお堅く保って、おのれを全うした」。4サ
タンは主に答えて言った、「皮には皮をもってします。人は自分の命のために、そ
の持っているすべての物をも与えます。5しかしいま、あなたの手を伸べて、彼の
骨と肉とを撃ってごらんなさい。彼は必ずあなたの顔に向かって、あなたをのろう
でしょう」。6主はサタンに言われた、「見よ、彼はあなたの手にある。ただ彼の命
を助けよ」。
7サタンは主の前から出て行って、ヨブを撃ち、その足の裏から頭の頂まで、い
やな腫物をもって彼を悩ました。8ヨブは陶器の破片を取り、それで自分の身をか
き、灰の中にすわった。9時にその妻は彼に言った、「あなたはなおも堅く保って、
自分を全うするのですか。神をのろって死になさい」。10しかしヨブは彼女に言っ

た、「あなたの語ることは愚かな女の語るのと同じだ。われわれは神から幸をうけ
るのだから、災をも、うけるべきではないか」。すべてこの事においてヨブはその
くちびるをもって罪を犯さなかった。

（ヨブ記二章一〜一〇節）

32さて、一同はゲッセマネという所にきた。そしてイエスは弟子たちに言われた、
「わたしが祈っている間、ここにすわっていなさい」。33そしてペテロ、ヤコブ、ヨ
ハネを一緒に連れて行かれたが、恐れおののき、また悩みはじめて、彼らに言われ
た、34「わたしは悲しみのあまり死ぬほどである。ここに待っていて、目をさまし
ていなさい」。35そして少し進んで行き、地にひれ伏し、もしできることなら、こ
の時を過ぎ去らせてくださるようにと祈りつづけ、そして言われた、36「アバ、父よ、
あなたには、できないことはありません。どうか、この杯をわたしから取りのけて
ください。しかし、わたしの思いではなく、みこころのままになさってください」。
37それから、きてごらんになると、弟子たちが眠っていたので、ペテロに言われた、
「シモンよ、眠っているのか、ひと時も目をさましていることができなかったのか。
38誘惑に陥らないように、目をさまして祈っていなさい。心は熱しているが、肉体
が弱いのである」。

（マルコによる福音書一四章三二〜三八節）

「わたしは裸で母の胎を出た。また裸でかしこに帰ろう。主が与え、主が取られたのだ。
主のみ名はほむべきかな」。

（一・二一）

天上における神とサタンとの最初の賭けは、ヨブの信仰告白によって神の勝利に終わりました。しかし、それで尻尾を巻いて退散するようなサタンではありません。彼はまた神を唆し、二度目の賭けを挑みます。

ある日、また神の子たちが来て、主の前に立った。サタンもまたその中に来て、主の前に立った。主はサタンに言われた、「あなたはどこから来たか」。サタンは主に答えて言った、「地を行きめぐり、あちらこちら歩いてきました」。主はサタンに言われた、「あなたは、わたしのしもべヨブのように全く、かつ正しく、神を恐れ、悪に遠ざかる者の世にないことを気づいたか……」。（二・一～三）

天上における二度目の賭けの場面も、最初の場面とほとんど同じ文言で始まります。このような様式化された語り口は、もともとこの物語が民話のような民間伝承に由来するモノであることを窺わせます。定まった文言の繰り返しによって物語を繋げていくことは、親から子へ、子から孫へと何世代にも亘って語り継いで行くのに適しています。神の勝ち誇った台詞がこの様式化された言い回しに乗せて語られます、「あなたは、わたしを勧めて、ゆえなく彼を滅ぼそうとしたが、彼はなお堅く保って、おのれを全うした」（二・三）と。

しかしサタンは怯まず応じます、「皮には皮をもってします。人は自分の命のために、その持っているすべての物をも与えます。しかしいま、あなたの手を伸べて、彼の骨と肉とを撃ってごらんなさい……」(二・五)。

賭けにもルールがあって、最初のルールは「ヨブのすべての所有物をサタンの手にまかせるが、ただヨブの身に手をつけてはならない」というものでした。今度は、〝災いをヨブ本人の身体に及ぼしてもよい。ただし、命だけは助けること〟と変更します。

主はサタンに言われた、「見よ、彼はあなたの手にある。ただ彼の命を助けよ」。サタンは主の前から出て行って、ヨブを撃ち、その足の裏から頭の頂まで、いやな腫物をもって彼を悩ました。ヨブは陶器の破片を取り、それで自分の身をかき、灰の中にすわった。

(二・六〜八)

「皮には皮をもってする」という格言の出所と意味については研究者の間で様々な解釈が為されていますが、「目には目を」とも関係があるかもしれません。

「いやな腫物」が何なのかも定かではありません。「陶器の破片を取り、それで自分の身をかき」とありますから、余ほど痒いタチの悪い皮膚病なのでしょう。俗には痛みよりも痒みの方が耐えがたいと言われますが、本人にしか分からない苦しみです。

「灰の中にすわった」という箇所をギリシャ語七十人訳聖書は「ゴミの山に坐り」と訳してい

ます。エルサレムの城外にはゴミ捨て場があり、ヨブがそこに、重い皮膚病患者の一人として隔離されたことを暗示しているのかもしれません。

そんな孤独なヨブに向かって、身内の中でただ一人生き残った彼の妻は、「あなたはなおも堅く保って、自分を全うするのですか。神をのろって死になさい」（二・九）といいます。何とも非情な言葉です。因みに、「のろって」は、原文では「祝福して」・「賛美して」（婉曲話法）。これを「神を賛美して死になさい」と直訳して、痛烈な皮肉と解釈していますが、七十人訳聖書はこれを、「しばらくして妻はヨブに言った、『いつまであなたは苦しみに堪えるのですか。あなたの記憶は地上から消し去られました。わたしは、わたしが腹を痛めて生んだ息子たち娘たちを何の報いも求めずに育て上げました。今、あなたは隔離され、蛆《うじ》のわくゴミの山の中に坐し、夜を過ごしています。わたしは家から家を渡り歩いて日雇い婦として働いています。わたしは日々の労働と苦痛から解き放たれるためにただ日の沈むのを待つだけです。どうか、神に一言も申して死に給え』」と記し、妻の立場も情状酌量しています。

「聖書」は「聖典」とされ、「誤りなき規範」とも言われますが、その聖典が、ギリシャ語とヘブル語では異なる……既に解釈が加えられているのです。「言語」は文化を反映しますから、この違いはヘブライ文化とギリシャ文化との違いなのかもしれません。

浅野順一はこの箇所を、ギリシャ語テキストを参考にして、「この妻の叫びは夫たるヨブに対して甚だ非情に聞こえる、然し果たしてそうか。ヨブの家族は大家族であった。彼女は子どもを十人も産み、立派に育てた。それは喜びであり誇りでもあっただろうが、その心労・苦労、多くの僕・しもべ女を召し使う気遣いはいかばかりであったか。彼女の半生は夫のため、子どものために使い果たされ、今やヨブと共に老境にあり、苦悩多かりし人生の旅路の果てに立っている。しかるに彼女の夫は死を待つばかりの重病に取りつかれ、その病は神に呪われ、人には見捨てられている。彼女が子どもたちを失ったことは恐らくヨブ以上に大きな痛手であっただろう。その上彼女もまた夫と共に、呪いと辱めの中に置かれている……人間として到底耐えがたいことである。そして今、彼女はなおも最後の犠牲を強いられているのである。これまで、彼女もまた夫と共に、聞こえざるサタンの声を必死に退けていたに違いない。しかし、その必死の戦いと忍耐も極度に達し、遂にサタンの誘いに乗ぜられざるを得なかったことはまことに無理からぬことである。蛇の誘惑にまず破れ、知恵の木の実を喰い、それをアダムにすすめた者はエバであった……。ヨブの妻の場合も亦同様である。サタンはヨブの妻に乗り移った。彼女は知らずしてサタンの化身になったと見ることも出来よう。それはヨブに対する非情の故ではなく、むしろ愛情の故である」といいます。浅野先生の優しさの一端が垣間見られるとも言えますが、結局はヨブの妻もサタンの手先にされています。どうせ同情するなら、もっと徹底してヨブの妻を擁護してほしいものです。まあ、いろいろな解釈を参考にしながら、わたしたちはヘブル語テキストに沿って読み進みましょう。

しかしヨブは彼女に言った、「あなたの語ることは愚かな女の語るのと同じだ。われわれは神から幸をうけるのだから、災をも、うけるべきではないか」。（二・一〇）

わたしたちのテキストでは、これまで、ヨブの妻については全く消息が告げられておりませんでした。あたかも、ヨブによって愚かな女の一人と罵倒されるためだけに、そして、もしも浅野説のように彼女の訴えが心ならずもサタンの誘いに乗った結果だとするならば、ヨブは決然として誘惑を撥《は》ね退け、神に栄光を帰するのに対し、哀れ、ヨブの妻は、この結末を演出するため、即ち、ヨブの無垢を証明するための小道具の一つとしてここに登場させられているにすぎません。

全きヨブの信仰によって、神はまたもやサタンとの賭けに圧勝しました。しかし神はそれでご満足なのでしょうか。ご自分の面子が立つためなら、いかなる犠牲にも目をつぶられるのでしょうか。そしてヨブ自身、そのことに何の疑問も感じなかったのでしょうか。

すべてこの事においてヨブはそのくちびるをもって罪を犯さなかった。（一・一〇）

この結びの言葉はいささか意味深長です。確かにヨブは唇をもって罪を犯さなかったかもしれない。しかし、本音のところはどうだったのだろうか。妻のキツイ言葉によって孤立感を深めたヨブが、いっそう頑固に自己の中に閉じ籠り、意固地になって神を賛美した……。そういう人間的な解釈はあり得るのではないでしょうか。もしも本当にヨブが心の底から、「われわれは神から幸をうけるのだから、災をも、うけるべきではないか」といったのだとすれば、わたしはとてもヨブにはついていけません。むしろ、「心は熱しているが、肉体が弱い」（マルコ一四・三八）と、イエスを嘆かせるペテロやヤコブの方が人間臭くて、現実感があるのではないでしょうか。

（二〇〇四年一月二五日）

一言も話しかける者がなかった

11時に、ヨブの三人の友がこのすべての災のヨブに臨んだのを聞いて、めいめい
自分の所から尋ねて来た。すなわちテマンびとエリパズ、シュヒびとビルダデ、ナ
アマびとゾパルである。彼らはヨブをいたわり、慰めようとして、たがいに約束し
てきたのである。12彼らは目をあげて遠方から見たが、彼のヨブであることを認め
がたいほどであったので、声をあげて泣き、めいめい自分の上着を裂き、天に向か
って、ちりをうちあげ、自分たちの頭の上にまき散らした。13こうして七日七夜、
彼と共に地に座していて、ひと言も彼に話しかける者がなかった。彼の苦しみの非
常に大きいのを見たからである。

（ヨブ記二章一一～一三節）

1夜が明けるとすぐ、祭司長たちは長老、律法学者たち、および全議会と協議を
こらした末、イエスを縛って引き出し、ピラトに渡した。2ピラトはイエスに尋ね
た、「あなたがユダヤ人の王であるか」。イエスは、「そのとおりである」とお答え
になった。3そこで祭司長たちは、イエスのことをいろいろと訴えた。4ピラトは
もう一度イエスに尋ねた、「何も答えないのか。見よ、あなたに対してあんなにま
で次々に訴えているではないか」。5しかし、イエスはピラトが不思議に思うほど

に、もう何もお答えにならなかった。（マルコによる福音書一五章一〜五節）

ヨブ記は、始めの一章・二章と最後の四二章七節以下が散文で書かれ、それを除く三章の一節から四二章の六節までの部分は詩文体で書かれており、両者は内容的にも思想的にも極端に違い、散文体の部分は旧い民話から取られたものだろうと考えられています。この違いは絵画にも例えられ、詩文体の部分が絵画本体であり、散文体の部分は絵画を囲む額縁だ……とも言われます。およそ額縁は絵画の印象を引き上げるためのものであり、絵画のテーマや雰囲気によくマッチしたものが選ばれます。しかし、ヨブ記では、絵画に当たる詩文体の部分と額縁の民話の部分とではミス・マッチの観を否めません。あるいは、ヨブ記の最終作者は、この極端な違い、際立った違和感を通して、「神について」・「信仰」ついて何物かを語ろうとしているのかもしれません。きょうのテキストは、最初の民話の部分の終わりに位置しています。

時に、ヨブの三人の友がこのすべての災のヨブに臨んだのを聞いて、めいめい自分の所から尋ねて来た。すなわちテマンびとエリパズ、シュヒびとビルダデ、ナアマびとゾパルである。彼らはヨブをいたわり、慰めようとして、たがいに約束してきたのである。（二・一一）

先週、ヨブの妻の物語を読みました。ヨブの妻に対する同情的な解釈が縷々《るる》試みられてきたことについてもお話いたしましたが、我々が手にしている聖書の本文を率直に読む限り、ヨブの妻はサタンの手先にもたとえられる悪女として、高潔な夫をののしる心無い悪妻です。あるいは、ヨブの全き信仰を際立たせるために、「神をのろって死になさい」（二・九）という台詞を与えられて舞台に引き出された哀れな女優という見方もできるかもしれません。それに比べれば、三人の友は、イスラエルの父祖・アブラハムに連なるれっきとした名を持つ役者として登場します。

彼らは目をあげて遠方から見たが、彼のヨブであることを認めがたいほどであったので、声をあげて泣き、めいめい自分の上着を裂き、天に向かって、ちりをうちあげ、自分たちの頭の上にまき散らした。こうして七日七夜、彼と共に地に座していて、ひと言も彼に話しかける者がなかった。彼の苦しみの非常に大きいのを見たからである。（二・一二〜一三）

友のために泣き、深い悲しみと遺憾の意を表し、七日七夜、友の傍らに坐す……ヨブが坐っていた場所が、都の外のゴミ捨て場だったとすれば、かつては尊敬の念を持って受け入れられていた生活圏から隔離され、見捨てられていたことが暗示されています。彼らは、その社会的に見捨てられたヨブと同じ場所に身を置き、自らも晒し者の位置に身を置く。「七日七夜」とは、単なる時間の長さではありますまい。これはまさに友情を越える、イエスにも準えらるべき姿です。「ひと言も彼に話しかける者がなかった」のも、「彼の苦しみの非常に大きいのを見たからである」と言われている通り、深い同情の念を表して、重苦しい「沈黙」にじっと耐えていたのです。

ここまで強い、深い友情に接し、ヨブはきっと心から慰められ、神にも友にも感謝の意を表さずにはおれなかったに違いない……このドラマの「読者」・「観客」は当然そう期待したでしょう。しかし、この期待は裏切られます。この後、三章以降において、ヨブは自分の生まれた日を呪い、苦難の中を生きなければならない命を嘆き、そのような運命を与えた神に激しい抗議をぶつけます。三章以降、詩文体によって描き出されるヨブは、一・二章に描かれたヨブ像とはあまりにも違います。

古来、この点についてさまざまな解釈が試みられています。例えば、テオドロスは、いわゆる「額縁」の部分（一・二章と四二章）だけが本来のヨブ記であって、真中の「絵画」の部分は、未熟な学者が自分の学識をひけらかすために書いたもので、読むに値しないと決めつけています。

確かに、二章一〇節から四二章一〇節に跳んで、〝ヨブはあらゆる試練に耐え、神に対していかなる罪も犯さなかったので、以前にも増して幸せな暮らしを取り戻すことができました。めでたしめでたし……〟と終われば、話の筋は通ります。新約聖書においても、ヤコブの手紙の著者はヨブ記をそういう風に理解して、ヨブの忍耐を賞賛しています（ヤコ五・一一）。

しかしそれで終わってよいのでしょうか。いったい、ヨブの妻はどうなるのでしょう。死んでしまった最初の息子・娘たち、僕・しもべ女たち……はどうなるのでしょうか。神は人の命も他の財産などと同じように取り替えが効くと考えておられるのでしょうか。

来週から読み始めることになる三章以降の詩文体の部分は、民話として語り継がれたヨブ物語の不条理を埋めるため、試行錯誤、悪戦苦闘を繰り返します。いささかくどい所もありますが、知識のひけらかしで済ませるわけにはいきません。この部分こそがヨブ記のテーマ、「絵画」本体であって、たぶん、「額縁」の部分と「絵画」本体の部分とによって描き出される際立ったコントラストこそ、ヨブ記のテーマを象徴的に物語るものなのではないでしょうか。

そのようなヨブ記の構造にあって、三人の友の登場は絵画を額縁に収めるための留め金のような役割を持っています。もしも、三人の友の物語を、散文体の部分だけで読むならば、きょうの箇所で、これほどまでにヨブの身を案じている友人たちが、なぜ最後の箇所で（四二・七）、神のお叱りを受けなければならないか……説明がつきません。そのことは「絵画」本体のテーマと相俟って、おいおい明らかになっていきます。

ところで、三人の友と共に黙して坐していた七日七夜、いったいヨブに何が起こったのでしょうか。それほどヨブの態度が激しく変わる要因は何だったのでしょうか。テキストには直接それと分かる記述はありません。読者ないしは観客の想像に任されています。

わたしなりに想像を逞しくするならば、思い当たるのは、ポンテオ・ピラトの下に裁判を受けるイエスの姿です。

ピラトはもう一度イエスに尋ねた、「何も答えないのか。見よ、あなたに対してあんなにまで次々に訴えているではないか」。しかし、イエスはピラトが不思議に思うほどに、もう何もお答えにならなかった。（マルコ一五・四〜五）

ヨブの場合と状況は違いますが、イエスもまた黙して語りません。思うに、この沈黙は何よりも〝祈り〟即ち〝神との対話〟なのではないでしょうか。イエスは沈黙の中で神と向き合い、ご自分がまさに被ろうとしている不条理な〝死〟に関し、神に問いかけておられたのではないでしょうか。この沈黙を破って、イエスは「わが神、わが神、なんでわたしをお見捨てになったのですか」（マルコ一五・三四）と叫ばれました。この叫びは、神に対する抗議の言葉であると共に、イエスが担われた「不条理」を弟子たちも担い、神に問い続けていくようにとの、遺言だったのではないでしょうか。そしてもし、その答えが「復活」という出来事であったとしたら、ヨブ記もまた、わたしたちに「復活」メッセージを語ってくれるかもしれません。（二〇〇四年二月一日）

生まれた日は滅び失せよ

[1]この後、ヨブは口を開いて、自分の生れた日をのろった。[2]すなわちヨブは言
った、
[3]「わたしの生れた日は滅びうせよ。
『男の子が、胎にやどった』と言った夜もそのようになれ。
[4]その日は暗くなるように。
神が上からこれを顧みられないように。
光がこれを照さないように。
[5]やみと暗黒がこれを取りもどすように。
雲が、その上にとどまるように。
日を暗くする者が、これを脅かすように。
[6]その夜は、暗やみが、これを捕えるように。
年の日のうちに加わらないように。
月の数にもはいらないように。
[7]また、その夜は、はらむことのないように。
喜びの声がそのうちに聞かれないように。

8 日をのろう者が、これをのろうように。
レビヤタンを奮い起すに巧みな者が、これをのろうように。
9 その明けの星は暗くなるように。
光を望んでも、得られないように。
また、あけぼののまぶたを見ることのないように。
10 これは、わたしの母の胎の戸を閉じず、
また悩みをわたしの目に隠さなかったからである。

11 なにゆえ、わたしは胎から出て、死ななかったのか。
腹から出たとき息が絶えなかったのか。
12 なにゆえ、ひざが、わたしを受けたのか。
なにゆえ、乳ぶさがあって、わたしはそれを吸ったのか。
13 そうしなかったならば、わたしは伏して休み、眠ったであろう。
そうすればわたしは安んじており、
14 自分のために荒れ跡を築き直した地の王たち、参議たち、
15 あるいは、こがねを持ち、
しろがねを家に満たした君たちと一緒にいたであろう。
16 なにゆえ、わたしは人知れずおりる胎児のごとく、
光を見ないみどりごのようでなかったのか。
17 かしこでは悪人も、あばれることをやめ、うみ疲れた者も、休みを得、

18
捕われ人も共に安らかにおり、追い使う者の声を聞かない。
19
小さい者も大きい者もそこにおり、奴隷も、その主人から解き放される。
20
なにゆえ、悩む者に光を賜い、心の苦しむ者に命を賜わったのか。
21
このような人は死を望んでも来ない、
これを求めることは隠れた宝を掘るよりも、はなはだしい。
22
彼らは墓を見いだすとき、非常に喜び楽しむのだ。
33
なにゆえ、その道の隠された人に、
神が、まがきをめぐらされた人に、光を賜わるのか。
24
わたしの嘆きはわが食物に代って来り、わたしのうめきは水のように流れ出る。
25
わたしの恐れるものが、わたしに臨み、
わたしの恐れおののくものが、わが身に及ぶ。
26
わたしは安らかでなく、またおだやかでない。
わたしは休みを得ない、ただ悩みのみが来る」。
(ヨブ記三章一～二六節)

20
イエスは言われた、「十二人の中のひとりで、わたしと一緒に同じ鉢にパンを
ひたしている者が、それである。
21
たしかに人の子は、自分について書いてあると
おりに去って行く。しかし、人の子を裏切るその人は、わざわいである。その人は
生れなかった方が、彼のためによかったであろう」。
(マルコによる福音書一四章二〇～二一節)

この後、ヨブは口を開いて、自分の生まれた日をのろった。（三・一）

自分の生まれた日を呪う……何とも悲しい話です。三人の友の友情溢れる慰めにもかかわらず、友人たちの気持にヨブは心を重ねることができなかった……。もしもヨブと友人たちが沈黙の内に過ごした七日七夜の間、この沈黙が「祈り」だったとすれば、ヨブの祈りと友人たちの祈りはそれぞれ別の方向を向いていたのでしょう。ヨブを襲った悲劇、肉体を蝕む苦痛。悲嘆の極みにあるヨブが友情に応える余裕を失っていたとしても無理からぬことです。極限まで追い詰められた人間の心は、感情においても理性においても、もはや「人」によっては癒されず、人を超えるものに向わざるを得なかったのかもしれません。

しかし、だからと言って友人たちの友情溢れる慰めは、無駄な虚しいものだったのでしょうか。テキストは直接そのことに触れていません。しかし表には現れなくともヨブの心の中に届いていたと思いたい。少なくともヨブを沈黙の中から引き出し、呪いの（原文では「祝福の」）声を上げさせるだけの働きは持っていた。ちょうどヨブの妻の罵りが叱咤激励となって、ヨブをして神に抗議の声を挙げさせたのと同じように。

「自分の生れた日をのろった」と言われていることに関し、〝ヨブは生まれた日を呪ったのであって、決して「神」を呪ってはいない……〟とする解釈があります。しかし、たぶんその解釈はわれわれのテキストにはそぐわないでしょう。

ヨブ記には、中央の詩文体で書かれた部分とその外側にある散文の部分、いわゆる「額縁」の他に、もう一つ「仕切」(三章と後半の二九〜三一章)が設けられています。そのどちらもヨブの激しい独白です。二九〜三一章についてはまたその時に触れますが、きょうの三章は、その独白がまさにヨブの「うめき」であり「叫び」であり、神に対する直談判であることを如実に表しています。

「わたしの生れた日は滅びうせよ。『男の子が、胎にやどった』と言った夜も　そのようになれ」(三・三)、開口一番、ヨブは自分の誕生を呪い、「なにゆえ、わたしは胎から出て、死ななかったのか。腹から出たとき息が絶えなかったのか。なにゆえ、ひざが、わたしを受けたのか。なにゆえ、乳ぶさがあって、わたしはそれを吸ったのか」(三・一一〜一二)と、自分の命が育まれたことを嘆きます。しかし、それは単に自分一人の、個人的な遺憾表明に留まりません。まさに天地創造の物語に表された、神による世界の秩序、古臭い言葉で言えば「神の経綸」に対する問題提起に他なりません。


「その日は暗くなるように。神が上からこれを顧みられないように。光がこれを照さないように。やみと暗黒がこれを取りもどすように。雲が、その上にとどまるように。日を暗くする者が、これを脅かすように。その夜は、暗やみが、これを捕えるように。年の日のうちに加わらないように。月の数にもはいらないように。また、その夜は、はらむことのないように。喜びの声がそのうちに聞かれないように。日をのろう者が、これをのろうように。レビヤタンを奮い起すに巧みな者が、これをのろうように。その明けの星は暗くなるように。光を望んでも、得られないように。また、あけぼののまぶたを見ることのないように。

（三・四〜九）

天地創造の物語によれば、神は「光あれ」と言われ、万物はこの〝言《ことば》〟において混沌の闇から秩序へと導き出されたのです。万物の存在の根拠がそこにあります。当然に個人の命の根拠もそこにある。それが創世記神話の根底にある思想です。しかし、ヨブはこの創造の秩序の全く逆を願い、光の秩序を呪い、原初の混沌をこそ切望するのです。

これ（彼、ないしはそれ）は、わたしの母の胎の戸を閉じず、また悩みをわたしの目に隠さなかったからである。

（三・一〇）

ヨブは自分に苦難を背負って生きる運命を与えたものが他ならぬ神であることを知っていて、すべてのものに存在の根拠を与えた神に激しく抗《あらが》っているのです。ヨブの個人的な体験はその悲運と苦痛との重さによって深化され、更に本源的な問いへと普遍化されていきます。

なにゆえ、わたしは胎から出て、死ななかったのか。腹から出たとき息が絶えなかったのか。なにゆえ、ひざが、わたしを受けたのか。なにゆえ、乳ぶさがあって、わたしはそれを吸ったのか。そうしなかったならば、わたしは伏して休み、眠ったであろう。そうすればわたしは安んじており、自分のために荒れ跡を築き直した地の王たち、参議たち、あるいは、こがねを持ち、しろがねを家に満たした君たちと一緒にいたであろう。なにゆえ、わたしは人知れずおりる胎児のごとく、光を見ないみどりごのようでなかったのか。かしこでは悪人も、あばれることをやめ、うみ疲れた者も、休みを得、捕われ人も共に安らかにおり、追い使う者の声を聞かない。小さい者も大きい者もそこにおり、奴隷も、その主人から解き放される。

（三・一一～一九）

前段において疑問は、光や日や月、時間、生命……など大自然の秩序に向けられていました。ここでは、「なにゆえ」、「なにゆえ」、「なにゆえ」と、自分の誕生とその後の運命についての疑問を繰り返すことの中で、社会的な秩序の問題へと転換されます。

創造神話の中に流れる基本的な思想は、「ノアの洪水物語」を思い出していただけば分かりますが、〝神は正しい者、無垢な者を嘉し、悪しき者は亡ばされる〟という思想です。いわゆる「額縁」の部分にはこの思想が反映されています。これは裏返せば、〝この世で栄える者、恵まれた者は神の御心に適う無垢な者であり、不遇をかこつ者は罪ある者である〟ということになりかねない。まさにヨブは今、不遇の極みから、この創造神話の思想の是非を神に向かって問うのです。

〝もし、自分に咎ありとしても、「死の世界」は公平であって、そこでは「悪人も、あばれることをやめ、うみ疲れた者も、休みを得、捕われ人も共に安らかにおり、追い使う者の声を聞かない。小さい者も大きい者もそこにおり、奴隷も、その主人から解き放され」、「地の王たち、参議たち、こがねを持ち、しろがねを家に満たした君たち」（即ち神の不公平な恵みを一身に受けた人たち）と同じ扱いを受ける……。それなのになぜ、あなたはわたしを死の世界に置き去りにしてくれないのか。

なにゆえ、悩む者に光を賜い、心の苦しむ者に命を賜わったのか。（三・二〇）

なぜ、神は人が栄誉を受ける者と不遇をかこつ者が分けられるような世界を創り、神の恩恵から遠い者たちが、なぜその中で生きなければならないのか……。

ここでヨブは、自分の悲運をすべて悲運の中にある人々と共有しています。たぶんヨブは、自分がかつて繁栄を享受していた時、一族郎党の上に君臨して、まるで神の代理人であるかのように裁きを行っていたことの不条理さに気づいたのでしょう。

このような人は死を望んでも来ない、これを求めることは隠れた宝を掘るよりも、はなはだしい。彼らは墓を見いだすとき、非常に喜び楽しむのだ。なにゆえ、その道の隠された人に、神が、まがきをめぐらされた人に、光を賜わるのか。

（三・二一～二三）

創造の秩序に基づいて神が巡らした不公平な「まがき」によって不遇を運命づけられた者にとって、死がどんなに渇望されるものなのか。切々と訴えながら、しかし、ヨブは自殺を考えることはしません。神に直接疑問をぶつけます。神に体当たりすることがヨブの生きる力なのでしょう。

わたしの嘆きはわが食物に代って来り、わたしのうめきは水のように流れ出る。わたしの恐れるものが、わたしに臨み、わたしの恐れおののくものが、わが身に及ぶ。わたしは安らかでなく、またおだやかでない。わたしは休みを得ない、ただ悩みのみが来る」。

（三・二四～二六）

この、ヨブの必死の問いかけに対し、神は何とお答えになられるのでしょうか。今しばらく、いや当分の間、神は黙して語らず、未だ七日七夜の沈黙の中におり給う。

この神の沈黙を破ってわたしが代わって応えるわけにはいきません。しかし、それ故いっそう、自分の生まれた日を呪わなければならないヨブは何とも哀れです。

そして、わたしたちは呪われた誕生日を持つもう一人の男を知っています。イエスから、「……生れなかった方が、彼のためによかったであろう」（マルコ一四・二一）と言われたあのユダです。ヨブに優るとも劣らない、深い悲しみを負わされた哀れな男です。イエスはそんなユダをなぜ十二弟子としてお選びになったのでしょうか。

「ユダ物語」はイエスを裏切った弟子たちの罪意識から生まれた象徴的な物語であって、ユダは実在の人物ではないかもしれません。もしユダが実在の人物だとしたら、裏切りはユダの「祈り」だったのかもしれません。果たしてユダはイエスに何を訴えたかったのでしょうか。


（二〇〇四年二月八日）

人は神の前に正しくあり得ようか

1 その時、テマンびとエリパズが答えて言った、
2 「もし人があなたにむかって意見を述べるならば、
あなたは腹を立てるでしょうか。
しかしだれが黙っておれましょう。
3 見よ、あなたは多くの人を教えさとし、衰えた手を強くした。
4 あなたの言葉はつまずく者をたすけ起し、かよわいひざを強くした。
5 ところが今、この事があなたに臨むと、あなたは耐え得ない。
この事があなたに触れると、あなたはおじ惑う。
6 あなたが神を恐れていることは、あなたのよりどころではないか。
あなたの道の全きことは、あなたの望みではないか。
7 考えてみよ、だれが罪のないのに、滅ぼされた者があるか。
どこに正しい者で、断ち滅ぼされた者があるか。
8 わたしの見た所によれば、不義を耕し、
害悪をまく者は、それを刈り取っている。
9 彼らは神のいぶきによって滅び、その怒りの息によって消えうせる。

10ししのほえる声、たけきししの声はともにやみ、若きししのきばは折られ、
11雄じしは獲物を得ずに滅び、雌じしの子は散らされる。

12さて、わたしに、言葉がひそかに臨んだ、
わたしの耳はそのささやきを聞いた。
13すなわち人の熟睡するころ、夜の幻によって思い乱れている時、
14恐れがわたしに臨んだので、おののき、わたしの骨はことごとく震えた。
15時に、霊があって、わたしの顔の前を過ぎたので、わたしの身の毛はよだった。
16そのものは立ちどまったが、わたしはその姿を見わけることができなかった。
一つのかたちが、わたしの目の前にあった。
わたしは静かな声を聞いた、
17『人は神の前に正しくありえようか。
人はその造り主の前に清くありえようか。
18見よ、彼はそのしもべをさえ頼みとせず、その天使をも誤れる者とみなされる。
19まして、泥の家に住む者、ちりをその基とする者、しみのようにつぶされる者。
20彼らは朝から夕までの間に打ち砕かれ、顧みる者もなく、永遠に滅びる。
21もしその天幕の綱が彼らのうちに取り去られるなら、
ついに悟ることもなく、死にうせるではないか』。（ヨブ記四章一〜二一節）

18わたしの内に、すなわち、わたしの肉の内には、善なるものが宿っていないこ

とを、わたしは知っている。なぜなら、善をしようとする意志は、自分にあるが、それをする力がないからである。19すなわち、わたしの欲している善はしないで、欲していない悪は、これを行っている。

（ローマ人への手紙七章一八～一九節）

先週は、ヨブが七日七夜の沈黙を破って、自分の生まれた日を呪った場面を読みました。ヨブが「生まれた日を呪った」（三・一）のは、ヨブの個人的な問題に留まるものではなく、個人的な事件に端を発して、神の創られた世界とそこに棲む人間の現実についての普遍的な疑問へと拡大され、遂には天地創造の神ご自身にまで至る「大いなる謎」に他なりません。

〝なぜ、神が創られた世界に「恵まれた人々」と「不遇な人々」とがあり、不遇な者はその上更に「罪」の苦痛を強いられなければならないのか。なぜ神はそんな不公平を見逃しておられるのか。むしろ、神の創造された世界とは対極にある「死」の世界の方が公平ではないか。富める者も貧しい者も、身分ある者も卑しき者も、正しき者と悪しき者にさえ死は公平にやって来る。不遇に沈み、もがいている者にとって、神の支配される光の世界よりも死の闇の世界の方がよほど望ましい……〟。ヨブは、自身が悲運と苦痛のどん底に落ちた今、不遇を強いられているすべての人々の代表として、このラディカルな問いを神に投げかけているのです。

きょうの箇所では、このヨブの告発に対し、テマンびとエリパズが神に代わって答えます。四・五章がひとまとまりになっており、ここにおけるエリパズの論旨は、当時の正統な神学論の要約であり、それは神学論としては今日でも通用しているものといえます。できれば、四・五章をまとめてお話したいのですが、長くなり過ぎますので、半分に区切らせていただきました。

「もし人があなたにむかって意見を述べるならば、あなたは腹を立てるでしょうか。

（四・二a）

エリパズは控え目に話し始めます……、

しかし、だれが黙っておれましょう。

（四・二b）

いくら親友だからと言っても、神を冒瀆するような言動は見過ごしにはできないと言うのです。

見よ、あなたは多くの人を教えさとし、衰えた手を強くした。あなたの言葉はつまずく者をたすけ起し、かよわいひざを強くした。ところが今、この事があなたに臨むと、あなたは耐え得ない。この事があなたに触れると、あなたはおじ惑う。あなたが神を恐れていることは、あなたのよりどころではないか。あなたの道の全きことは、あなたの望みではないか。

（四・三〜六）

一応ヨブの過去の功績を認めた上で、現在のヨブの有り様について辛辣な批判を浴びせます。

考えてみよ、だれが罪のないのに、滅ぼされた者があるか。どこに正しい者で、断ち滅ぼされた者があるか。わたしの見た所によれば、不義を耕し、害悪をまく者は、それを刈り取っている。彼らは神のいぶきによって滅び、その怒りの息によって消えうせる。ししのほえる声、たけきししの声はともにやみ、若きししのきばは折られ、雄じしは獲物を得ずに滅び、雌じしの子は散らされる。（四・七〜一一）

ヨブよ、あなたは自分には咎がないのに、こんな耐えがたい災難に見まわれたと嘆き、怒っているけれど、神が罪なきものを罰するはずがない。「考えてみよ……」は、〝そんなことは神学的な常識じゃないか……〟という意味でしょう。

良いことをすれば良い報いがあり、悪い行ないには悪い報いがある……、いわゆる「因果応報論」です。この世に正義があるなら、当然そうであってもらわなければ困る。しかし、実際にはそうなってはいないのです。

九・一一のテロにしても、神が直ちに罰してくだされば、あるいはブッシュも自分で報復に乗り出そうなどと思わなかったでしょう。そして、イラクの〝罪のない人々〟まで巻き添えにしないで済んだでしょう。「因果応報」自体が悪いわけではありません。そうなっていない世の中で、あたかも「因果応報」が通用するかのように扱われることが問題なのです。

エリパズは「因果応報論」に則って、ヨブの被った悲劇の原因はヨブの罪にある……と、遠まわしに言っているのです。

エリパズは、自分の論理が正しいことを裏づけるために、更にもう一つの神学論を持ち出します。

さて、わたしに、言葉がひそかに臨んだ、わたしの耳はそのささやきを聞いた。すなわち人の熟睡するころ、夜の幻によって思い乱れている時、恐れがわたしに臨んだので、おののき、わたしの骨はことごとく震えた。時に、霊があって、わたしの顔の前を過ぎたので、わたしの身の毛はよだった。そのものは立ちどまったが、わたしはその姿を見わけることができなかった。一つのかたちが、わたしの目の前にあった。わたしは静かな声を聞いた、

（四・一二〜一六）

エリパズは、自分が今言うことは、夢、幻の中で示された神の啓示だ……と言います。そして、その内容は、

『人は神の前に正しくありえようか。人はその造り主の前に清くありえようか。見よ、彼

はそのしもべをさえ頼みとせず、その天使をも誤れる者とみなされる。まして、泥の家に住む者、ちりをその基とする者、しみのようにつぶされる者。彼らは朝から夕までの間に打ち砕かれ、顧みる者もなく、永遠に滅びる。もしその天幕の綱が彼らのうちに取り去られるなら、ついに悟ることもなく、死にうせるではないか』。（四・一七〜二一）

つまり、神の前では、人間など取るに足らない存在であり、そんな人間の一人であるヨブが、神に逆らい、文句を言うなど、もっての外だ……というわけです。このエリパズの主張もいわゆる正統神学の立場に立っています。

パウロはローマ人への手紙七章一八〜一九節において、自分が罪の存在であることを赤裸々に告白しています。

わたしの内に、すなわち、わたしの肉の内には、善なるものが宿っていないことを、わたしは知っている。なぜなら、善をしようとする意志は、自分にあるが、それをする力がないからである。すなわち、わたしの欲している善はしないで、欲していない悪は、これを行っている。

彼の真摯な告白の前に、わたしたちはただ黙して、頭を垂れることができるだけです。

エリパズは、次の五章で、更にもう一つの神学論を用いてヨブを諫めます。この点については来週触れますが、これもまた神学論としては真っ当なものです。しかし、ヨブは容易には告発を撤回しません。この後、六章と七章では、エリパズの勧告に対し真っ向から反論します。そのあたりのことは、またその時に譲るとして、きょうは、エリパズとヨブの隔たりの原因がどこにあるのか、その点にだけ触れておきます。

まさに、それは境遇の違い、立場の違いに他なりません。ヨブは苦境のただ中で喘いでいる。それに対して、三人の友人はヨブに寄り添いながら、しかし、逆境の外側にいる……三人にとって神は恩恵と希望を賜る慈愛に満ちた方であり、ヨブにとっては死を切望させる苦い贈り物を賜る不可解な方。なぜそんな贈り物を賜るのか。ヨブは回答が得られないでもがいている。三人が神は正しい者には必ず良きものをくださると信じて疑わないのは、彼らが恵まれた境遇にあるからに他なりません。その恵まれた立場の故に、ヨブに対して、「人は神の前に正しくありえようか」と諭しますが、その同じ言葉が自分たちにも向けられていることには気がつかない……。

彼らの友情が偽りだったのではありますまい。心からヨブを気遣って、共にゴミの山の中に坐り、ヨブのために祈った。にもかかわらず、彼らには戻ることのできる安住の場があり、ヨブにはない。先に（四・三）エリパズは、かつてヨブも逆境にある多くの人々を教えさとした……と言っていますが、たぶんヨブはこの時、エリパズと同じ神学に基づいて、弱り果てた人々に慰めと励ましの言葉を掛けたのでしょう。それによって彼らは癒され勇気づけられると信じていた。

しかし、自分自身が苦境に投げ込まれて初めて、自分は苦境に押しつぶされそうになっている人々の気持が本当には分かっていなかったことに気がついたのではないでしょうか。しかし、友人たちは気づかない。友情だけでは越えられない隔たりがここにはあります。

（二〇〇四年二月一五日）

傷つけ、包み、撃ち、癒される

1「試みに呼んでみよ、だれかあなたに答える者があるか。
どの聖者にあなたは頼もうとするのか。
2 確かに、憤りは愚かな者を殺し、ねたみはあさはかな者を死なせる。
3 わたしは愚かな者の根を張るのを見た、
しかしわたしは、にわかにそのすみかをのろった。
4 その子らは安きを得ず、町の門でしえたげられても、これを救う者がない。
5 その収穫は飢えた人が食べ、いばらの中からさえ、これを奪う。
また、かわいた者はその財産をあえぎ求める。
6 苦しみは、ちりから起るものでなく、悩みは土から生じるものでない。
7 人が生れて悩みを受けるのは、火の子が上に飛ぶにひとしい。
8 しかし、わたしであるならば、神に求め、神に、わたしの事をまかせる。
9 彼は大いなる事をされるかたで、測り知れない、
その不思議なみわざは数えがたい。
10 彼は地に雨を降らせ、野に水を送られる。

11 彼は低い者を高くあげ、悲しむ者を引き上げて、安全にされる。
12 彼は悪賢い者の計りごとを敗られる。
それで何事もその手になし遂げることはできない。
13 彼は賢い者を、彼ら自身の悪巧みによって捕え、
曲った者の計りごとをくつがえされる。
14 彼らは昼も、やみに会い、真昼にも、夜のように手探りする。
15 彼は貧しい者を彼らの口のつるぎから救い、また強い者の手から救われる。
16 それゆえ乏しい者に望みがあり、不義はその口を閉じる。
17 見よ、神に戒められる人はさいわいだ。
それゆえ全能者の懲らしめを軽んじてはならない。
18 彼は傷つけ、また包み、撃ち、またその手をもっていやされる。
19 彼はあなたを六つの悩みから救い、
七つのうちでも、災はあなたに触れることがない。
20 ききんの時には、あなたをあがなって、死を免れさせ、
いくさの時には、つるぎの力を免れさせられる。
21 あなたは舌をもってむち打たれる時にも、
おおい隠され、滅びが来る時でも、恐れることはない。
22 あなたは滅びと、ききんとを笑い、地の獣をも恐れることはない。
23 あなたは野の石と契約を結び、野の獣はあなたと和らぐからである。

24 あなたは自分の天幕の安全なことを知り、
自分の家畜のおりを見回っても、欠けた物がなく、
25 また、あなたの子孫の多くなり、
そのすえが地の草のようになるのを知るであろう。
26 あなたは高齢に達して墓に入る、
あたかも麦束をその季節になって打ち場に運びあげるようになるであろう。
27 見よ、われわれの尋ねきわめた所はこのとおりだ。
あなたはこれを聞いて、みずから知るがよい」。

（ヨブ記五章一〜二七節）

13 あなたがたの会った試錬で、世の常でないものはない。神は真実である。あなたがたを耐えられないような試錬に会わせることはないばかりか、試錬と同時に、それに耐えられるように、のがれる道も備えて下さるのである。

（コリント人への第一の手紙一〇章一三節）

思いもよらぬ災難に遭い、苦しみのどん底にいるヨブを何とか慰め、励ましたいと思って遠路はるばるやって来た三人の友、彼らはヨブと共に七日七夜ゴミの山に坐り、ヨブのために一生懸命祈りを捧げました。ところが、当のヨブは、彼らの友情に応えるどころか、自分がなぜこんな苦難を負わされなければならないのか、嘆き、怒り、〝神は不公平だ〟と訴える……。

先週の四章ときょうの五章は、このヨブの訴えに対し、三人の友人を代表し、神に代わってエ

リパズが返答する場面です。「神に代わって」というのは、エリパズの答弁が正統神学的忠告だからです。

まず第一は、神は正しい人には良い報いを下さり、悪人には裁きと試練を下されるという、いわゆる、「因果応報」論です。この因果応報論はヨハネによる福音書九章の〝生まれつきの盲人が癒される物語〟に出てきます。

弟子たちが「先生、この人が生まれつき盲人なのは、だれが罪を犯したためですか。本人ですか、それともその両親ですか」（九・二）と尋ねたところ、イエスは、「本人が罪を犯したのでもなく、また、その両親が犯したのでもない。ただ神のみわざが、彼の上に現れるためである」（九・三）と答えられました。弟子たちの間違いを指摘されたわけです。「因果応報」論が必ずしも間違いとは言い切れませんが、因果関係が逆転させられ、生まれつき目が見えないのは罪の結果に違いない……という世間の俗説に乗せられてしまっている弟子たちの無思慮が問題なのです。誰が考えても、正義が報われ、悪は懲らしめられるべきであって、その逆では困ります。残念ながらエリパズはこの逆立ちした因果応報論に拠ってヨブを説得しようとして、間接的ながら〝ヨブに罪あり〟と決めつけているのです。

次にエリパズは、「原罪論」を持ち出します。〝人間は神の前には不完全なものであり、存在自体が「罪」を背負っているのだから、あなたがいくら自分の無実を言い張っても、あなたには勝ち目がない〟というのです。

きょうの五章はその続きです。

試みに呼んでみよ、だれかあなたに答える者があるか。どの聖者にあなたは頼もうとするのか。（五・一）

あなたの主張など誰が取り合ってくれるものか。あなたの肩を持って神に執り成しをしてくれるような天使などいませんよ……と切出します。以後、七節までの段落は、

確かに、憤りは愚かな者を殺し、ねたみはあさはかな者を死なせる。わたしは愚かな者の根を張るのを見た、しかしわたしは、にわかにそのすみかをのろった。その子らは安きを得ず、町の門でしえたげられても、これを救う者がない。その収穫は飢えた人が食べ、いばらの中からさえ、これを奪う。また、かわいた者はその財産をあえぎ求める。苦しみは、ちりから起るものでなく、悩みは土から生じるものでない。人が生れて悩みを受けるのは、火の子が上に飛ぶにひとしい。（五・二〜七）

難解な文節が混じっていますが、要するに、悪人が栄えたためしはなく、苦難は人間の罪の結果である。ましてや、逃れられない原罪を背負った人間が自分の不幸を神の所為にするなど、も

っての外だ……というのです。

この原罪論もまた、全面否定するわけにはいきません。神の前で、「自分に罪はない」などと言い切れる人間などいるはずがない。しかし、原罪論は自分自身に向けられるべきであって、他人に向けられると、心無い非難中傷に終わります。

エリパズは、実際にヨブのような苦難に直面していないという余裕からでしょう、自分自身の罪の問題は棚上げして、因果応報論と原罪論をもってヨブに迫ります。

そもそも、因果応報論と原罪論の組み合せは矛盾です。正しい者が善き報いを受け、悪しき者は裁きを受けなければならない……とする一方で、神の前に罪なき人間など一人もいない……とすれば、救われる者など一人もいないことになります。この矛盾を埋めるのが第三の神学です。


しかし、わたしであるならば、神に求め、神に、わたしの事をまかせる。（五・八）

唯一の解決方法は、神にすべてお任せすることだ……といいます。

仏教ではこれを「帰依」と言います。南無阿弥陀仏。阿弥陀の慈悲におすがりするしかない……。

パウロも、「人は心に信じて義とされ、口で告白して救われる」（ロマ一〇・一〇）と言います。

彼は大いなる事をされるかたで、測り知れない、その不思議なみわざは数えがたい。彼は地に雨を降らせ、野に水を送られる。彼は低い者を高くあげ、悲しむ者を引き上げて、安全にされる。彼は悪賢い者の計りごとを敗られる。それで何事もその手になし遂げることはできない。彼は賢い者を、彼ら自身の悪巧みによって捕え、曲った者の計りごとをくつがえされる。彼らは昼も、やみに会い、真昼にも、夜のように手探りする。彼は貧しい者を彼らの口のつるぎから救い、また強い者の手から救われる。それゆえ乏しい者に望みがあり、不義はその口を閉じる。

（五・九〜一六）

神の測り知れない大いなるみ業と、その正しさが強調されます。神は不公正を見逃されるような方ではない。だから、小賢しい訴えなど取り下げて、すべてを神に委ねなさい。そうすれば、あなたの運命に逆転が起こるかもしれない……。

更に、第四の神学が登場します。

見よ、神に戒められる人はさいわいだ。それゆえ全能者の懲らしめを軽んじてはならない。彼は傷つけ、また包み、撃ち、またその手をもっていやされる。

（五・一七〜一八）

あなたの今の艱難は、神の戒めなのだ。あなたの心の中に隠されていた罪、即ち、神に訴えを起すなどという奢りを戒め、懲らしめを通して本当の救いに与らしめる……。あなたは今、神の配慮のある試練を味わっているのだ……というわけです。

パウロも同じようなことを言っています、

あなたがたの会った試錬で、世の常でないものはない。神は真実である。あなたがたを耐えられないような試錬に会わせることはないばかりか、試錬と同時に、それに耐えられるように、のがれる道も備えて下さるのである。（Ⅰコリント一〇・一三）

そして、最後に、〝だからあなたのその傲慢な態度を改めなさい。そうすればきっと神のご加護があり、幸せな老後が待っているに違いない……〟と結びます。

彼はあなたを六つの悩みから救い、七つのうちでも、災はあなたに触れることがない。ききんの時には、あなたをあがなって、死を免れさせ、いくさの時には、つるぎの力を免れさせられる。あなたは舌をもってむち打たれる時にも、おおい隠され、滅びが来る時でも、恐れることはない。あなたは滅びと、ききんとを笑い、地の獣をも恐れることはない。あなたは野の石と契約を結び、野の獣はあなたと和らぐからである。あなたは自分の天幕の安全なことを知り、自分の家畜のおりを見回っても、欠けた物がなく、また、あなたの子孫の多くなり、そのすえが地の草のようになるのを知るであろう。あなたは高齢に達して墓に入る、あたかも麦束をその季節になって打ち場に運びあげるようになるであろう。（五・一九〜二六）

さて、エリパズは彼の時代最善の神学論を駆使して、ヨブを説得しようと努めました。

見よ、われわれの尋ねきわめた所はこのとおりだ。（五・二七）

神は善を勧め、悪を懲らしめたもう……。人は神の前に正しくありえようか……。神は傷つけ、また包み、撃ち、またその手をもっていやしたもう……。
これらエリパズの時代に「尋ね、きわめられた」神学は、現代のキリスト教にも通用しているものです。

あなたはこれを聞いて、みずから知るがよい。（五・二七）

エリパズはこれら真っ当な神学に基づく説得にヨブが素直に応じてほしいのです。何としても悲嘆に暮れるヨブを立ち上がらせたいのです。いささかキツイ、意地悪とも取られかねない言葉を口にしたかもしれません。それも篤い友情のなせる業だったのでしょう。しかし、ヨブには通じません。いかに友情篤しといえ、ヨブの受けた苦悩の奥底まで入り込む術《すべ》はないのです。
ヨブの物語はこの後、ますます迷路の中に迷い込んで行き、当分の間そこから抜けられそうにありません。

（二〇〇四年二月二二日）

絶望している者にこそ、友は忠実であるべきだ

1ヨブは答えて言った、
2「どうかわたしの憤りが正しく量られ、
同時にわたしの災も、はかりにかけられるように。
3そうすれば、これは海の砂よりも重いに相違ない。
それゆえ、わたしの言葉が軽率であったのだ。
4全能者の矢が、わたしのうちにあり、わたしの霊はその毒を飲み、
神の恐るべき軍勢が、わたしを襲い攻めている。
5野ろばは、青草のあるのに鳴くであろうか。
牛は飼葉の上でうなるであろうか。
6味のない物は塩がなくて食べられようか。
すべりひゆのしるは味があろうか。
7わたしの食欲はこれに触れることを拒む。
これは、わたしのきらう食物のようだ。
8どうかわたしの求めるものが獲られるように。

どうか神がわたしの望むものをくださるように。
9 どうか神がわたしを打ち滅ぼすことをよしとし、
み手を伸べてわたしを断たれるように。
10 そうすれば、わたしはなお慰めを得、
激しい苦しみの中にあっても喜ぶであろう。
わたしは聖なる者の言葉を否んだことがないからだ。
11 わたしにどんな力があって、なお待たねばならないのか。
わたしにどんな終りがあるので、なお耐え忍ばねばならないのか。
12 わたしの力は石の力のようであるのか。わたしの肉は青銅のようであるのか。
13 まことに、わたしのうちに助けはなく、
救われる望みは、わたしから追いやられた。

14 その友に対するいつくしみをさし控える者は、全能者を恐れることをすてる。
15 わが兄弟たちは谷川のように、過ぎ去る出水のように欺く。
16 これは氷のために黒くなり、そのうちに雪が隠れる。
17 これは暖かになると消え去り、暑くなるとその所からなくなる。
18 隊商はその道を転じ、むなしい所へ行って滅びる。
19 テマの隊商はこれを望み、シバの旅びとはこれを慕う。
20 彼らはこれにたよったために失望し、そこに来てみて、あわてる。
21 あなたがたは今わたしにはこのような者となった。

あなたがたはわたしの災難を見て恐れた。
22 わたしは言ったことがあるか、『わたしに与えよ』と、
あるいは『あなたがたの財産のうちからわたしのために、まいないを贈れ』と、
23 あるいは『あだの手からわたしを救い出せ』と、
あるいは『しえたげる者の手からわたしをあがなえ』と。

24 わたしに教えよ、そうすればわたしは黙るであろう。
わたしの誤っている所をわたしに悟らせよ。
25 正しい言葉はいかに力のあるものか。
しかしあなたがたの戒めは何を戒めるのか。
26 あなたがたは言葉を戒めうると思うのか。
望みの絶えた者の語ることは風のようなものだ。
27 あなたがたは、みなしごのためにくじをひき、
あなたがたの友をさえ売り買いするであろう。

28 今、どうぞわたしを見られよ、わたしはあなたがたの顔に向かって偽らない。
29 どうぞ、思いなおせ、まちがってはならない。
さらに思いなおせ、わたしの義は、なおわたしのうちにある。
30 わたしの舌に不義があるか。
わたしの口は災をわきまえることができぬであろうか」。

（ヨブ記六章一〜三〇節）

21身内の者たちはこの事を聞いて、イエスを取押えに出てきた。気が狂ったと思ったからである。

（マルコによる福音書三章二一節）

不運に見舞われ、世間からも、妻からも見離され、独り苦悩するヨブを慰め、励まし、何とか力になりたいと考えてのことでしょう、遥々ヨブのもとを訪れました。エリパズ、ビルダド、ツフォルの三人の友人は合い語って、た。彼らの友情は見上げたものです。しかし、ヨブはその友情にいささかの反応も示さず、嘆き、悲しみ、叫び、怒り、神を冒瀆するような言葉さえ口にする……。

そんなヨブの有り様を目の当たりにして、さすがの友人たちも黙ってはおれません。三人を代表してエリパズがヨブを諫め、戒め、かつての信仰深いヨブに帰れと説得にかかりました。

エリパズの説得の内容は、信ずべき最善の神学に基づくものであって、ヨブも当然心得ているはずのことです。

具体的には、①因果応報（神様は善き者には良き報いを下さり、悪しき者には厳しい裁きを下される）、②神の超越性と絶対性、③悔い改めと信従（帰依）です。

きょうの六章と来週の七章は、このエリパズの「友情ある説得」に対するヨブの反応（反抗）

です。

ヨブは答えて言った、「どうかわたしの憤りが正しく量られ、同時にわたしの災も、はかりにかけられるように。そうすれば、これは海の砂よりも重いに相違ない。（六・一〜三）

次の「それゆえ、わたしの言葉が軽率であったのだ」は、これでは意味が通じません。新共同訳聖書では「わたしは言葉を失うほどだ」と訳しています。魂に（人間存在の全体、即ち肉体的にも精神的にも）耐えがたい苦痛を負ったヨブは、何よりもまず、その苦しみの重さがいかなるものか知ってほしいと訴えているのです。

全能者の矢が、わたしのうちにあり、わたしの霊はその毒を飲み、神の恐るべき軍勢が、わたしを襲い攻めている。野ろばは、青草のあるのに鳴くであろうか。牛は飼葉の上でうなるであろうか。味のない物は塩がなくて食べられようか。すべりひゆのしる*は味があろうか。わたしの食欲はこれに触れることを拒む。これは、わたしのきらう食物のようだ。（六・四〜七）

＊すべりひゆの……――新共同訳は「玉子の白身に味があろうか」。

身に覚えが無いのに神から不快な罰を受け、心のどこかで、神に見捨てられたのではなかろうか……。なぜ神は自分を見捨て、苦難を与え給うのか。ヨブには分からない……。

そのヨブの「なぜ」にエリパズは神学的確信をもって応えたわけですが、ヨブの「なぜ」とエリパズの「なぜ」とはかみ合わない。エリパズの説く神学がそれなりに「ごもっとも」なものではあっても、ヨブの魂には届かない。「なぜ」の重みが違うのです。ヨブの苦しみはエリパズにとっては他人事であり、ヨブには切実な自分自身の問題なのです。

どうかわたしの求めるものが獲られるように。どうか神がわたしの望むものをくださるように。どうか神がわたしを打ち滅ぼすことをよしとし、み手を伸べてわたしを断たれるように。（六・八〜九）

こんな不条理な苦しみを味わうくらいなら、死んだほうがましだ。神様、後生ですからご自分の手でわたしの命を断ってください……。

そうすれば、わたしはなお慰めを得、激しい苦しみの中にあっても喜ぶであろう。わたしは聖なる者の言葉を否んだことがないからだ。（六・一〇）

苦しみの中にあって、ヨブの唯一の慰めは、「聖なる者の言葉を否んだことがない」こと……即ち、神の前に無垢であることなのです。しかし、もうこれ以上苦しみに耐え、救いを待つ力は残っていない。

わたしにどんな力があって、なお待たねばならないのか。わたしにどんな終りがあるので、なお耐え忍ばねばならないのか。わたしの力は石の力のようであるのか。わたしの肉は青銅のようであるのか。まことに、わたしのうちに助けはなく、救われる望みは、わたしから追いやられた。

（六・一一～一三）

信頼していた神に見捨てられたのではなかろうか……、これ以上耐え忍ぶことができるだろうか……。この不安の矛先は友人たちに向います。

その友に対するいつくしみをさし控える者は、全能者を恐れることをすてる。

（六・一四）

少々分かりにくい表現ですが、この箇所も新共同訳聖書は、「絶望している者にこそ、友は忠実であるべきだ。さもないと全能者への畏敬を失わせることになる」と訳しています。たぶん、オリエント世界で広く知られていた、〝友情〟についての格言なのでしょう。エリパズの神学的勧告に対し、ヨブは世俗の格言を持ち出して反論したのです。以後、ヨブは延々とエリパズたちの不実を捲《まく》し立てます。

わが兄弟たちは谷川のように、過ぎ去る出水のように欺く。これは氷のために黒くなり、そのうちに雪が隠れる。これは暖かになると消え去り、暑くなるとその所からなくなる。隊商はその道を転じ、むなしい所へ行って滅びる。テマの隊商はこれを望み、シバの旅びとはこれを慕う。彼らはこれにたよったために失望し、そこに来てみて、あわてる。あなたがたは今わたしにはこのような者となった。あなたがたはわたしの災難を見て恐れた。

（六・一五〜二一）

砂漠の水は、さっきまであったはずなのに、たちまち消え失せて、旅人を悩ませる……それと同じようにあなたがたの友情はわたしの災難を見たとたんに消え失せてしまった……。

わたしは言ったことがあるか、『わたしに与えよ』と、あるいは『あなたがたの財産のうちから、わたしのために、まいないを贈れ』と、あるいは『あだの手からわたしを救い出せ』と、あるいは『しえたげる者の手からわたしをあがなえ』と。

（六・二二〜二三）

わたしがあなた方に何かを要求したことが一度でもあったか。わたしの友情には下心など毛頭も無かったはずだ……。

わたしに教えよ、そうすればわたしは黙るであろう。わたしの誤っている所をわたしに悟らせよ。正しい言葉はいかに力のあるものか。しかしあなたがたの戒めは何を戒めるのか。あなたがたは言葉を戒めうると思うのか。望みの絶えた者の語ることは風のようなものだ。あなたがたは、みなしごのためにくじをひき、あなたがたの友をさえ売り買いするであろう。

（六・二四～二七）

どうか、もっと実のある議論をしてくれ……あなたがたの議論はまるで情け容赦無い「人買い」のようにわたしを苦しめるだけだ……。

今、どうぞわたしを見られよ、わたしはあなたがたの顔に向かって偽らない。

（六・二八）

そんな空疎な心ない議論ではなく、わたし自身を直視してほしい。

すべてを奪われたわたしには取り繕おうにも取り繕う術もない。正真正銘、これが偽らざる姿なのだから……。

どうぞ、思いなおせ、まちがってはならない。さらに思いなおせ、わたしの義は、なおわたしのうちにある。わたしの舌に不義があるか。わたしの口は災をわきまえることができぬであろうか。

（六・二九〜三〇）

「思いなおせ……、さらに思いなおせ……」。見方を変えてくれ……わたしのありのままの現実を直視してくれるならば、わたしが罪の故に苦難に遭わされているのではないことが分かるはずだ……。

テキストの解説はこの位にして、エリパズの勧告に対するヨブのかみ合わない反論の中から、きょうは問題点を一つに絞って考えてみようと思います。それは、「友情」ひいては人間同士の「愛」の問題です。ヨブは、友人たちに向かって、「その友に対するいつくしみをさし控える者は、全能者を恐れることをすてる」と言いました。新共同訳では「絶望している者にこそ、友は忠実であるべきだ。さもないと全能者への畏敬を失わせることになる」、つまり、〝絶望している友に真の友情を示せないようなものは、神をも本当には愛せない……〟というほどの意味でしょう。

この発言は、絶望の中にあるヨブの率直な気持を表しています。わたしたちは、このドラマの中に引き込まれてヨブに同情します。しかし、それは、この言葉が三人の友人たちに向けられたものだ……という安心感があるからではないでしょうか。いったんドラマの外に出てみたらどうでしょうか。この言葉が直接わたしたち自身に向けられたものだとしたら〝何と独り善がりな発言か。八つ当たりもほどほどにしてくれ〟、と憤慨するのではないでしょうか。

三人の友人たちは、何とかヨブを慰め、励まし、立ち直ってもらいたいと思い、七日七夜もヨブに寄り添って、自分たちの気持を実際に態度をもって示したのです。それにもかかわらず、ヨブとの間に決定的な相違が生じた。その隔たりはどうしたら埋められるのでしょうか。

昨夜のNHKスペシャルで、イラクの復興支援のために奔走し、テロに遭って亡くなられた奥書記官のドキュメントが放映されました。彼のイラク復興に懸ける思いに偽りはなかったに違いありません。しかし、その気持が果たして深く傷ついたイラクの人々の心に本当に届いたのでしょうか。ましてや、ブッシュ大統領の顔色を窺いながら、復興後の利害関係を計算して物欲しげに行われる日本の復興支援協力では、イラクの人々の心に何を届けることができるのでしょうか。

新約聖書・ヨハネの手紙は〝神の愛とわたしたち人間の愛の関係〟について、「愛する者たちよ。わたしたちは互に愛し合おうではないか。愛は、神から出たものなのである。すべて愛する者は、神から生れた者であって、神を知っている。愛さない者は、神を知らない。神は愛である」（Iヨハネ四・七〜八）と言っています。

きょうのヨブの発言は、これとは真逆です。ヨブは〝友に愛を示せない者は、神を愛することもできない〟と言います。人間の愛を根拠にして神に対する愛を云々している。これに対し、ヨハネの手紙は〝わたしたちが愛し合えるのは、神が愛だからである〟と言います。ことほど左様に愛を説くことはむつかしい。いわんや、これを行うことは至難のわざです。万一、わたしたちが愛を行うことがあるとすれば、その愛は神から出たものである……この微妙な違いが福音と律法の違いなのではないでしょうか。

（二〇〇四年三月七日）

人は何者なので……顧み給うや

1「地上の人には、激しい労務があるではないか。
またその日は雇人の日のようではないか。
2奴隷が夕暮を慕うように、雇人がその賃銀を望むように、
3わたしは、むなしい月を持たせられ、悩みの夜を与えられる。
4わたしは寝るときに言う、『いつ起きるだろうか』と。
しかし夜は長く、暁までころびまわる。
5わたしの肉はうじと土くれとをまとい、
わたしの皮は固まっては、またくずれる。
6わたしの日は機《はた》のひよりも速く、望みをもたずに消え去る。

7記憶せよ、わたしの命は息にすぎないことを。
わたしの目は再び幸を見ることがない。
8わたしを見る者の目は、かさねてわたしを見ることがなく、
あなたがわたしに目を向けられても、わたしはいない。
9雲が消えて、なくなるように、陰府に下る者は上がって来ることがない。

10 彼は再びその家に帰らず、彼の所も、もはや彼を認めない。
11 それゆえ、わたしはわが口をおさえず、わたしの霊のもだえによって語り、わ
たしの魂の苦しさによって嘆く。
12 わたしは海であるのか、龍であるのか、
あなたはわたしの上に見張りを置かれる。
13 『わたしの床はわたしを慰め、わたしの寝床はわが嘆きを軽くする』と
わたしが言うとき、
14 あなたは夢をもってわたしを驚かし、幻をもってわたしを恐れさせられる。
15 それゆえ、わたしは息の止まることを願い、わが骨よりもむしろ死を選ぶ。
16 わたしは命をいとう。わたしは長く生きることを望まない。
わたしに構わないでください。
わたしの日は息にすぎないのだから。
17 人は何者なので、あなたはこれを大きなものとし、これにみ心をとめ、
18 朝ごとに、これを尋ね、絶え間なく、これを試みられるのか。
19 いつまで、あなたはわたしに目を離さず、
つばをのむまも、わたしを捨てておかれないのか。
20 人を監視される者よ、わたしが罪を犯したとて、あなたに何をなしえようか。
なにゆえ、わたしをあなたの的とし、わたしをあなたの重荷とされるのか。
21 なにゆえ、わたしのとがをゆるさず、わたしの不義を除かれないのか。

わたしはいま土の中に横たわる。
あなたがわたしを尋ねられても、わたしはいないでしょう」。
（ヨブ記七章一～二一節）

18 主ご自身、試錬を受けて苦しまれたからこそ、試錬の中にある者たちを助けることができるのである。
（ヘブル人への手紙二章一八節）

「地上の人には、激しい労務があるではないか。またその日は雇人の日のようではないか。奴隷が夕暮を慕うように、雇人がその賃銀を望むように、わたしは、むなしい月を持たせられ、悩みの夜を与えられる。わたしは寝るときに言う、『いつ起きるだろうか』と。
（七・一～四）

ヨブは、自分の苦しみを苦役に喘ぐ人々に重ね合わせます。「激しい労務」と訳された語は、「戦い」の意を含み、新共同訳聖書では「兵役」と訳されています。赤紙一枚で徴用され、上官の命令一つで命の危険に曝される兵士のように、また、厳しい監視の下に過酷な労働を強いられる奴隷や日雇い人夫のように、ひたすら一日の終わりを待っている……眠りだけが慰めであり希望だ……。

しかし夜は長く、暁までころびまわる。

わたしの肉はうじと土くれとをまとい、わたしの皮は固まっては、またくずれる。わたしの日は機《はた》のひよりも速く、望みをもたずに消え去る。（七・五～六）

〝わたしの日〟は「糸」とも「希望」とも訳すことのできる語で、機織に懸けた皮肉な語呂合せですが、ヨブの肉体的苦痛を思うと洒落など言ってはおれません。

記憶せよ、わたしの命は息にすぎないことを。わたしの目は再び幸を見ることがない。わたしを見る者の目は、かさねてわたしを見ることがなく、あなたがわたしに目を向けられても、わたしはいない。雲が消えて、なくなるように、陰府に下る者は上がって来ることがない。彼は再びその家に帰らず、彼の所も、もはや彼を認めない。（七・七～一〇）

「わたしを見る者」とは誰のことなのか。今、ヨブと議論をしているエリパズを指すとも考えられますが、大方の注釈者は「神」を指すと言います。

ヨブが自分の被っている惨状を友人たちに訴えてみても埒《らち》が明かない。ヨブと友の間には超えようにも越えられない深い溝が横たわっています。言い様のない孤独感に苛《さいな》まれつつ、友人たちを離れて訴えの矛先を神に向けるのです。

それゆえ、わたしはわが口をおさえず、わたしの霊のもだえによって語り、わたしの魂の苦しさによって嘆く。わたしは海であるのか、龍であるのか、あなたはわたしの上に見張りを置かれる。『わたしの床はわたしを慰め、わたしの寝床はわが嘆きを軽くする』とわたしが言うとき、あなたは夢をもってわたしを驚かし、幻をもってわたしを恐れさせられる。それゆえ、わたしは息の止まることを願い、わが骨よりもむしろ死を選ぶ。わたしは命をいとう。わたしは長く生きることを望まない。わたしに構わないでください。わたしの日は息にすぎないのだから。

（七・一一～一六）

「海」は天地創造以前の混沌を指し、「龍」はその海の支配者です。神は、ヨブを「創造世界」を混沌に引き戻そうとする敵でもあるかのように絶えず見張り、束の間の眠りさえ許さず、夢・幻をもって脅かす。いっそ窒息して死んだほうがましだ、後生だからこれ以上わたしに構わないでくれ……切実な叫びです。

人は何者なので、あなたはこれを大きなものとし、これにみ心をとめ、朝ごとに、これを尋ね、絶え間なく、これを試みられるのか。いつまで、あなたはわたしに目を離さず、つばをのむまも、わたしを捨てておかれないのか。

（七・一七～一九）

きょう交読しました詩篇八篇の詩人も「人の子は何ものなのでしょう、あなたが顧みてくださるとは」（八・五、新共同訳）と詠っています。日本語の訳ではよく判りませんが、ヘブル語原文では出だしの箇所は全く同じです。単語に沿って訳せば、「何か」「人間は」（エノシュ・はかないという意味）「とは」「あなたが彼を記憶する」となります。この同じ言葉が、全く正反対の意味で使われています。詩篇八篇の方はイスラエルを敵の手から守り、神の創られた世界を治める者として、栄光と威光を与えてくださったことに感謝し、神の御名を賛美する詩です。人間に配慮する神です。これに対しヨブ記の方は、雑兵をかき集めて（拉致して……）戦地に送る司令官、または鞭をもって人夫を追い使う非情な労働監督のように、絶えず監視の目を光らせヨブに辛く当たる神です。

人を監視される者よ、わたしが罪を犯したとて、あなたに何をなしえようか。なにゆえ、わたしをあなたの的とし、わたしをあなたの重荷とされるのか。なにゆえ、わたしのとがをゆるさず、わたしの不義を除かれないのか。（七・二〇〜二一）

ヨブには、神がなぜこれほどまでに自分を苦しめるのか判らない。自分に全く罪がないと思っているのではありません。神が罪を憎む方であることも知っています。自分が神のような完全さをもっていないこと、弱さも罪も負って生きている儚《はかな》い存在に過ぎないことも知っている。ただ、神が一瞬たりとも目を離さずに見張っていなければならないほどの大罪人、混沌の世界の支配者に比較されるような者などではない……ヨブの訴えは捨て台詞を残し終わります。「わたしはいま土の中に横たわる。あなたがわたしを尋ねられても、わたしはいないでしょう」（七・二一）、と。〝あなたが、わたしを苦しめたことは正しくなかったと気づいて、もう一度好意を示そうと尋ねてきてももう遅い。その時にはわたしは陰府に下っていて、もう間に合いません〟と言うのです。

ヨブの心は、今、友からも神からも離れようとしているようです。しかし、ヨブ記はきょうでやっと七章です。これからも延々と最後の四二章まで、ヨブと友人たちの論争、ヨブと神との議論は続きます。決してヨブは友人たちを見限ったのでも、神に背を向けてしまったのでもありません。たいへん屈折したやり方ではありますが、これもヨブの置かれた状況の苛酷さを考えれば無理からぬこと。親や親しい人に駄々を捏ねる子どものように、友に求め、神に縋ろうとするヨブの気持の裏返しなのではないでしょうか。

ヨブが神に向かって発する〝問い〟は、たぶん、イスラエル民族が半世紀に渡って奴隷の身分を甘受した「バビロン捕囚」の歴史的実体験を背後に秘めているかもしれません。なぜ、神の愛する民イスラエルが、これほどの屈辱を受け、苦難の日々を過ごさなければならないのか……。捕囚期の宗教指導者たちは、この問いに深く沈潜し、最終的に導き出した答が「罪」即ち、イスラエル民族の心が神を離れたことです。

確かに、国が乱れ衰退するにはそれ相応の原因があります。王が絶対の権力を握っていた古代社会においてはその統治能力が国家の運命を左右します。そして、人間はいったん権力を握るとそれを乱用しがちです。特に、王がメシヤ（受膏者）と呼ばれ、神によってその地位を与えられたと信じられていた時代には、王の失政、統治能力の欠如を神の御心に背く「罪」と見なすことも謂れなきことではありません。

しかし、一般の国民にとってその解答は必ずしも納得のいくものではありません。確かに人間は嘘も吐けば、他人に損害も与える。「罪」と無縁ではありません。しかし、すべての罪を同じ「罪」という言葉で一括りにしてしまえるものでしょうか。「罪」にも赦され得る小罪と赦されざる大罪がある。赦される罪と赦されない罪との線引きをどこにするか。すべての罪が一括されてイスラエルの滅びた原因にされてしまうのは、どうも腑に落ちません。ヨブの叫びにはそういう小市民的な疑問もあるのではないでしょうか。

この疑問は決して古代人ヨブだけが抱いた疑問ではありません。今日、イラクで起きていることにも共通性無しとはいえません。イラク戦争の悲劇はフセインという絶対者が権力を乱用した結果として起こったことです。そんな暴君の横暴を許していたイラク国民も決して罪なしとは言えません。しかし、だからと言って、民主主義という「現代の神」の名の下に、彼らを無差別に理由も告げずに劣化ウラン弾の雨に曝してよいものか……しかも、最も罪の重いはずのフセインは生きて、曲りなりにも裁判という公の手続きを踏んで裁かれる。この矛盾をイラクの一般庶民は納得するでしょうか。

長かったバビロン捕囚も前五三九年、ペルシャ王キュロスのバビロン征服によって解放の時を迎えました。預言者イザヤも、キュロスをあたかも神の使いであるかのように賞賛しています。今日、イラクの人々も長かったフセインの独裁から曲りなりにも解放され、民主主義の恩恵を心から賞賛することができるのでしょうか。

なぜ庶民の小罪は見逃されず、為政者の大罪には猶予が与えられるのか。イエスもこの不条理と格闘しました。福音書は収税人、罪人、病人、障害者、売春婦たちをイエスが特別に〝顧みられ〟たことを伝えています。彼らに罪がなかったからではありません。しかし、彼らは罪の実際の重さ以上に「大罪人」扱いをされていたのです。それ故、ご自分も「罪人の頭」と呼ばれることを覚悟の上で彼らの味方になられたのではないでしょうか。そのことをわたしたちクリスチャンは「主ご自身、試錬を受けて苦しまれたからこそ、試錬の中にある者たちを助けることできるのである」（ヘブル書二・一八）と信仰告白します。しかし、わたしたちはそのことの重大さを本当に分かっているでしょうか。しょせん、言葉の上だけのこととして納得してはいないでしょうか。少なくとも、ヨブほど真剣にこの問いと格闘してみたことは無いのではないでしょうか。

（二〇〇四年三月一四日）

わたしはあなたを見たことがない

1 時にシュヒびとビルダデが答えて言った、
2 「いつまであなたは、そのような事を言うのか。
あなたの口の言葉は荒い風ではないか。
3 神は公義を曲げられるであろうか。
全能者は正義を曲げられるであろうか。
4 あなたの子たちが彼に罪を犯したので、彼らをそのとがの手に渡されたのだ。
5 あなたがもし神に求め、全能者に祈るならば、
6 あなたがもし清く、正しくあるならば、彼は必ずあなたのために立って、
あなたの正しいすみかを栄えさせられる。
7 あなたの初めは小さくあっても、あなたの終りは非常に大きくなるであろう。
8 先の代の人に問うてみよ、先祖たちの尋ねきわめた事を学べ。
9 われわれはただ、きのうからあった者で、何も知らない、
われわれの世にある日は、影のようなものである。
10 彼らはあなたに教え、あなたに語り、その悟りから言葉を出さないであろうか。

11
紙草は泥のない所に生長することができようか。
葦は水のない所においしげることができようか。
12
これはなお青くて、まだ刈られないのに、すべての草に先だって枯れる。
13
すべて神を忘れる者の道はこのとおりだ。神を信じない者の望みは滅びる。
14
その頼むところは断たれ、その寄るところは、くもの巣のようだ。
15
その家によりかかろうとすれば、家は立たず、
それにすがろうとしても、それは耐えない。
16
彼は日の前に青々と茂り、その若枝を園にはびこらせ、
17
その根を石塚にからませ、岩の間に生きていても、
18
もしその所から取り除かれれば、その所は彼を拒んで言うであろう、
『わたしはあなたを見たことがない』と。
19
見よ、これこそ彼の道の喜びである、そしてほかの者が地から生じるであろう。
20
見よ、神は全き人を捨てられない。
また悪を行う者の手を支持されない。
21
彼は笑いをもってあなたの口を満たし、
喜びの声をもってあなたのくちびるを満たされる。
22
あなたを憎む者は恥を着せられ、悪しき者の天幕はなくなる」。
（ヨブ記八章一〜二二節）

宗像先生との交換講壇、本間神学生のお別れ講壇、棕櫚の日、イースターと続きましたので、この一月間ヨブ記を離れていました。ざっとこれまでのところを復習しておきましょう。

神とサタンの間の気紛れな賭けによって、思わぬ災難を被り、悲嘆に暮れるヨブを慰め、励まし、立ち直らせたいと考えた三人の友人たちがヨブのもとを訪れました。ところが、こともあろうにヨブは、自分の出生を呪い、挙句の果てに、命の源である神をさえ呪ったのです。信仰深い友人たちはそんなヨブの叫びを黙って見逃すわけにはいきません。年長のエリパズが立ち上がってヨブを諌めます。

エリパズの論旨は次の三点に要約されます。

①神は正しい人には良い報いを下さり、悪人には必ず裁きを下される――「因果応報論」。

②神は完全無欠の方であり、この方の前で人間は塵芥の如き者に過ぎず、「自分には罪がない」などと言える者など一人もいない――「原罪論」。

③しかし、神はこの罪多き人間に試練を与え、訓練を通して救いを給う――「教育的訓練論」。

これら三つの論点は、正統神学に照らして、不当なものではありません。しかし、今まさに苦難のただ中でもがき苦しんでいるヨブの心には届きません。ヨブ自身、〝神は正しいことを喜ばれ、悪しきことをお嫌いになる〟ことをよく知っています。〝神の前で自らの正しさを主張できる者など一人もいない〟。そのことも十分知っている。神は時折、〝親が子を教育する時のように、人に試練をお与えになる……〟。それも知らないわけではない。しかし、分かっていても納得がいかないのです。神についての三つの議論は一般論としてはすべて間違いない。しかし、なぜ〝このわたし〟が試練に遭わなければならないのか……。いざ自分の問題となると納得がいかないのです。

きょうのテキストでは、この、当然誰でも知っていることを受けつけようとしないヨブの頑なさを腹に据えかねて、友人のひとりであるビルダデがヨブを論破しようと立ちあがります。

時にシュヒびとビルダデが答えて言った、「いつまであなたは、そのような事を言うのか。あなたの口の言葉は荒い風*ではないか。神は公義を曲げられるであろうか。全能者は正義を曲げられるであろうか。（八・一〜三）

*風——ルァハ（霊＝実体性に欠ける＝虚しい）。

ヨブは、不当にも謂れなき苦難を味わわされていると感じ、神がこの苦難をお与えになったのなら、こんな仕打ちは取り消してくださいと訴えているのです。これに対し、ビルダデは〝ヨブさん、あなたの主張は威勢が良いけれども実態のない虚言に過ぎない。神はご自分の決定を変えられるはずがない〟と切り出し、

あなたの子たちが彼（神）に罪を犯したので、彼らをそのとがの手に渡されたのだ。（八・四）

と、続けます。神はとがなき者を罰せられるはずがない。仮にあなたが身に覚えがないとすれば、きっとあなたの子どもたちに罪があったのだ。だから、そのことを素直に認めて、

あなたがもし神に求め、全能者に祈るならば、……彼は必ずあなたのために立って、あなたの正しいすみかを栄えさせられる。あなたの初めは小さくあっても、あなたの終りは非常に大きくなるであろう。（八・五〜七）

それなのにあなたは勝手な主張ばかりしている。そんな虚しいことは止めて、先人たちが長い間かけて生み出してきた知恵の言葉に学びなさい。

この箇所は、蜘蛛の巣のたとえや勢い良く茂っている植物のたとえなど、翻訳の拙さも手伝ってたいへん分かりにくい文章になっています。特にそれぞれの文節の主語が何を、誰を指すのか理解しにくいのですが、要するに、ビルダデの主張は〝神を離れる者は滅びに至り、依り頼む者には幸いな人生が約束されている〟ということです。

神に依り頼むこと、絶えず神に立ち帰ること。それが信仰の原点です。仏教のことはよく知りませんが、たぶん仏教でも同じでしょう。つまり「南無阿弥陀仏」。〝阿弥陀さんにすべてお任せ〟なのです。

ただし、このお任せがどうして起こるのか。キリスト教の福音ではイエスの赦しが先行します。

「父よ、彼らをおゆるしください。彼らは何をしているのか、わからずにいるのです」（ルカ二三・三四）との祈りがあってはじめて、「イエスよ、あなたが御国の権威をもっておいでになる時には、わたしを思い出してください」（ルカ二三・四二）という応答が生まれる……。

「赦し」と言いましたが、これは別の言い方をすれば、絶対的正義の神がその正義を変える出来事と言っても良いでしょう。このビルダデの「神は公義を曲げられるであろうか。全能者は正義を曲げられるであろうか」（八・三）という問いが、反語として、逆説的に働くとき、福音の出来事が起きるのです。

なぜ、神は公義を曲げられるのでしょう。それはたぶん、イエスこそ肉体をもってこの歴史の中を生きておられた神である、という点に関わる事柄でしょう。神は天の高みにおられ、人間の有様を傍観なさっていたわけではない。人間と共に生き、ご自分も人間の罪・咎・憂いをつぶさに体験なさった、そこでこそ神は人間に共感する。ご自分の正義を敢えて変更する。そういうことも起こり得る……。

ヨブ記が提示するのは、この共感の問題に他なりません。ヨブの友人たちはしょせん傍観者に他ならない。彼らが一般論を語る限り、ヨブの個別的・具体的事情に立ち入らない限り、彼と心を通わせ、苦悩を共有することはできないのです。

適切な例になるかどうか分かりませんが、この度のイラクの人質。彼らはまた、イラクに行ってイラクの人々のために働きたいと漏らしたそうです。政府関係者はこれを聞いて不快感をあらわにし、〝この救出に多くの人々が不眠の尽力をし、国民の血税がどのくらい使われたか考えてみろ〟と非難しています。それを言うなら、自衛隊のイラク派兵にどのくらいの人的動員がされ、どのくらいの税金が注ぎ込まれたのか。そのことも明らかにすべきです。

例によってわたしの穿ち過ぎた憶測に過ぎないのかもしれませんが、人質にされた三人の若者は戦禍に苦しむイラクの人々の現状をつぶさに見、個別的に接して、彼らに共感してしまったのです。その共感は日本で安全な生活を享受しているわたしたちにはとても理解しにくいものなのでしょう。必死で救出を願ったご家族でさえ、たぶん、彼らの本心に共感することはできないのかもしれません。〝何はともあれ、まず、政府関係者に謝罪しなさい〟と説得しているようですが、イラクの人々の苦悩に共感したことが謝罪しなければならないようなことなのでしょうか。彼らがこの度取った行為も憲法の保障する思想信条の自由に含まれているはずです。そして、〝日本にも頼もしい青年はいるんだ……〟などとテレビ越しに声援を送る「わたし」の方が余程傍観者なのかもしれません。ちょうど、官憲の手に捕われたイエスを心配して後について行ったものの、結局、「わたしはその人を知らない」（ルカ二二・五七）と口走ってしまうペテロのように、〝わたしはあなたを見たことがない〟と言って傍観者の立場に留まっている「わたし」を思い知らされるのです。

（二〇〇四年四月一八日）

彼、山を移せど、山は知らず

1 ヨブは答えて言った、
2 「まことにわたしは、その事のそのとおりであることを知っている。
しかし人はどうして神の前に正しくありえようか。
3 よし彼と争おうとしても、千に一つも答えることができない。
4 彼は心賢く、力強くあられる。
だれが彼にむかい、おのれをかたくなにして、栄えた者があるか。
5 彼は、山を移されるが、山は知らない。
彼は怒りをもって、これらをくつがえされる。
6 彼が、地を震い動かしてその所を離れさせられると、その柱はゆらぐ。
7 彼が日に命じられると、日は出ない。
彼はまた星を閉じこめられる。
8 彼はただひとり天を張り、海の波を踏まれた。
9 彼は北斗、オリオン、プレアデスおよび南の密室を造られた。
10 彼が大いなる事をされることは測りがたく、
不思議な事をされることは数知れない。

11
見よ、彼がわたしのかたわらを通られても、わたしは彼を見ない。
彼は進み行かれるが、わたしは彼を認めない。
12
見よ、彼が奪い去られるのに、だれが彼をはばむことができるか。
だれが彼にむかって『あなたは何をするのか』ということができるか。

13
神はその怒りをやめられない。
ラハブを助ける者どもは彼のもとにかがんだ。
14
どうしてわたしは彼に答え、言葉を選んで、彼と議論することができよう。
15
たといわたしは正しくても答えることができない。
わたしを責められる者にあわれみを請わなければならない。
16
たといわたしが呼ばわり、彼がわたしに答えられても、
わたしの声に耳を傾けられたとは信じない。
17
彼は大風をもってわたしを撃ち砕き、ゆえなく、わたしに多くの傷を負わせ、
18
わたしに息をつかせず、苦い物をもってわたしを満たされる。
19
力の争いであるならば、彼を見よ、さばきの事であるならば、
だれが彼を呼び出すことができよう。
20
たといわたしは正しくても、わたしの口はわたしを罪ある者とする。
たといわたしは罪がなくても、彼はわたしを曲った者とする。
21
わたしは罪がない、しかしわたしは自分を知らない。
わたしは自分の命をいとう。

22
皆同一である。それゆえ、わたしは言う、
『彼は罪のない者と、悪しき者とを共に滅ぼされるのだ』と。
23
災がにわかに人を殺すような事があると、
彼は罪のない者の苦難をあざ笑われる。
24
世は悪人の手に渡されてある。
彼はその裁判人の顔をおおわれる。
もし彼でなければ、これはだれのしわざか。

25
わたしの日は飛脚よりも速く、飛び去って幸を見ない。
26
これは走ること葦舟のごとく、えじきに襲いかかる、わしのようだ。
27
たといわたしは『わが嘆きを忘れ、
憂い顔をかえて元気よくなろう』と言っても、
28
わたしはわがもろもろの苦しみを恐れる。
あなたがわたしを罪なき者とされないことをわたしは知っているからだ。
29
わたしは罪ある者とされている。
どうして、いたずらに労する必要があるか。
30
たといわたしは雪で身を洗い、灰汁で手を清めても、
31
あなたはわたしを、みぞの中に投げ込まれるので、
わたしの着物も、わたしをいとうようになる。
32
神はわたしのように人ではないゆえ、わたしは彼に答えることができない。

われわれは共にさばきに臨むことができない。
33 われわれの間には、われわれふたりの上に手を置くべき仲裁者がない。
34 どうか彼がそのつえをわたしから取り離し、
その怒りをもって、わたしを恐れさせられないように。
35 そうすれば、わたしは語って、彼を恐れることはない。
わたしはみずからそのような者ではないからだ」。（ヨブ記九章一〜三五節）

ギリシャ語の「異端」（アイレオマイ）には「選択する」という意味もあるそうです。自分の考えを持って比較検討することです。ならば、「正統」というのは権威者・権力者の命令を鵜呑みにすることなのかもしれません。ヨブはまさに異端者振りを発揮します。

「まことにわたしは、その事のそのとおりであることを知っている。（九・二）

「その事」というのは、前八章でヨブの友人ビルダデがヨブを諫めて言ったことで、〝神は全知全能、絶対の方であり、正義を曲げられるような方ではない〟ということです。ビルダデはこの「神の絶対的正義」を前提に、〝ヨブが今、喘いでいる苦境は、ヨブが犯した罪の故である。だから、素直に自分の非を認めて神に赦しを請いなさい。あなたが心から神に赦しを乞うなら、神はあなたを助けてくださるだろう〟と勧告したのです。

ヨブは、ビルダデが言わんとしていることについてはよく判っています。しかし、その勧告内容と今、自分が置かれている現状とを比較検討した結果、彼は「ノー」としか言えなかったのです。

しかし人はどうして神の前に正しくありえようか。よし彼と争おうとしても、千に一つも答えることができない。彼は心賢く、力強くあられる。だれが彼にむかい、おのれをかたくなにして、栄えた者があるか。（九・二b〜四）

ここでヨブが語ることは友人の発言と内容的に同じです。にもかかわらず、「しかし……」と言わざるを得ない。「神の義」を友人たちとは違った側面から捉え直しているのです。〝神は絶対的に正しい。その義の前に人間の正しさなど取るに足らない。「罪なき者」など一人もいない。しかも、神は義を曲げられない……〟とすれば、ビルダデ君、なぜあなたは安穏でおれるのか。あなただって罪なき者ではあり得ず、神の裁きを受けなければならないはずではないか。それなのに、なぜ、わたしは神の裁きを受け、苦難を負わされ、あなたは涼しい顔でわたしに説教を垂れるのか……。

彼は、山を移されるが、山は知らない。彼は怒りをもって、これらをくつがえされる。

（九・五）

「彼」＝神は、ご自分が創造された自然の一部である「山」を意のままに動かし、ひっくり返しさえするが、そのことを山は知る由もない……。

彼が、地を震い動かしてその所を離れさせられると、その柱はゆらぐ。彼が日に命じられると、日は出ない。彼はまた星を閉じこめられる。彼はただひとり天を張り、海の波を踏まれた。彼は北斗、オリオン、プレアデスおよび南の密室を造られた。彼が大いなる事をされることは測りがたく、不思議な事をされることは数知れない。

（九・六）

「不思議な事」と訳された語は、通常、神の偉大な御業を賛美驚嘆するときに使われます。しかし、ヨブはその語を神がご自分の創造した自然界を、理由も知らせず勝手気ままに扱う……神と自然界との断絶した関係を表す言葉として使っています。

続く一一節以下、その関係性の断絶が、神と人、即ち、神とヨブとの関係においても起こっている……と言い募ります。

見よ、彼がわたしのかたわらを通られても、わたしは彼を見ない。彼は進み行かれるが、わたしは彼を認めない。見よ、彼が奪い去られるのに、だれが彼をはばむことができるか。だれが彼にむかって『あなたは何をするのか』と言うことができるか。神はその怒りをやめられない。ラハブを助ける者どもは彼のもとにかがんだ。どうしてわたしは彼に答え、言葉を選んで、彼と議論することができよう。たといわたしは正しくても答えることができない。わたしを責められる者にあわれみを請わなければならない。たといわたしが呼ばわり、彼がわたしに答えられても、わたしの声に耳を傾けられたとは信じない。彼は大風をもってわたしを撃ち砕き、ゆえなく、わたしに多くの傷を負わせ、わたしに息をつかせず、苦い物をもってわたしを満たされる。力の争いであるならば、彼を見よ、さばきの事であるならば、だれが彼を呼び出すことができよう。たといわたしは正しくても、わたしの口はわたしを罪ある者とする。たといわたしは罪がなくても、彼はわたしを曲った者とする。わたしは罪がない、しかしわたしは自分を知らない。わたしは自分の命をいとう。（九・一一～二一）

そして、一つの結論に辿り着きます。

皆同一である。それゆえ、わたしは言う、『彼は罪のない者と、悪しき者とを共に滅ぼされるのだ』と。災がにわかに人を殺すような事があると、彼は罪のない者の苦難をあざ笑われる。世は悪人の手に渡されてある。彼はその裁判人の顔をおおわれる。もし彼でなければ、これはだれのしわざか。

（九・二二〜二四）

神が支配される世に、因果応報・勧善懲悪などというもっともらしいルールなどないのではなかろうか。彼はただ、勝手気ままに振舞っておられるにすぎないのではなかろうか……。二五節以下、ヨブはこの絶対自由な、「我が儘」ともいえる神の意志によって塗炭の苦しみを味わわされている我が身の無常を縷々《るる》吐露します。

わたしの日は飛脚よりも速く、飛び去って幸を見ない。これは走ること葦舟のごとく、えじきに襲いかかる、わしのようだ。たといわたしは『わが嘆きを忘れ、憂い顔をかえて元気よくなろう』と言っても、わたしはわがもろもろの苦しみを恐れる。あなたがわたしを罪なき者とされないことをわたしは知っているからだ。わたしは罪ある者とされている。どうして、いたずらに労する必要があるか。たといわたしは雪で身を洗い、灰汁で手を清めても、あなたはわたしを、みぞの中に投げ込まれるので、わたしの着物も、わたしをいとうようになる。神はわたしのように人ではないゆえ、わたしは彼に答えることができない。われわれは共にさばきに臨むことができない。

（九・二五〜三二）

神に向かって、何という暴言、何という不信、何という異端。ヨブと神との間に横たわる断絶の淵はいかに深く遠いことか……。しかし、それにもかかわらず、ヨブは無神論者ではあり得ません。ヨブは単に我が身の安寧を望み、それが損なわれていることに絶望し、我が身を呪い、神を呪っているだけなのではありません。

　われわれの間には、われわれふたりの上に手を置くべき仲裁者がない。どうか彼がそのつえをわたしから取り離し、その怒りをもって、わたしを恐れさせられないように。そうすれば、わたしは語って、彼を恐れることはない。わたしはみずからそのような者ではないからだ。（九・三三〜三五）

　ヨブはまさに今、神に見放されたとしか思えない苦境のただ中にあって、しかしなお、神とヨブの間に横たわる断絶の淵に橋を架けてくれる「仲保者」を望んでいる。「信仰」とは疑い迷いのないことではありますまい。ヨブは神に敵対しているのでも、神との関係を拒絶しているのでもない。むしろ、何とかして神との関係を保ちたい。神との関係が断ち切られていないことを確認したいのです。問いかけるヨブに答えてほしいのです。直接答えてくださらないのなら、せめて仲介者がほしいのです。しかし、ヨブは仲介者を知らない。神と自分との間に仲介者を望みながら、その名を知らない。

　わたしたちはその名を知っています。ヨハネによる福音書は「わたしは父にお願いしよう。そうすれば、父は別に助け主を送って、いつまでもあなたがたと共におらせて下さるであろう」（一四・一六）と記しています。

イエスの十字架の死と復活において、神と人間との間に橋が渡され、その橋はイエスの死後も別の助け主＝聖霊によって繋がれていることが証しされています。あるいは、ヨブは「異端＝選択」を通して、いち早くわたしたちにイエス・キリストを暗示していたのかもしれません。

ただし、神と人の関係を繋ぐ方の存在が暗示されているとは言うものの、神と人との間に横たわる深い、広い溝が埋められたわけではありません。橋が架けられていることが知らされているに過ぎません。そして、キリスト者になったと言っても〝その橋を渡り終えた〟わけではありません。〝その橋を渡ろう〟という選択をしたに過ぎません。

「教会」は、渡橋を選択した者たちの共同体です。きょう、わたしたちの教会は「教会総会」を持ちます。わたしたちの教会は、長らく「開かれた教会」を標榜してきました。「開かれた」ということは、「閉じられていない」、完結していない、橋を渡り切っていない、即ち選択の余地を残している、ということです。きょう、わたしたちはどのような選択をするのか。願わくは、わたしたちの選択が神の嘉《よみ》し給うものであってほしいと思います。

（二〇〇四年四月二五日）

命と慈しみとをわたしに授け……

1「わたしは自分の命をいとう。
わたしは自分の嘆きを包まず言いあらわし、わが魂の苦しみによって語ろう。
2わたしは神に申そう、わたしを罪ある者とされないように。
なぜわたしと争われるかを知らせてほしい
3あなたはしえたげをなし、み手のわざを捨て、
悪人の計画を照すことを良しとされるのか。
4あなたの持っておられるのは肉の目か、あなたは人が見るように見られるのか。
5あなたの日は人の日のごとく、あなたの年は人の年のようであるのか。
6あなたはなにゆえわたしのとがを尋ね、わたしの罪を調べられるのか。
7あなたはわたしの罪のないことを知っておられる。
またあなたの手から救い出しうる者はない。
8あなたの手はわたしをかたどり、わたしを作った。
ところが今あなたはかえって、わたしを滅ぼされる。
9どうぞ覚えてください、あなたは土くれをもってわたしを作られた事を。
ところが、わたしをちりに返そうとされるのか。

10 あなたはわたしを乳のように注ぎ、乾酪のように凝り固まらせたではないか。
11 あなたは肉と皮とをわたしに着せ、骨と筋とをもってわたしを編み、
12 命といつくしみとをわたしに授け、わたしを顧みてわが霊を守られた。
13 しかしあなたはこれらの事をみ心に秘めおかれた。
この事があなたの心のうちにあった事をわたしは知っている。
14 わたしがもし罪を犯せば、あなたはわたしに目をつけて、
わたしを罪から解き放されない。
15 わたしがもし悪ければわたしはわざわいだ。
たといわたしが正しくても、わたしは頭を上げることができない。
わたしは恥に満ち、悩みを見ているからだ。
16 もし頭をあげれば、あなたは、ししのようにわたしを追い、
わたしにむかって再びくすしき力をあらわされる。
17 あなたは証人を入れ替えてわたしを攻め、
わたしにむかってあなたの怒りを増し、
新たに軍勢を出してわたしを攻められる。

18 なにゆえあなたはわたしを胎から出されたか、
わたしは息絶えて目に見られることなく、
19 胎から墓に運ばれて、
初めからなかった者のようであったなら、よかったのに。

20わたしの命の日はいくばくもないではないか。
どうぞ、しばしわたしを離れて、少しく慰めを得さられるように。
21わたしが行って、帰ることのないその前に、これを得させられるように。
わたしは暗き地、暗黒の地へ行く。
22これは暗き地で、やみにひとしく、暗黒で秩序なく、光もやみのようだ」。
（ヨブ記一〇章一～二二節）

20ああ人よ。あなたは、神に言い逆らうとは、いったい、何者なのか。造られた
ものが造った者に向かって、「なぜ、わたしをこのように造ったのか」と言うこと
があろうか。21陶器を造る者は、同じ土くれから、一つを尊い器に、他を卑しい器
に造りあげる権能がないのであろうか。22もし、神が怒りをあらわし、かつ、ご自
身の力を知らせようと思われつつも、滅びることになっている怒りの器を、大いな
る寛容をもって忍ばれたとすれば、23かつ、栄光にあずからせるために、あらかじ
め用意されたあわれみの器にご自身の栄光の富を知らせようとされたとすれば、ど
うであろうか。
（ローマ人への手紙九章二〇～二三節）

先週の九章に続き、きょうの一〇章も、友人ビルダデの勧告に対するヨブの反論です。当然ビルダデに向かって語り始められたのですが、いつの間にかヨブの独り言に変り、やがて（九章二

八節あたりから）神に対する抗議に変っています（始めは間接的に、次第に直接的に）。そのことは、ビルダデに向かって語るとき、ヨブは神を「彼」と呼びますが、矛先が神に向かう時、神を「あなた」と呼ぶことによっても分かります。きょうの箇所でも、「あなた」が使われ、論争相手ビルダデの頭越しに神に向かって発言しているのです。

思い出してみましょう。ヨブの友人たちは、突然、思いも依らぬ災難に見舞われたヨブを慰め励ますために遠路はるばるやって来て、七日七夜ヨブの傍らに座して、ヨブのために泣き、深く同情しました。その友情は見上げたものです。しかし、ヨブの苦しみ、心身の傷は紋切り型の勧告では癒されなかった。むしろヨブを更なる苦悩に追いやり、両者の間の溝は広がっていくばかりです。

このドラマの観客ないし読者は、ヨブの切々たる訴えに共感せずにはおれないでしょう。反面、〝苦しみ、悲しみは分かるけれど、友人たちの気持も多少は汲んでやるべきではないか〟、などと考えてしまう。はらはら、いらいらしながら、解決の見通しは立ちません。ヨブ記は、そういう、人間の同情や分別だけでは解決のつかない、人間の不条理に関わる深刻な問題を提示しています。簡単に分別がつくなら神の出番はありません。

わたしは自分の命をいとう。わたしは自分の嘆きを包まず言いあらわし、わが魂の苦しみによって語ろう。わたしは神に申そう……。（一〇・一～二）

ヨブの命の悲しみ、魂の苦しみを友人たちはヨブと同じには理解できない。そこで、ヨブは神に向かって訴えます。しかも、その訴えは、哀願する、懇願するというのではなく、神と対等にわたり合おうという、実に不埒《ふらち》なものです。

わたしを罪ある者とされないように。なぜわたしと争われるかを知らせてほしい……。

「罪ある者とされる」、「争われる」と訳されている語は、裁判用語だそうです。神と法廷で争おうという気配が感じられます。

あなたはしえたげをなし、み手のわざを捨て、悪人の計画を照すことを良しとされるのか。

（一〇・三）

天地創造の始め、神はその「み手のわざ」を見て、「良し」とされました。しかし今、ヨブは、〝罪なき自分をこんなひどい目に遭わせる神は、その善き業を捨てて、悪しき計画に組する者になってしまったのか……〟と、抗議しているのです。

あなたの持っておられるのは肉の目か、あなたは人が見るように見られるのか。あなたの日は人の日のごとく、あなたの年は人の年のようであるのか。

（一〇・四～五）

こんなひどい目に遭わせるとは、神の判断も人の判断と同じではないか……。

あなたはなにゆえわたしのとがを尋ね、わたしの罪を調べられるのか。あなたはわたしの罪のないことを知っておられる。またあなたの手から救い出しうる者はない。（一〇・六〜七）

ヨブに罪のないことを一番よく知っているのは神ご自身ではないか。なぜなら、「あなたの手はわたしをかたどり、わたしを作った」のだから。「ところが今あなたはかえって、わたしを滅ぼされる」（一〇・八）。

どうぞ覚えてください、あなたは土くれをもってわたしを作られた事を。ところが、わたしをちりに返そうとされるのか。あなたはわたしを乳のように注ぎ、乾酪のように凝り固まらせたではないか。あなたは肉と皮とをわたしに着せ、骨と筋とをもってわたしを編み、命といつくしみとをわたしに授け、わたしを顧みてわが霊を守られた。（一〇・九〜一二）

ヨブが自分の無罪を主張する根拠は、天地創造の神がヨブ自身をも造られたことにあります。神は土くれから人を造り、これを良しとされた。同様にヨブ自身もこの神によって、命といつくしみとを授けられ、顧みられ、守られている、今までヨブはそう信じてきた。災難に見まわれる以前、ヨブは繁栄と名誉の日々の中でそう信じていた。
しかし今、神の本心がどこにあるか、分からなくなってしまった。

しかしあなたはこれらの事をみ心に秘めおかれた。この事があなたの心のうちにあった事をわたしは知っている。（一〇・一三）

神の本当の目的は、ヨブを苦しめることであって、本心を隠していたのではなかろうか……。
ヨブは疑い始めています。

わたしがもし罪を犯せば、あなたはわたしに目をつけて、わたしを罪から解き放されない。わたしがもし悪ければわたしはわざわいだ。たといわたしが正しくても、わたしは頭を上げることができない。わたしは恥に満ち、悩みを見ているからだ。もし頭をあげれば、あなたは、ししのようにわたしを追い、わたしにむかって再びくすしき力をあらわされる。あなたは証人を入れ替えてわたしを攻め、わたしにむかってあなたの怒りを増し、新たに軍勢を出してわたしを攻められる。（一〇・一四〜一七）

ヨブは、〝自分には罪がない〟と言いつつ、心のどこかで、知らずに犯した罪、気づかずにいる罪があったかもしれないとも思っています。しかし、ヨブ自身に罪があったにしろ、なかったにしろ、委細構わず、手を変え品を変えて神はヨブを攻め立てる……。

なにゆえあなたはわたしを胎から出されたか、わたしは息絶えて目に見られることなく、胎から墓に運ばれて、初めからなかった者のようであったなら、よかったのに。

（一〇・一八～一九）

それなら何で、あなたはわたしに命をお与えになったのですか。初めから生まれてこなければ……生まれさせられなどしなければ良かったのに……。

わたしの命の日はいくばくもないではないか。どうぞ、しばしわたしを離れて、少しく慰めを得させられるように。わたしが行って、帰ることのないその前に、これを得させられるように。わたしは暗き地、暗黒の地へ行く。これは暗き地で、やみにひとしく、暗黒で秩序なく、光もやみのようだ。

（一〇・二〇～二二）

人生は短いのだから、せめて陰府に下る前につかの間の休息を与えてほしい……。しばしわたしから目を逸らせてほしい……。

きょうのテキストはここで終わっています。

さて、ヨブはいったい、何を望んでいるのでしょうか。そもそも、ヨブは友人たちには分かってもらえないと判断して、神に訴えたのです。それも、こともあろうに神と法廷で争うことも辞さない勢いで……。しかし、そのヨブが、〝どうか、わたしを離れてください〟と懇願する……支離滅裂です。

ヨブは一方で、命と慈しみとを給う神を知っていますが、その一方で、なぜこんな災難を背負い込まなければならないのか、分からない。疑わざるを得ない……。

このドラマの観客は、天上において神様とサタンが賭けをしたことを知らされています。しかし、ヨブは知らない。観客は、神がヨブの無罪を確信しており、それ故サタンと賭けをしたことを知らされています。しかし、ヨブは知りません。

善きものすべて神より来たり、悪しきものはサタンより来る。そういう二元論が真実なら、強情に自己主張を繰り返すヨブに多くの出番を与える必要などありません。ヨブ記は、神にもヨブにも相応の出番がなくてはならないドラマなのです。

ヨブは天上で善と悪とが巧みに使い分けられるなどとは考えてもみない。善も悪も、すべて神の御旨の内にある。だからこそ、善悪が理由もなく混同され、災難が不公平に降りかかってくる現実に我慢ならない。そこで手当たり次第、支離滅裂に訴えてみる。神に向かって不条理だ、不条理だ、と叫んでいることで、ヨブは辛うじて命の活力を保っているのです。

そんなヨブの実態を知ってか知らずか、たぶん知っておられるのでしょう、神は姿を見せず、沈黙を守って、ヨブの支離滅裂な訴えには答えない。それが神の知恵なのでしょう。

沈黙の神に代わって、パウロはこう答えます。

ああ人よ。あなたは、神に言い逆らうとは、いったい、何者なのか。造られたものが造った者に向かって、「なぜ、わたしをこのように造ったのか」と言うことがあろうか。陶器を造る者は、同じ土くれから、一つを尊い器に、他を卑しい器に造りあげる権能がないのであろうか。もし、神が怒りをあらわし、かつ、ご自身の力を知らせようと思われつつも、滅びることになっている怒りの器を、大いなる寛容をもって忍ばれたとすれば、かつ、栄光にあずからせるために、あらかじめ用意されたあわれみの器にご自身の栄光の富を知らせようとされたとすれば、どうであろうか。

（ロマ九・二〇〜二三）

つまり、神の創られた世界に、悪が蔓延《はびこ》り、不条理に満ちているのは、神が寛容をもって忍耐しておられるからであり、神が忍耐しておられるのは、やがて、予め選ばれた器（＝「教会」）にご自身の栄光の富を知らせるためだ……と言うのですが、それから二千年、果たして、ヨブ記の神は現代のわたしたちにこの問題をどう答えてくださるのでしょうか。

（二〇〇四年五月二一日）

神の深さを極めることができるか

1 そこでナアマびとゾパルは答えて言った、
2 「言葉が多ければ、答なしにすまされるだろうか。
口の達者な人は義とされるだろうか。
3 あなたのむなしい言葉は人を沈黙させるだろうか。
あなたがあざけるとき、人はあなたを恥じさせないだろうか。
4 あなたは言う、『わたしの教は正しい、わたしは神の目に潔い』と。
5 どうぞ神が言葉を出し、あなたにむかってくちびるを開き、
6 知恵の秘密をあなたに示されるように。
神はさまざまの知識をもたれるからである。
それであなたは知るがよい、神はあなたの罪よりも
軽くあなたを罰せられることを。
7 あなたは神の深い事を窮めることができるか。
全能者の限界を窮めることができるか。
8 それは天よりも高い、あなたは何をなしうるか。

それは陰府よりも深い、あなたは何を知りうるか。
9 その量は地よりも長く、海よりも広い。
10 彼がもし行きめぐって人を捕え、さばきに召し集められるとき、だれが彼をはばむことができよう。
11 彼は卑しい人間を知っておられるからだ。彼は不義を見る時、これに心をとめられぬであろうか。
12 しかし野ろばの子が人として生れるとき、愚かな者も悟りを得るであろう。
13 もしあなたが心を正しくするならば、神に向かって手を伸べるであろう。
14 もしあなたの手に不義があるなら、それを遠く去れ、あなたの天幕に悪を住まわせてはならない。
15 そうすれば、あなたは恥じることなく顔をあげることができ、堅く立って、恐れることはない。
16 あなたは苦しみを忘れ、あなたのこれを覚えることは、流れ去った水のようになる。
17 そしてあなたの命は真昼よりも光り輝き、たとい暗くても朝のようになる。
18 あなたは望みがあるゆえに安んじ、保護されて安らかにいこうことができる。
19 あなたは伏してやすみ、あなたを恐れさせるものはない。多くの者はあなたの好意を求めるであろう。
20 しかし悪しき者の目は衰える。

彼らは逃げ場を失い、その望みは息の絶えるにひとしい」。

（ヨブ記一一章一～二〇節）

25 神の愚かさは人よりも賢く、神の弱さは人よりも強いからである。

（コリント人への第一の手紙一章二五節）

ヨブの三人の友人たちは、ヨブの身に起こった不幸・災難に同情し、慰め、励ますためにヨブのもとを訪れたのですが、ヨブが心身の苦痛に耐えかね、その不当性を神に訴え、呪いの言葉さえ口にするのを目の当たりにして黙ってはおれず、代わる代わるヨブを諌めました。最初にエリパズ、次にビルダデ。きょうは三人目のゾパルの番です。

エリパズが忠告しても、ビルダデがたしなめても、ヨブは彼らの言葉に耳を貸そうとしません。それどころか、彼らが一生懸命説得しようとすればするほど、ヨブの反論はエスカレートし、神に向かって暴言を口走る。また、これに対するゾパルの応答も、もはや、説得の域を越えて、非難・中傷の様相を呈しています。

「言葉が多ければ、答なしにすまされるだろうか。口の達者な人は義とされるだろうか。あなたのむなしい言葉は人を沈黙させるだろうか。あなたがあざけるとき、人はあなたを恥じさせないだろうか。

（一一・二～三）

ヨブが激してわけの分からないことを長々と喋る……というゾパルの皮肉です。ヨブが激すると友人たちも吊られて激す。議論とは結局そんなものなのかもしれませんが、そこに何の進展もないのでしょうか。いつまでヨブ記は、論争の書であることを誇示し続けるのでしょうか。

あなたは言う、『わたしの教は正しい、わたしは神の目に潔い』と。（一一・四）

これがゾパルのヨブ批判のポイントであり、議論がかみ合わない原因です。「わたしの教」の「教え」とは直訳すれば〝伝えられた伝統〟を指します。ゾパルは自分と同じ様に、ヨブも伝統的な教義に基づいて神について語っていると誤解しています。しかし、ヨブは伝統的教義では説明のつかない、体験的疑問を率直に言葉にしているのです。

どうぞ神が言葉を出し、あなたにむかってくちびるを開き、知恵の秘密をあなたに示されるように。神はさまざまの知識をもたれるからである。それであなたは知るがよい、神はあなたの罪よりも軽くあなたを罰せられることを。（一一・五〜六）

ゾパルはヨブとの間にある問題意識の違いなどお構いなしに、伝統的教義に基づいて更にヨブを攻めたてます。

「神はさまざまの知識をもたれる」は原文を直訳すれば、〃神の二重の知恵〃で、〃神は人間の知恵を遥かに超えたもう一つの知恵を持っておられる〃というほどの意味です。つまり、〃ヨブさん、あなたは自分には罪がないのに、不当な罰を受けていると言うけれど、それは神があなたには理解できない格段の知恵をもっておられるからで、もし、神がその真実を明かされるなら、あなたが今受けている罰は、あなたの犯した罪に比べれば遥かに軽いものだということがはっきりするに違いない〃というのです。神の超越した知恵を人間は理解できないのなら、ゾパルもまたそれを理解することなどできないはずです。それなのに、どうしてヨブの受けている罰が軽いと分かるのか……伝統的教義がそう教えているからに他なりません。

ゾパルは自分のことは棚上げにして、神の偉大さについてとうとうと捲《まく》し立てます。

あなたは神の深い事を窮めることができるか。全能者の限界を窮めることができるか。それは天よりも高い、あなたは何をなしうるか。それは陰府よりも深い、あなたは何を知りうるか。その量は地よりも長く、海よりも広い。彼がもし行きめぐって人を捕え、さばきに召し集められるとき、だれが彼をはばむことができよう。彼は卑しい人間を知っておられるからだ。彼は不義を見る時、これに心をとめられぬであろうか。

（一一・七～一一）

〃神の知恵と力は高さ、深さ、長さ、広さにおいて限界を知らず、善悪を見誤るようなことはあり得ない〟と言うのです。

更に、自分は神の知恵の深さを知っているという確信に基づいて、

しかし野ろばの子が人として生れるとき、愚かな者も悟りを得るであろう。（一一・一二）

少し分かりにくい訳になっていますが、新共同訳聖書はここを、「生まれたときには人間もろばの子のようなものだ。しかし、愚かな者も賢くなれる」と訳しています。〝野ろば〟は旧約聖書では飼い馴らされていないものの代名詞です。福音書にも「イエスにさわっていただくために、人々が幼な子らをみもとに連れてきた。ところが、弟子たちは彼らをたしなめた」（マルコ一〇・一三）とあります。

ゾパルは、ヨブが野ろばの子のように無知・無分別だと皮肉りつつ、自分には罪がないなどと意地を張るのをやめて素直に非を認め、神に救いを求めなさい、と諭します。

もしあなたが心を正しくするならば、神に向かって手を伸べるであろう。もしあなたの手に不義があるなら、それを遠く去れ、あなたの天幕に悪を住まわせてはならない。そうすれば、あなたは恥じることなく顔をあげることができ、堅く立って、恐れることはない。あなたは苦しみを忘れ、あなたのこれを覚えることは流れ去った水のようになる。そしてあなた

の命は真昼よりも光り輝き、たとい暗くても朝のようになる。あなたは望みがあるゆえに安んじ、保護されて安らかにいこうことができる。あなたは伏してやすみ、あなたを恐れさせるものはない。多くの者はあなたの好意を求めるであろう。（一一・一三～一九）

ゾパルは、神の代理人よろしく、ヨブがかつてのような繁栄と名声を取り戻すことができる可能性と救済の条件を告げると共に、

しかし悪しき者の目は衰える。彼らは逃げ場を失い、その望みは息の絶えるにひとしい」（一一・二〇）

頑なな心を捨てなければ、その時は死と滅びが待っている、と警告を付け加えることも忘れません。皮肉な言い方をすれば、脅したりすかしたりして、野ろばの子のようなヨブを伝統的神学に適応する従順なろばに飼い馴らそうというわけです。

しかし、ヨブはゾパルの忠告を受け入れようとしません。ヨブの反論については来週学びますが、ゾパルの神学が間違っているわけではありません。少し話を先取りしておきますと、最終的には、三八章でヨブの訴えに神が直接答えます。しかも、この神の応答の内容は、ゾパルの言っていることと大差ありません。神の知恵と力が、いかにヨブのものとかけ離れて偉大か……とい

うことです。ヨブもそのことを知らなかったわけではない。むしろ年若いゾパル以上によく知っていた。しかし、ヨブの訴えは、伝統的教義では説明のつかない、ヨブの個人的体験の中で起きている疑問なのです。

わたしたちは、先輩たちが長い間かけて培ってきた神学的探求の結晶とも言える教義、例えば「使徒信条」と呼ばれるものを知っています。それらの教義はわたしたちの信仰の旅を導くガイドブックのようなもので、それがなければ迷子になってしまうかもしれません。しかし、ガイドブックを読んでも実際に旅をしたことにはなりません。信仰の旅にはガイドブックには載っていない小道・横道もあるので、旅人の実状にあった的確な配慮はなかなか適いません。

（二〇〇四年五月九日）

自分の手に神を携えている者

1 そこでヨブは答えて言った、
2「まことに、あなたがたのみ、人である、
知恵はあなたがたと共に死ぬであろう。
3 しかしわたしも、あなたがたと同様に悟りをもつ。
わたしはあなたがたに劣らない。
だれがこのような事を知らないだろうか。
4 わたしは神に呼ばわって、聞かれた者であるのに、
その友の物笑いとなっている。
正しく全き人は物笑いとなる。
5 安らかな者の思いには、不幸な者に対する侮りがあって、
足のすべる者を待っている。
6 かすめ奪う者の天幕は栄え、神を怒らす者は安らかである。
自分の手に神を携えている者も同様だ。
7 しかし獣に問うてみよ、それはあなたに教える。

空の鳥に問うてみよ、それはあなたに告げる。
8 あるいは地の草や木に問うてみよ、彼らはあなたに教える。
海の魚もまたあなたに示す。
9 これらすべてのもののうち、いずれか
主の手がこれをなしたことを知らぬ者があろうか。
10 すべての生き物の命、およびすべての人の息は彼の手のうちにある。
11 口が食物を味わうように、耳は言葉をわきまえないであろうか。
12 老いた者には知恵があり、命の長い者には悟りがある。
13 知恵と力は神と共にあり、深慮と悟りも彼のものである。
14 彼が破壊すれば、再び建てることができない。
彼が人を閉じ込めれば、開き出すことができない。
15 彼が水を止めれば、それはかれ、彼が水を出せば、地をくつがえす。
16 力と深き知恵は彼と共にあり、惑わされる者も惑わす者も彼のものである。
17 彼は議士たちを裸にして連れ行き、さばきびとらを愚かにし、
18 王たちのきずなを解き、彼らの腰に腰帯を巻き、
19 祭司たちを裸にして連れ行き、力ある者を滅ぼし、
20 みずから頼む者たちの言葉を奪い、長老たちの分別を取り去り、
21 君たちの上に侮りを注ぎ、強い者たちの帯を解き、
22 暗やみの中から隠れた事どもをあらわし、暗黒を光に引き出し、
23 国々を大きくし、またこれを滅ぼし、国々を広くし、また捕え行き、

24 地の民の長たちの悟りを奪い、彼らを道なき荒野にさまよわせ、
25 光なき暗やみに手探りさせ、酔うた者のようによろめかせる」。
（ヨブ記一二章一～二五節）

31 イエスは自分を信じたユダヤ人たちに言われた、「もしわたしの言葉のうちに
とどまっておるなら、あなたがたは、ほんとうにわたしの弟子なのである。32 また
真理を知るであろう。そして真理は、あなたがたに自由を得させるであろう」。
（ヨハネによる福音書八章三一～三二節）

きょうの一二章は、先週の一一章でヨブの友人の一人ゾパルが行った戒告に対するヨブの反論です。

「まことに、あなたがたのみ、人である、知恵はあなたがたと共に死ぬであろう。（一二・二）

開口一番、かなり辛辣な言葉が飛び出します。分かりにくい訳になっていますが、新共同訳聖書は「確かにあなたたちもひとかどの民。だが、死ねばあなたたちの知恵も死ぬ」と訳しています。つまり〝あなたがたの言うことは人間の知恵に過ぎない〟という意味でしょう。直接的にはゾパルの言い分に対する反論ですが、〝あなたがた〟と複数形になっているのは、三人の友人た

ちの主張の同質性を表しています。友人たちは手を変え品を変え、代わる代わるヨブの説得に当たりましたが、基本的には同じ内容を繰り返したに過ぎません。端的に言えば次の三点に要約されます。

①神は善なる方であるから、善なる者には良き報いを下さり、悪しき者には厳しい裁きを下される。

②神は義なる方であるから、下される裁きに誤りがない。

③神の知恵と力は偉大過ぎて、とても人間には理解できない。

これらの三点に基づいて、〝ヨブに起こった災難は、ヨブの犯した罪に対する神の罰に違いないと決めつける一方、神は配慮ある方であるから、もしヨブが心を改めて、神に助けを求めるなら、神はかつてのような栄光を取り戻してくださる……〟というのです。

友人たちの主張はあらゆる宗教に共通する原理です。しかし、今のヨブにはそんな一般論・原則論は通じません。一般論で済むものなら、倫理・道徳といった人間の知恵で片づきます。むしろ人間的な知恵の方が有効なのかもしれません。原則論では捉え切れない問題こそが「信仰」の問題であり、神の出る幕がある……。

しかしわたしも、あなたがたと同様に悟りをもつ。わたしはあなたがたに劣らない。だれがこのような事を知らないだろうか。（一二・三）

友人たちが言うようなことはヨブも百も承知なのです。

わたしは神に呼ばわって、聞かれた者であるのに、その友の物笑いとなっている。正しく全き人は物笑いとなる。安らかな者の思いには、不幸な者に対する侮りがあって、足のすべる者を待っている。（一二・四～五）

ヨブの友人たちは、かつてヨブが栄耀栄華を極めていた時、ヨブの知恵と力に絶大な信頼を寄せた人たちでした。しかし今や、落ち目のヨブを彼らは「物笑いの種」にしている、と反撃します。友人たちも端から彼を物笑いの種にしようと思っていたわけではないでしょうが、傷ついたヨブの心にはそのように映るのです。

「正しく全き人」とありますが、これはあまりにも直訳に過ぎます。ヨブは決して自分が全く罪なき者だなどと思っているわけではありません。神のような全き存在ではないことは充分承知の上で、しかし、今、自分の身に起こっているようなひどい罰を受けるに値するほどの罪を犯した覚えはないのです。

まあ、世の中の現実をよく御覧なさい、

かすめ奪う者の天幕は栄え、神を怒らす者は安らかである。自分の手に神を携えている者

も同様だ。　（一二・六）

わたしよりもっと酷いことを平気でやって退ける人たち、神のみ心にはとても適いそうもない人たちが罰も受けずに安穏に暮らしているではありませんか……というわけです。

「神を携えている者」と訳されている箇所を、新共同訳は、「神さえ支配しようとする者」と訳しています。ヨブの友人たちは〝神の深い知恵を人間が理解できるはずがない〟といいながら、その計り知れない神の知恵を自分たちだけは知っていると思い込み、神のみ心を勝手に憶測してヨブを裁いている……友人たちのそういう態度を、ヨブは「神を携えている者」と皮肉っているのでしょう。

次の七節から一一節までは、三節のヨブの台詞を更に補強するものです。

（獣、空の鳥、地の草や木、海の魚という）これらすべてのもののうち、いずれかの手がこれをなしたことを知らぬ者があろうか。すべての生き物の命、およびすべての人の息は彼の手のうちにある。口が食物を味わうように、耳は言葉をわきまえないであろうか。

（一二・九～一一）

あらゆる被造物はことごとく、造り主なる神の知恵と力の偉大さを知っている。あなたがただけが知っているなどと思ったら大間違いだ……。（ただし、この箇所は後から付け加えたものだと考える注釈者もおります。これまで対話の相手を「あなたがた」と複数形で呼んでいたにもかかわらず、七節から「あなた」と変っている事。神の名が「主＝ヤハウェ」と呼ばれている事。などが、その理由です。）

一二節の「老いた者には知恵があり、命の長い者には悟りがある」も問題の箇所です。この前後の文脈では、神の知恵と人間の知恵との間には絶対的な格差がある、ということが語られいるにの、この節だけは人間（年長者）の知恵が称えられているからです。因みに、新共同訳聖書はここを「知恵は老いた者と共にあり、分別は長く生きた者と共にあるというが、神と共に知恵と力はあり、神と共に思慮分別もある」と訳して、文脈の整合性をつけています。

知恵と力は神と共にあり、深慮と悟りも彼のものである。（一二・一三）

以降、世のいかなる権力者の知恵をもってしても対抗しがたい「神の知恵と力」の絶対性について縷々《るる》語られ、一二章が閉じられます。

彼が破壊すれば、再び建てることができない。彼が人を閉じ込めれば、開き出すことができない。彼が水を止めれば、それはかれ、彼が水を出せば、地をくつがえす。力と深き知恵は彼と共にあり、惑わされる者も惑わす者も彼のものである。彼は議士たちを裸にして連れ行き、さばきびとらを愚かにし、王たちのきずなを解き、彼らの腰に腰帯を巻き、祭司たちを裸にして連れ行き、力ある者を滅ぼし、みずから頼む者たちの言葉を奪い、長老たちの分別を取り去り、君たちの上に侮りを注ぎ、強い者たちの帯を解き、暗やみの中から隠れた事どもをあらわし、暗黒を光に引き出し、国々を大きくし、またこれを滅ぼし、国々を広くし、また捕え行き、地の民の長たちの悟りを奪い、彼らを道なき荒野にさまよわせ、光なき暗やみに手探りさせ、酔うた者のようによろめかせる。（一二・一四～二五）

さて、きょうのテキストを読んで気がつくことは、ヨブも、ヨブの友人たちも「神の知恵と力の絶対性」について語りながら、両者の間に容易に越えられない隔たりが生じていることです。いったい何が、どこが違うのでしょうか。

既に申しましたように、彼らの間に隔たりを生んでいる要因は、両者の置かれている境遇の相違です。いかに友情厚かろうと、友人たちは最終的には傍観者です。しかし、ヨブはそういうわけにはいきません。耐えがたい苦しみのただ中にいるのです。何とかしてこの苦しみから解放されたいが、誰もこの苦しみを肩代わりしてはくれない。

ヨブはたびたび「死」を考えます。しかし、彼は自死を選ばない。自死を選ばない代わりに神に問い続けるのです。友人たちが「神に対する冒瀆だ」と非難するほどの激しい言葉をもって、ヨブは心のままに神に問いを投げつけ、その時、まさにヨブは自由なのです。この自由さこそ友人たちとヨブを隔てる決定的な点ではないでしょうか。

両者とも「神の知恵と力の絶対性」という争点に立っています。友人たちはこの問題を安易な結論に結びつけます。ヨブの苦しみはヨブの犯した罪に対する絶対者の罰だと……。一方、ヨブは結論を持っていません。結論が得られないが故に神に向かって問い続けます。しかし、神は答えない。答えない限り、ヨブの問いは終わらない。解決に向かって開かれているのです。

友人たちは解答を出してしまっています。ヨブの苦悩を目の当たりにしても伝統的な教義を問い直そうとはしない。「教義」と呼ばれる原理原則の中に閉じこもってしまっている。

こういう友人たちの態度をヨブは「神を携えている者」と皮肉っています。皮肉は褒められないとしても、この言葉の中に、信仰者の陥りやすい落とし穴が見えています。わたしたちもヨブの友人たちのように、原理原則を神と取り違え、自分だけが神の奥義を知っていると思い込んではいないでしょうか。難しい教義は別にして、日々の祈り一つ取っても、〝こう祈るべき〟という建前に囚われてはいないでしょうか。神のみ心に従っているつもりで、その実「神を携えている者」になっていることに気づかないでいるようなことはないでしょうか。

〝真理は、あなたがたに自由を得させるであろう……〟。時々は、ヨブのように、もっと自由に神に問いかけてみたいものです。

（二〇〇四年五月一六日）

彼、我を殺すとも……

1「見よ、わたしの目は、これをことごとく見た。
わたしの耳はこれを聞いて悟った。
2あなたがたの知っている事は、わたしも知っている。
わたしはあなたがたに劣らない。
3しかしわたしは全能者に物を言おう、わたしは神と論ずることを望む。
4あなたがたは偽りをもってうわべを繕う者、皆、無用の医師だ。
5どうか、あなたがたは全く沈黙するように。
これがあなたがたの知恵であろう。
6今、わたしの論ずることを聞くがよい。
わたしの口で言い争うことに耳を傾けるがよい。
7あなたがたは神のために不義を言おうとするのか。
また彼のために偽りを述べるのか。
8あなたがたは彼にひいきしようとするのか。
神のために争おうとするのか。
9神があなたがたを調べられるとき、あなたがたは無事だろうか。

あなたがたは人を欺くように彼を欺くことができるか。
10 あなたがたがもし、ひそかにひいきするならば、
彼は必ずあなたがたを責められる。
11 その威厳はあなたがたを恐れさせないであろうか。
彼をおそれる恐れがあなたがたに臨まないであろうか。
12 あなたがたの格言は灰のことわざだ。
あなたがたの盾は土の盾だ。
13 黙して、わたしにかかわるな、わたしは話そう。
何事でもわたしに来るなら、来るがよい。
14 わたしはわが肉をわが歯に取り、わが命をわが手のうちに置く。
15 見よ、彼はわたしを殺すであろう。
わたしは絶望だ。
しかしなおわたしはわたしの道を彼の前に守り抜こう。
16 これこそわたしの救となる。
神を信じない者は、神の前に出ることができないからだ。
17 あなたがたはよくわたしの言葉を聞き、わたしの述べる所を耳に入れよ。
18 見よ、わたしはすでにわたしの立ち場を言い並べた。
わたしは義とされることをみずから知っている。
19 だれかわたしと言い争う事のできる者があろうか。
もしあるならば、わたしは黙して死ぬであろう。

20
ただわたしに二つの事を許してください。
そうすれば、わたしはあなたの顔をさけて隠れることはないでしょう。
21
あなたの手をわたしから離してください。
あなたの恐るべき事をもってわたしを恐れさせないでください。
22
そしてお呼びください、わたしは答えます。
わたしに物を言わせて、あなたご自身、わたしにお答えください。
23
わたしのよこしまと、わたしの罪がどれほどあるか。
わたしのとがと罪とをわたしに知らせてください。
24
なにゆえ、あなたはみ顔をかくし、わたしをあなたの敵とされるのか。
25
あなたは吹き回される木の葉をおどし、干あがったもみがらを追われるのか。
26
あなたはわたしについて苦き事どもを書きしるし、
わたしに若い時の罪を継がせ、
27
わたしの足を足かせにはめ、わたしのすべての道をうかがい、
わたしの足の周囲に限りをつけられる。
28
このような人は腐れた物のように朽ち果て、
虫に食われた衣服のようにすたれる。
（ヨブ記一三章一～二八節）

33
昼の十二時になると、全地は暗くなって、三時に及んだ。
34
そして三時に、イエスは大声で、「エロイ、エロイ、ラマ、サバクタニ」と叫ばれた。それは「わが神、わが神、どうしてわたしをお見捨てになったのですか」という意味である。

見よ、彼はわたしを殺すであろう。わたしは絶望だ。しかしなおわたしはわたしの道を彼の前に守り抜こう。（一三・一五）

この一三章一五節は最近のヨブ記研究において注目されている箇所です。

従来、ヨブ記のテーマは、「義人の苦難」（義人がなぜ苦難に遭わなければならないのか）と「神義論」（義人を悲劇的な苦しみに遭わせる神は正しいのか）という点にある、と考えられてきました。しかし最近は、そういう一般論的・外側の問題ではなく、「ヨブ自身の信仰」が中心的テーマなのではなかろうか、と考える研究者も増えています。

きょうの一三章は、一一章における友人ゾパルのヨブ批難とこれに対するヨブの側からの反論（一二〜一四章）という文脈の中に置かれています。そもそも、ヨブと友人たちとの論争は、ヨブが自分の悲劇的災難に耐えかねて、神に対し非難めいた訴えをしたことに端を発します。信仰深い友人たちは、神に不満をぶつけるヨブの態度を見逃すことができない。ヨブを諌め、心を入れ替えるよう説得に乗り出したわけです。しかし、友人たちのありきたりな説得ではとてもヨブの苦悩を鎮めることなどできず、彼らが一言いうと、ヨブは二倍にも三倍にもして返します。ヨブの苛立ちは費やされた紙幅に拠っても象徴的に表されています（ゾパルの一一章に対し、ヨブは一二

（マルコによる福音書一五章三三〜三四節）

〜一四章)。
三人の友人たちのヨブ批判の論拠は一口に言えば「因果応報論」です。きょうの一三章はこう書き出されています。

見よ、わたしの目は、これをことごとく見た。わたしの耳はこれを聞いて悟った。あなたがたの知っている事は、わたしも知っている。わたしはあなたがたに劣らない。
(一三・一〜二)

これと同じ内容の言葉が一二章の書出しにも記されており、友人たちの批判に対するヨブの反応を端的に表しています。

しかしわたしも、あなたがたと同様に悟りをもつ。わたしはあなたがたに劣らない。だれがこのような事を知らないだろうか。
(一二・三)

友人たちが言いたいことはヨブも百も承知です。しかし、ヨブが今患っている心身の痛みは誰にでも当てはまるようなものではとてもないのです。ヨブは今、第三者にはとても担い切れない、自分自身の内的な問いの中に閉じ込められているのです。

しかしわたしは全能者に物を言おう、わたしは神と論ずることを望む。（一三・三）

これ以上友人たちと議論しても埒《らち》が明かない。この上は神と直に議論しよう……と言う。ヨブの、友人たちに対する非難は辛辣です。

あなたがたは偽りをもってうわべを繕う者、皆、無用の医師だ。（一三・四）

「偽りをもってうわべを繕う者」は直訳すれば〝嘘の上塗り〟です。因果応報論によってヨブの現実の苦しみを覆い隠し、ヨブのためにと言って発言すればするほど、かえってヨブを苦しめる……。

テロ支援国家だ！　大量破壊兵器隠匿だ！　と言いがかりをつけて始めたイラク戦争の大義が嘘だとばれると、今度はイラクの民主化だ！　と言い訳する。しかし、口を挟めば挟むほど、イラクの人々の傷ついた心は痛むのです。ヨブは罪なきイラクの人々の本音も代弁しているのかもしれません。

どうか、あなたがたは全く沈黙するように。これがあなたがたの知恵であろう。（一三・五）

ブッシュ率いるアメリカが黙ることこそ、民主主義の知恵なのです。

今、わたしの論ずることを聞くがよい。わたしの口で言い争うことに耳を傾けるがよい。

（一三・六）

俺の言うことを耳の穴をかっぽじってよく聞け……。

あなたがたは神のために不義を言おうとするのか。また彼のために偽りを述べるのか。あなたがたは彼にひいきしようとするのか。神のために争おうとするのか。神があなたがたを調べられるとき、あなたがたは無事だろうか。あなたがたは人を欺くように彼を欺くことができるか。あなたがたがもし、ひそかにひいきするならば、彼は必ずあなたがたを責められる。

（一三・七〜一〇）

「ひいきする」と訳された語は、直訳すれば〝顔を立てる〟です。因果応報の教義を持ち出して、あたかも神の代弁者であるかのような口振りで語るけれど、決して神の顔を立てることにはならず、神を利用して自分の立場を正当化しているに過ぎない。神は人間に弁護してもらう必要など全くない。神はそんなおべっか使いには騙されない。むしろあなたがたの虚偽をお責めになるだろう……。

これもまたブッシュに聞かせたい台詞です。現代のヨブなら、〝民主主義、民主主義と言うけれど、決して民主主義のためでなく、肥満大国アメリカの経済を支えるために石油がほしいだけなのだろう〟との言い換えもできるのではないでしょうか。


その威厳はあなたがたを恐れさせないであろうか。彼をおそれる恐れがあなたがたに臨まないであろうか。あなたがたの格言は灰のことわざだ。あなたがたの盾は土の盾だ。

（一三・一一～一二）


虚しい大義名分など振り回さないで、本心から神を恐れなさい……。

ヨブは一当たり罵ってから、「黙して、わたしにかかわるな。わたしは話そう」（一三・一三a）と言います。「黙して、わたしにかかわるな」は友人たちに向かっていった言葉であり、「わたしは話そう」は神に向かって言っています。


何事でもわたしに来るなら、来るがよい。わたしはわが肉をわが歯に取り、わが命をわが手のうちに置く。見よ、彼はわたしを殺すであろう。

（一三・一三b～一五a）

「わが肉をわが歯に取り、わが命をわが手のうちに置く」は、命の危険を敢えて犯して……という意味だそうです。旧約聖書には、「神の顔を見たものは死ぬ」（出エジプト三三・二〇）と記されています。ヨブは、決死の覚悟で神に面と向かって物申しているのです。

次が問題の箇所です。「わたしは絶望だ。しかしなおわたしはわたしの道を彼の前に守り抜こう」（一三・一五b）には訳文上の議論があります。

新共同訳聖書は、「そうだ、神はわたしを殺されるかもしれない。だが、ただ待ってはいられない。わたしの道を神の前に申し立てよう」と訳しています。口語訳が誤りだというわけではありません。元になる写本が違うのです。最近は「わたしは待てない」と訳す方が主流です。ただし、「わたしは彼を待つ」とも訳せます。ヘブル語の「ロー」は発音が同じで、not とも him とも訳せるので、「たとえ彼（神）がわたしを殺そうとも、わたしは彼を待つ」とヨブの決意を表すこともできます。

　これこそわたしの救となる。神を信じない者は、神の前に出ることができないからだ。
　（一三・一六）

こうすれば神の顔が立ち、こんなことを言ったら神の不興を買うに違いない、などという計算づくの信仰ではなく、ただ神の前に自分のありのままを包み隠さず申し述べることができれば本望だ。これがヨブの信仰なのではないでしょうか。

「ヨブはいたずらに神を恐れましょうか……」。ヨブの物語の最初に、主（ヤハウェ）が「……わたしのしもべヨブのように全く、かつ正しく、神を恐れ、悪に遠ざかる者の世にない……」（一・八〜九）と褒めた時のサタンの返答です。ここから物語が始まりました。「ヨブのように全く、かつ正しく、神を恐れ、悪に遠ざかる者」というのは、人格的完全を言うのではなく、何の計算もせず、唯ありのままの姿で神の前に立つことを言うのではないでしょうか。

あなたがたはよくわたしの言葉を聞き、わたしの述べる所を耳に入れよ。見よ、わたしはすでにわたしの立ち場を言い並べた。わたしは義とされることをみずから知っている。だれかわたしと言い争う事のできる者があろうか。もしあるならば、わたしは黙して死ぬであろう。（一三・一七〜一九）

友人たちには鼻持ちならぬ傲慢と聞こえたことでしょう。

ただわたしに二つの事を許してください。そうすれば、わたしはあなたの顔をさけて隠れることはないでしょう。あなたの手をわたしから離してください。あなたの恐るべき事をもってわたしを恐れさせないでください。そしてお呼びください、わたしは答えます。わたしに物を言わせて、あなたご自身、わたしにお答えください。
（一三・二〇～二二）

自分は義しい……と言い張るヨブは身のほど知らずと言わざるを得ませんが、彼は神の手の重さ、神への恐れも知っていて、神の呼び出しを待っているのです。

わたしのよこしまと、わたしの罪がどれほどあるか。わたしのとがと罪とをわたしに知らせてください。
（一三・二三）

隠れた罪咎があることも知っているのです。

なにゆえ、あなたはみ顔をかくし、わたしをあなたの敵とされるのか。あなたは吹き回される木の葉をおどし、干あがったもみがらを追われるのか。あなたはわたしについて苦き事どもを書きしるし、わたしに若い時の罪を継がせ、わたしの足を足かせにはめ、わたしのすべての道をうかがい、わたしの足の周囲に限りをつけられる。このような人は腐れた物のように朽ち果て、虫に食われた衣服のようにすたれる。
（一三・二四～二八）

神は自分を敵と見なし、若い時の罪を暴き立て、囚人を見張るように隠れて見張っておられるのではなかろうか。このままでは、徒《いたずら》に朽ち果てるのを待つばかりです。主よどうか、御顔をわたしに向けてくださいと願う。疑いと恐れの中で、自らの弱さを抱えたまま、ヨブは神の前に立つことを欲している。神が御顔を自分に向けてくださることだけを願っている。それがヨブの信仰なのではないでしょうか。だが、ヨブの友人たちにはそれが理解できない……果たしてわたしたちは理解できるでしょうか。

（二〇〇四年六月六日）

人もし死なばまた生きんや

1 「女から生れる人は日が短く、悩みに満ちている。
2 彼は花のように咲き出て枯れ、影のように飛び去って、とどまらない。
3 あなたはこのような者にさえ目を開き、
あなたの前に引き出して、さばかれるであろうか。
4 だれが汚れたもののうちから清いものを出すことができようか、ひとりもない。
5 その日は定められ、その月の数もあなたと共にあり、
あなたがその限りを定めて、越えることのできないようにされたのだから、
6 彼から目をはなし、手をひいてください。
そうすれば彼は雇人のように、その日を楽しむことができるでしょう。

7 木には望みがある。たとい切られてもまた芽をだし、
その若枝は絶えることがない。
8 たといその根が地の中に老い、その幹が土の中に枯れても、
9 なお水の潤いにあえば芽をふき、若木のように枝を出す。
10 しかし人は死ねば消えうせる。

息が絶えれば、どこにおるか。
11 水が湖から消え、川がかれて、かわくように、
12 人は伏して寝、また起きず、天のつきるまで、目ざめず、
その眠りからさまされない。
13 どうぞ、わたしを陰府にかくし、あなたの怒りのやむまで、潜ませ、
わたしのために時を定めて、わたしを覚えてください。
14 人がもし死ねば、また生きるでしょうか。
わたしはわが服役の諸日の間、わが解放の来るまで待つでしょう。
15 あなたがお呼びになるとき、わたしは答えるでしょう。
あなたはみ手のわざを顧みられるでしょう。
16 その時あなたはわたしの歩みを数え、わたしの罪を見のがされるでしょう。
17 わたしのとがは袋の中に封じられ、
あなたはわたしの罪を塗りかくされるでしょう。
18 しかし山は倒れてくずれ、岩もその所から移される。
19 水は石をうがち、大水は地のちりを洗い去る。
このようにあなたは人の望みを断たれる。
20 あなたはながく彼に勝って、彼を去り行かせ、
彼の顔かたちを変らせて追いやられる。
21 彼の子らは尊くなっても、彼はそれを知らない、

卑しくなっても、それを悟らない。
22 ただおのが身に痛みを覚え、おのれのために嘆くのみである」。
（ヨブ記一四章一～二二節）

30 きょうは生えていて、あすは炉に投げ入れられる野の草でさえ、神はこのように装って下さるのなら、あなたがたに、それ以上よくしてくださらないはずがあろうか。ああ、信仰の薄い者たちよ。
（マタイによる福音書六章三〇節）

前回の一三章で、ヨブは、「神はわたしを殺されるかもしれない。だが、ただ待ってはいられない。わたしの道を神の前に申し立てよう」（一三・一五　新共同訳）と、自分の苦境を神に直訴する決意を示しました。

〝神の顔を見た者は死ぬ〟（出エジプト三三・二〇参照）とあるように、古代ヘブライ人にとって、神は恐るべき、全存在を懸けて対峙すべき存在であったのです。その点で、わたしたち現代のクリスチャンはイエス・キリストを愛の神に祀り上げ、少なからず甘えて、畏敬の念をどこかに置き忘れてしまっているのかもしれません。

新共同訳聖書は、更に「このわたしをこそ、神は救ってくださるべきではないか。神を無視する者なら、御前に出るはずはないではないか。よく聞いてくれ、わたしの言葉を。わたしの言い分に耳を傾けてくれ。見よ、わたしは訴えを述べる。わたしは知っている、わたしが正しいのだ」（ヨブ一三・一六〜一八）と続きます。〝神の前に立つ畏れの感覚〟を抜きにして読むなら、ヨブは勝手な言い分を並べ立てて自己正当化しようとしているように聞こえますが、これは実にありのままの自分を曝け出して神の前に立とうとするヨブの命がけの決意なのです。

ヨブは決して、自分が神と対等に渡り合えると思っているわけではありません。自分がいかに神の前に立つ値わざるものであるかを弁《わきま》えている。それ故、「神はわたしを殺されるかもしれない」と言うのです。己の不完全さを弁えているが故に神を畏れる。しかし、いかに神の前に取るに足らない存在であろうとも、今、実際に味わっている苦しみはあまりにも過酷過ぎる。今まで信じ切っていた神が、これほど重い罰を下される方だとはとても思えない。〝神さま、なぜですか。本当にあなたはわたしが今まで信じていたあの神なのですか〟。ヨブは直接神にお聞きしたいのです。

きょうの一四章は神に対する畏れと信頼の間で揺れ動くヨブの内的葛藤を見事に表現しています。

だれが汚れたもののうちから清いものを出すことができようか、ひとりもない。（一四・四）
女から生れる人は日が短く、悩みに満ちている。（一四・一）

四節を前に持ってきた方が分かりやすいと思います。残念ながら聖書の女性に対する差別は覆い隠すことができません。女性は不浄な存在であり、その汚れた女性から生まれた「人」も清いはずがない。「彼は花のように咲き出て枯れ、影のように飛び去って、とどまらない」(一四・二)。実に儚《はかな》い存在だと言うのです。

あなたはこのような者にさえ目を開き、あなたの前に引き出して、さばかれるであろうか。その日は定められ、その月の数もあなたと共にあり、あなたがその限りを定めて、越えることのできないようにされたのだから、彼*から目をはなし、手をひいてください。そうすれば彼は雇人*のように、その日を楽しむことができるでしょう。(一四・三〜六)

*彼——〝わたし〟即ちヨブ自身。
*雇人のように——苦役を強いられる奴隷、ないしは、兵役を課せられた兵士。

神さま、あなたは、そんな哀れで儚いものにも厳格な裁きをなされるのですか。人間の命に超えがたい限界を定められたのは、あなたではありませんか。せめて束の間の安息くらいはお与えください……。

神に面と向かって訴えたいはずのヨブが、「目をはなし、手をひいてください」と懇願する。つじつまの合わない話ですが、その混乱こそ、ヨブの内的な葛藤を表しているのでしょう。この人間の儚さについての訴えはヨブ自身の苦悩の吐露に他なりません。

木には望みがある。たとい切られてもまた芽をだし、その若枝は絶えることがない。たといその根が地の中に老い、その幹が土の中に枯れても、なお水の潤いにあえば芽をふき、若木のように枝を出す。しかし人は死ねば消えうせる。息が絶えれば、どこにおるか。水が湖から消え、川がかれて、かわくように、人は伏して寝、また起きず、天のつきるまで、目ざめず、その眠りからさまされない。

（一四・七～一二）

神の創られたものの中でも、植物には再生がある。しかし人間は、ひとたび死してふたたび目覚めることはない。願わくは、

どうぞ、わたしを陰府にかくし、あなたの怒りのやむまで、潜ませ、わたしのために時を定めて、わたしを覚えてください。人がもし死ねば、また生きるでしょうか。わたしはわが服役の諸日の間、わが解放の来るまで待つでしょう。あなたがお呼びになるとき、わたしは答えるでしょう。あなたはみ手のわざを顧みられるでしょう。その時あなたはわたしの歩みを数え、わたしの罪を見のがされるでしょう。わたしのとがは袋の中に封じられ、あなたはわたしの罪を塗りかくされるでしょう。しかし山は倒れてくずれ、岩もその所から移される。水は石をうがち、大水は地のちりを洗い去る。このようにあなたは人の望みを断たれる。あなたはながく彼に勝って、彼を去り行かせ、彼の顔かたちを変らせて追いやられる。彼の子

らは尊くなっても、彼はそれを知らない、卑しくなっても、それを悟らない。ただおのが身に痛みを覚え、おのれのために嘆くのみである」。

（一四・一三～二二）

「きょうは生えていて、あすは炉に投げ入れられる野の草でさえ、神はこのように装って下さるのなら、あなたがたに、それ以上よくしてくださらないはずがあろうか。ああ、信仰の薄い者たちよ」。

（マタイ六・三〇）

（二〇〇四年六月二〇日）

神への畏れを捨て去りしや

1そこでテマンびとエリパズは答えて言った、
2「知者はむなしき知識をもって答えるであろうか。
東風をもってその腹を満たすであろうか。
3役に立たない談話をもって論じるであろうか。
無益な言葉をもって争うであろうか。
4ところがあなたは神を恐れることを捨て、神の前に祈る事をやめている。
5あなたの罪はあなたの口を教え、あなたは悪賢い人の舌を選び用いる。
6あなたの口みずからあなたの罪を定める、わたしではない。
あなたのくちびるがあなたに逆らって証明する。

7あなたは最初に生れた人であるのか。
山よりも先に生れたのか。
8あなたは神の会議にあずかったのか。
あなたは知恵を独占しているのか。
9あなたが知るものはわれわれも知るではないか。

あなたが悟るものはわれわれも悟るではないか。
10 われわれの中にはしらがの人も、年老いた人もあって、
あなたの父よりも年上だ。
11 神の慰めおよびあなたに対するやさしい言葉も、
あなたにとって、あまりに小さいというのか。
12 どうしてあなたの心は狂うのか。
どうしてあなたの目はしばたたくのか。
13 あなたが神にむかって気をいらだて、
このような言葉をあなたの口から出すのはなぜか。
14 人はいかなる者か、どうしてこれは清くありえよう。
女から生れた者は、どうして正しくありえよう。
15 見よ、神はその聖なる者にすら信を置かれない、
もろもろの天も彼の目には清くない。
16 まして憎むべき汚れた者、また不義を水のように飲む人においては。
17 わたしはあなたに語ろう、聞くがよい。
わたしは自分の見た事を述べよう。
18 これは知者たちがその先祖からうけて、隠す所なく語り伝えたものである。
19 彼らにのみこの地は授けられて、他国人はその中に行き来したことがなかった。
20 悪しき人は一生の間、もだえ苦しむ。

残酷な人には年の数が定められている。
21 その耳には恐ろしい音が聞え、繁栄の時にも滅ぼす者が彼に臨む。
22 彼は、暗やみから帰りうるとは信ぜず、つるぎにねらわれる。
23 彼は食物はどこにあるかと言いつつさまよい、
暗き日が手近に備えられてあるのを知る。
24 悩みと苦しみとが彼を恐れさせ、戦いの備えをした王のように彼に打ち勝つ。
25 これは彼が神に逆らってその手を伸べ、全能者に逆らって高慢にふるまい、
26 盾の厚い面をもって強情に、彼にはせ向かうからだ。
27 また彼は脂肪をもってその顔をおおい、その腰には脂肪の肉を集め、
28 滅ぼされた町々に住み、人の住まない家、荒塚となる所におるからだ。
29 彼は富める者とならず、その富はながく続かない、
また地に根を張ることはない。
30 彼は暗やみからのがれることができない。
炎はその若枝を枯らし、その花は風に吹き去られる。
31 彼をしてみずから欺いて、むなしい事にたよらせてはならない。
その報いはむなしいからだ。
32 彼の時のこない前にその事がなし遂げられ、彼の枝は緑とならないであろう。
33 彼はぶどうの木のように、その熟さない実をふり落すであろう。
またオリブの木のように、その花を落すであろう。
34 神を信じない者のやからは子なく、

まいないによる天幕は火で焼き滅ぼされるからだ。
[35]彼らは害悪をはらみ、不義を生み、その腹は偽りをつくる」。
（ヨブ記一五章一〜三五節）

[31]それから、人の子は必ず多くの苦しみを受け、長老、祭司長、律法学者たちに
捨てられ、また殺され、そして三日の後によみがえるべきことを、彼らに教えは
じめ、[32]しかもあからさまに、この事を話された。すると、ペテロはイエスをわき
へ引き寄せて、いさめはじめたので、[33]イエスは振り返って、弟子たちを見ながら、
ペテロをしかって言われた、「サタンよ、引きさがれ。あなたは神のことを思わな
いで、人のことを思っている」。
（マルコによる福音書八章三一〜三三節）

きょうの一五章から、ヨブと友人たちとの論戦は二巡目に入ります。これまでのところヨブと三人の友人との議論はほとんどかみ合うことがありません。互いに苛立ち、激し、売り言葉に買い言葉で、言わずもがなのことも言ってしまう。ヨブの身を案じてはるばるやって来た友人ではありますが、まるで仇同士のようになじり合う……。

議論がかみ合わないのには、それなりの理由があります。何と言っても最大の理由は、両者の置かれている状況の違いです。

トルストイの『アンナ・カレーニナ』の冒頭に、「幸福な家庭はどれも皆似たりよったりだが、不幸な家庭は不幸なさまがひとつひとつ違っている」とありますが、ヨブはまさに不幸の極みに

身を置いており、友人たちはヨブの不幸を傍から見て同情するだけです。「同情」は心を同じくすると書きますから、本当に同情できるなら大したものですが、七日七夜ヨブの傍らに座して、ヨブの不幸を共に悲しんだはずの友人たちにして、結局ヨブの本当の悲しみとは心を重ね合わせることができません。

そこでテマンびとエリパズは答えて言った、

「知者はむなしき知識をもって答えるであろうか。東風をもってその腹を満たすであろうか。役に立たない談話をもって論じるであろうか。無益な言葉をもって争うであろうか。ところがあなたは神を恐れることを捨て、神の前に祈る事をやめている。あなたの罪はあなたの口を教え、あなたは悪賢い人の舌を選び用いる。あなたの口みずからあなたの罪を定める、わたしではない。あなたのくちびるがあなたに逆らって証明する。（一五・一～六）

前の一三章、一四章でヨブは、〝自分には、これほどの苦しみを受けねばならないほどの罪を犯した覚えはない。これは何かの間違いで、神はわたしに対し敵意を持っているに違いない……〟と神に対して強烈な抗議したわけですが、きょうの一五章では、その抗議に憤慨したエリパズがヨブを激しく叱責します。

〝本当に知恵のある人はあなたのようなことは言わない。あなたの議論は、むなしき知識であり、東風（シロッコ）のように荒れ狂う、役に立たない、無益な、議論である。あなたは自分には罪がない……と言い張るけれど、まさにあなたが神に向かって投げつける悪しき言葉こそ、あなたが罪を犯している証拠なのだ……。「神に対する敬虔さ」を捨てたヨブは、もはやヨブではない……と、その存在の根底からヨブを否定しているわけです。

エリパズがこれほどまで悪しざまにヨブを糾弾するのには、それなりの理由があります。因果応報論に基づく敬虔な信仰の故です。

一七節以下に、エリパズが信じる「因果応報論」の内容が示されています。煩瑣になりますので、逐一読み上げませんが、要約すると次のようなことになります。

＊イスラエルの父祖たちの伝統的な知恵に基づいている。

＊悪人（悪しき人・残酷な人）の一生は苦悩に満ち、悲惨で、その末路は哀れである。

＊なぜなら、悪人は神と人間との正しさ・清さに決定的な相違があることも弁《わきま》えないで、「高慢・強情にふるまい、臆面もなく、神に言い逆らう」からである。

つまり、ヨブが今、神に反抗し、非難・中傷の言葉を浴びせていることが、そのまま、この厚顔無知の悪人の振る舞いに他ならない、と言っているのです。

そもそも、因果応報論は聖書を貫徹して流れる正統な信仰上の考え方（教義）です。

例えば旧約聖書では、

＊ノアだけがその時代の人々の中で正しく、かつ全き人であったから、主なる神はノアとその

家族を洪水から救われたのです。
＊アブラハムは主のご命令に従い、息子・イサクの命さえ惜しまなかったから、神の祝福を得て、イスラエル民族の繁栄の基となったわけです。
＊主・ヤハウェに忠実な王の時代にはイスラエルが栄え、ヤハウェ信仰から離れる時、国は滅びる、というのが「申命記史家」の考え方です。
この考え方は、新約聖書にも受け継がれています。
＊良い地に撒かれた種のたとえ然り、
＊ユダの物語然り、
＊ぶどうの木のたとえで言えば、イエス・キリストに繋がっている良い枝はよい実を結びますが、実を結ばない枝は切られて捨てられ、地獄の火で焼かれるのです。
因果応報論が一顧だにし得ない教義だというわけではありません。悪が栄えて善が貶《おとし》められるようではこの世は闇です。しかし、現実は、善人が憂き目を見るケースが決して少なくありません。現に、といっても物語の中ですが、ヨブも身に覚えのない苦悩を負わされ、〝神さま、あなたはなぜ、こんな不公平を見過ごしにしておられるのですか〟と叫んでいるのです。確かに神に向かって言うにしては言葉が過ぎる面もありますが……。

きょうは、説教の題を「汝、神への畏れを捨て去りしや」と、疑問文にしました。エリパズは、因果応報の教義に照らして、「あなたは神を恐れることを捨て、神の前に祈る事をやめている」

と、糾弾します。しかし、本当にヨブは「神への畏れ」を捨ててしまったのでしょうか。ヨブの叫びは、ただの不平不満であって、「祈り」とは言えないものなのでしょうか。

「あなたは神を恐れることを捨て、神の前に祈る事をやめている」と言われているからには、ヨブもかつて幸福の絶頂にあった時には、因果応報の教義に即して神を恐れ、祈りを捧げていたのでしょう。友人たちと似たり寄ったりの信仰で良かったのです。しかし、苦難の極みに身を晒した今、かつて幸福な時に頼りにしていた模範解答は何の足しにもならなくなってしまいました。ヨブの苦しみの原因が、ヨブを突然襲った不幸にあることはもちろんですが、同時に、今まではっきり見えていると思っていた「神と自分との関係」が、見えなくなってしまったところにこそある。

見えなくなったものを見ようとしてヨブは叫ぶ。しかし友人たちは、今まで通りの公式見解を徒《いたずら》に並べ立てるだけで、ヨブ自身の、苦しみ、悲しみ、痛みにはとても届かない。たぶん人間がそこまで他人の痛みに共感することは無理な相談なのでしょう。

そこでヨブは矛先を神に向けます。しかし、神も容易にはお答えになりません。故にヨブは、答えの得られない問いを更に神にぶつけ、怒鳴り、罵声をさえ浴びせるのです。

三八節に至ってやっと、神さまの重い口が開かれます。いったん口を開かれるや、堰を切ったように雄弁に、しかし不可解な点の多い解答をなさいます。

先をお急ぎにならない方は三八章まで、神さまがどんな返答をなさるか、想像を逞《たくま》しくしてお待ちください。先を急がれる方は、先に三八章以下をお読みになって、神の返答を知った上で、ヨブの問いと神の答えがどうかみ合うのか、かみ合わないのか、思いを巡らしていただきたいと存じます。

ともかく現段階では、「神は与え、また取り給う」と言ってのけたあのヨブの敬虔な面影はどこにもありません。果たしてヨブは、エリパズの指摘のように、神への畏れを捨て去ってしまったのでしょうか。祈ることを止めてしまったのでしょうか。

今の段階で敢えてヨブの味方をするならば、ヨブは悪口雑言を並べ立てながらも、何とかして神と直接向き合おうとしています。これに対して友人たちは、因果応報の教えによって神のすべてが語り尽くされると思っているので、ヨブのためにも自分たち自身のためにも、それ以上神に問いかけようとはしません。

しかし、いかに先祖伝来の教えだからとは言え、いかに知恵ある者たちによって作り上げられた信条だからとは言え、神学や信条は信仰上のガイダンスであって、神ご自身ではない。

その意味で、友人たちは、神を信じているのではなく、信仰箇条、信仰のガイダンスを信じている。ガイダンスを神と取り違えている。神をガイダンスの中に閉じ込めているのではないでしょうか。

そう考えると、わたしたち自身も、神に忠実に生きようとして、かえって「神のことを思わないで、人のことを思っている」ことが多いのではないでしょうか。

（二〇〇四年七月四日）

我が証人は天にあり

1そこでヨブは答えて言った、
2「わたしはこのような事を数多く聞いた。
あなたがたは皆人を慰めようとして、かえって人を煩わす者だ。
3むなしき言葉に、はてしがあろうか。
あなたは何に激して答をするのか。
4わたしもあなたがたのように語ることができる。
もしあなたがたがわたしと代ったならば、わたしは言葉を練って、
あなたがたを攻め、あなたがたに向かって頭を振ることができる。
5また口をもって、あなたがたを強くし、
くちびるの慰めをもって、あなたがたの苦しみを和らげることができる。
6たといわたしは語っても、わたしの苦しみは和らげられない。
たといわたしは忍んでも、どれほどそれがわたしを去るであろうか。
7まことに神は今わたしを疲れさせた。
彼はわたしのやからをことごとく荒した。

8 彼はわたしを、しわ寄らせた。
これがわたしに対する証拠である。
またわたしのやせ衰えた姿が立って、わたしを攻め、
わたしの顔にむかって証明する。
9 彼は怒ってわたしをかき裂き、わたしを憎み、
わたしに向かって歯をかみ鳴らした。
わたしの敵は目を鋭くして、わたしを攻める。
10 人々はわたしに向かって口を張り、侮ってわたしのほおを打ち、
ともに集まってわたしを攻める。
11 神はわたしをよこしまな者に渡し、悪人の手に投げいれられる。
12 わたしは安らかであったのに、彼はわたしを切り裂き、
首を捕えて、わたしを打ち砕き、わたしを立てて的とされた。
13 その射手はわたしを囲む。
彼は無慈悲にもわたしの腰を射通し、わたしの肝を地に流れ出させられる。
14 彼はわたしを打ち破って、破れに破れを加え、
勇士のようにわたしに、はせかかられる。
15 わたしは荒布を膚に縫いつけ、わたしの角をちりに伏せた。
16 わたしの顔は泣いて赤くなり、わたしのまぶたには深いやみがある。
17 しかし、わたしの手には暴虐がなく、わたしの祈は清い。

18地よ、わたしの血をおおってくれるな。
わたしの叫びに、休む所を得させるな。
19見よ、今でもわたしの証人は天にある。
わたしのために保証してくれる者は高い所にある。
20わたしの友はわたしをあざける、しかしわたしの目は神に向かって涙を注ぐ。
21どうか彼が人のために神と弁論し、人とその友との間をさばいてくれるように。
22数年過ぎ去れば、わたしは帰らぬ旅路に行くであろう」。

（ヨブ記一六章一～二二節）

24わたしたちは、この望みによって救われているのである。しかし、目に見える
望みは望みではない。なぜなら、現に見ている事を、どうして、なお望む人があろ
うか。25もし、わたしたちが見ないことを望むなら、わたしたちは忍耐して、それ
を待ち望むのである。

（ローマ人への手紙八章二四～二五節）

「あなたがたは皆、人を慰めようとして、かえって人を煩わす者だ。むなしき言葉に、はてしがあろうか。あなたは何に激して答をするのか。

（一六・二～三）

友人たちが躍起になってヨブに悔い改めを迫れば迫るほど、ヨブの心は彼らから離れ、苦悩は増します。ここでヨブは、エリパズがヨブに言った「役に立たない談話をもって論じるであろう

か。無益な言葉をもって争うであろうか」（一五・三）を逆手にとって、今度はヨブがエリパズに投げ返しているのです。

わたしもあなたがたのように語ることができる。もしあなたがたがわたしと代ったならば、わたしは言葉を練って、あなたがたを攻め、あなたがたに向かって頭を振ることができる。また口をもって、あなたがたを強くし、くちびるの慰めをもって、あなたがたの苦しみを和らげることができる。（一六・四〜五）

もし立場を変えることができたなら、キツイ言葉で相手を攻め立て、冷ややかに首を振って批判的な態度をとることができるし、相手を「強め（励まし）……慰め……苦しみを和らげる」こともできる。文章としては、キツイ対応とやさしい対応の二通りの可能性がただ並べられているだけですが、自分なら友人たちが今ヨブに対してしているような攻撃的なやり方ではなく、むしろ、やさしく労わる方を選ぶだろう……という言外の意味が込められています。しかし、実際は立場の逆転などは起こるべくもなく、誰もヨブの苦しみを和らげてはくれない。「たといわたしは語っても、わたしの苦しみは和らげられない。たといわたしは忍んでも、どれほどそれがわたしを去るであろうか」（一六・六）と嘆くのみです。

ここでヨブは、例によって、憤懣やる方ない胸のうちを見えない神にぶつけます。

まことに神は今わたしを疲れさせた。彼はわたしのやからをことごとく荒した。彼はわたしを、しわ寄らせた。これがわたしに対する証拠である。またわたしのやせ衰えた姿が立って、わたしを攻め、わたしの顔にむかって証明する。　（一六・七〜八）

以後一七節まで、ヨブは、神がいかにむごい仕打ちを自分にしているかを論《あげつら》い、こんなひどい仕打ちを受けるのは、神がヨブに敵意を持っているからだ、と訴えます。

彼は怒ってわたしをかき裂き、わたしを憎み、わたしに向かって歯をかみ鳴らした。わたしの敵は目を鋭くして、わたしを攻める。人々はわたしに向かって口を張り、侮ってわたしのほおを打ち、ともに集まってわたしを攻める。神は悪を行う者にわたしを引き渡し神に逆らう者の手に任せられた。わたしは安らかであったのに、彼はわたしを切り裂き、首を捕えて、わたしを打ち砕き、わたしを立てて的とされた。その射手はわたしを囲む。彼は無慈悲にもわたしの腰を射通し、わたしの肝を地に流れ出させられる。彼はわたしを打ち破って、破れに破れを加え、勇士のようにわたしに、はせかかられる。わたしは荒布を膚に縫いつけ、わたしの角をちりに伏せた。わたしの顔は泣いて赤くなり、わたしのまぶたには深いやみがある。しかし、わたしの手には暴虐がなく、わたしの祈は清い。　（一六・九〜一七）

一口に〝むごい仕打ち〟で済まされない内容です。ヨブの身になったつもりで丁寧に読みますと、実に痛々しいばかりです。例えば一二節、一三節ですが、この矢が自分に向けられていると想像してみてください。

また、一五節に、「わたしは荒布を膚に縫いつけ……」とありますが、サタンが神の許可を得て、ヨブの全身を酷い腫れ物で覆ったのです。その腫れ物を陶器のかけらで掻きむしった（二章七～八節）、その掻きむしった膿の汁が衣にこびりついて、肉に食い込んでいる……。かさぶたが包帯に食っついて離れない状態です。想像しただけで背筋に戦慄が走りませんか。

そんな有様を、ひとあたりわめき散らした後、ヨブは深刻な魂の叫びを発します。

地よ、わたしの血をおおってくれるな。わたしの叫びに、休む所を得させるな。（一六・一八）

創世記の「アベルとカイン物語」で、殺されたアベルの血が償いを求めて叫んだように、旧約聖書の世界では、無実の人が非業の死を遂げた時、彼の血が叫ぶ……と考えられていました。ヨブは無実の自分がこれほどまでに酷い仕打ちを受ける時、ただ黙って放置されてしまうはずがない……と確信しています。

見よ、今でもわたしの証人は天にある。わたしのために保証してくれる者は高い所にある。

（一六・一九）

ヨブのために声を挙げて無実を保証してくれる証人が必ず天にいるに違いないと言うのです。旧約聖書の「神」を「唯一絶対の神」と一言で表現してしまえるのかどうか……。最近の聖書学ではもっと幅広い柔軟な捉え方がされるようになってきました。

わたしたちの聖書では「神」は一律に「神」と訳されていますが、実際にはヘブル語聖書の原文では、様々な呼名が使われています。このヨブ記でも、いわゆる「枠物語」（一～二章、三八章以下）において「神」は「主（ヤハウェ）」として登場しますが、その他のところでは、「シャッダイ」であったり、「エル」であったり、また、「エローヒーム」、「エローアハ」であったりしています。

因みに、この一六章では、一一節の「神」は「エル」で、二〇節と二一節は「エローアハ」です。七節にも、神と訳されているところがありますが、原文では「彼」です。

どんな時にどんな呼名で呼ばれているのか、正確に解明されていませんが、ヨブの脳裏には少なくとも二種類の神がイメージされています。ヨブに敵対する神と味方してくれる神です。ヨブの魂はこの二つの神の間で右往左往しています。

今の段階では、ヨブの意識はほとんど敵対する神によって占領されていますが、彼が味方なる神を忘れてしまったわけではないことも、辛うじて残された僅かの部分の内に暗示されています。

わたしの友はわたしをあざける、しかしわたしの目は神に向かって涙を注ぐ。どうか彼が人のために神と弁論し、人とその友との間をさばいてくれるように。（一六・二〇～二一）

悪夢のような惨状の中で、ヨブの魂は「絶望」と僅かに残された「希望」との間をさ迷う。六節から一七節までの長大な絶望の言葉の後、二〇節、二一節には希望の火が僅かに灯されたかに見える……。しかし、そのとたん、

数年過ぎ去れば、わたしは帰らぬ旅路に行くであろう。（一六・二二）

死が迫っていることを暗示する文言をもって、きょうのテキストは閉じられます。死の不安によって、ヨブの魂の仄かな光は吹き消されてしまうのか、それとも、ヨブはなおも味方なる神に望みを置き続けることができるのか……。

パウロは自分自身の苦難の人生を踏まえつつ言います、

わたしたちは、この望みによって救われているのである。しかし、目に見える望みは望みではない。なぜなら、現に見ている事を、どうして、なお望む人があろうか。もし、わたしたちが見ないことを望むなら、わたしたちは忍耐して、それを待ち望むのである。

（ロマ八・二四〜二五）

ヨブの絶望があまりにも重いので、言わずもがなの駄洒落でお茶を濁してみたくなりました。きょうは参議院選の投票日。今回の選挙もまた絶望的です。ヨブの絶望に比べたら、わたしたちの絶望など絶望の内に入りませんが、何とわたしの一票は軽いことか。しかし、一票でもとうひょうとはこれいかに……。わたしの一票が十票になることを念じて、僅かな希望を一票に託しましょう。

（二〇〇四年七月一一日）

光は闇に近づいている

1「わが霊は破れ、わが日は尽き、墓はわたしを待っている。
2まことにあざける者どもはわたしのまわりにあり、
わが目は常に彼らの侮りを見る。
3どうか、あなた自ら保証となられるように。
ほかにだれがわたしのために保証となってくれる者があろうか。
4あなたは彼らの心を閉じて、悟ることのないようにされた。
それゆえ、彼らに勝利を得させられるはずはない。
5分け前を得るために友を訴えるものは、その子らの目がつぶれるであろう。
6彼はわたしを民の笑い草とされた。
わたしは顔につばきされる者となる。
7わが目は憂いによってかすみ、わがからだはすべて影のようだ。
8正しい者はこれに驚き、罪なき者は神を信ぜぬ者に対して憤る。
9それでもなお正しい者はその道を堅く保ち、
潔い手をもつ者はますます力を得る。
10しかし、あなたがたは皆再び来るがよい、わたしはあなたがたのうちに賢い者を見ないのだ。
11 わが日は過ぎ去り、わが計りごとは敗れ、わが心の願いも敗れた。
12 彼らは夜を昼に変える。
彼らは言う、『光が暗やみに近づいている』と。
13 わたしがもし陰府をわたしの家として望み、暗やみに寝床をのべ、
14 穴に向かって『あなたはわたしの父である』と言い、
うじに向かって『あなたはわたしの母、わたしの姉妹である』と言うならば、
15 わたしの望みはどこにあるか、だれがわたしの望みを見ることができようか。
16 これは下って陰府の関門にいたり、われわれは共にちりに下るであろうか」。
（ヨブ記一七章一～一六節）

7 そこで、高慢にならないように、わたしの肉体に一つのとげが与えられた。それは、高慢にならないように、わたしを打つサタンの使なのである。8 このことについて、わたしは彼を離れ去らせて下さるようにと、三度も主に祈った。9 ところが、主が言われた、「わたしの恵みはあなたに対して十分である。わたしの力は弱いところに完全にあらわれる」。それだから、キリストの力がわたしに宿るように、むしろ、喜んで自分の弱さを誇ろう。10 だから、わたしはキリストのためならば、弱さと、侮辱と、危機と、迫害と、行き詰まりとに甘んじよう。なぜなら、わたしが弱い時にこそ、わたしは強いからである。
（コリント人への第二の手紙一二章七～一〇節）

わが霊は破れ、わが日は尽き、墓はわたしを待っている。（一七・一）

先週に引き続き、きょうの一七章にも、「死の予感」を抱きつつ揺れ動くヨブの心の内側が描き出されています。

まことにあざける者どもはわたしのまわりにあり、わが目は常に彼らの侮りを見る。（一七・二）

およそ死は、人に「不安と恐れ」を抱かせるものですが、ヨブは死に対して「不安と恐れ」と共に不思議な「憧れと慰め」をも感じているらしい。すべての人がそうだとはいいませんが、時として人は絶望を慰めに代える強靭な生命力を持っています。ヨブにその強靭さを与えているものは、周囲の冷たい仕打ちだったのかもしれません。

周囲の冷たい仕打ち、特に親友たちから浴びせられる非難に対し、ヨブは激しい憤りをぶつけますが、もしも友人たちが終始優しくヨブに接していたら、あるいはヨブは、失意の底から立ち上がることができなかったかもしれません。勝手な憶測ですが、そんな風に思わせられるほど、ヨブは友人たちの批判・非難に敢然と立ち向かっていきます。少なくとも論陣を張っているときのヨブは苦痛を忘れているかのようです。災難そのものよりも、なぜこんな災難が他ならぬこの身に降りかからなければならなかったのか……その原因が分からないことの方が今のヨブには辛いことなのでしょう。

しかし、友人たちはヨブの本当の痛みを理解することができません。徒《いたずら》に因果応報の教義を振回してヨブの非を論《あげつら》うだけです。友人たちでは埒《らち》が明かないので、信頼する神に問うてみる。だが神は沈黙しておられる。ヨブは、神が沈黙しておられるのは、自分に対し敵意を抱いておられるからではなかろうかと疑わざるを得ない……。しかし、同時に、神はきっと自分の味方をしてくださるに違いないという希望も捨てることはできない。ヨブの魂は絶望と希望の間をさ迷う……。

前章では、ヨブは「どうか彼が人のために神と弁論し、人とその友との間をさばいてくれるように」（一六・二一）といいました。「彼」とはヨブのために保証人となって弁護してくれる存在で、「神」とは別人格です。「人」とはヨブのことであり、「その友」とは、三人の友人たちを指します。しかし、ヨブはきょうの一七章では「どうか、あなた自ら保証となられるように。ほかにだれがわたしのために保証となってくれる者があろうか」（一七・三）と言います。「あなた」というのは「神」のことですから、ヨブの希望が一歩神に近づいたのでしょう。

あなたは彼らの心を閉じて、悟ることのないようにされた。それゆえ、彼らに勝利を得さ

せられるはずはない。（一七・四）

友人たちはヨブの災難をヨブが犯した罪の所為だと決めつけ、あたかも自分たちこそが神の味方であるかのように振舞う。しかし、それは彼らの思いあがりであって、実は、神が彼らの心を閉じ、悟りなき者とされたのだ。神は彼らの味方ではなく、むしろヨブの味方なのだ、というのです。

分け前を得るために友を訴えるものは、その子らの目がつぶれるであろう。（一七・五）

もしも因果応報論が正しいならば、ヨブを訴えるあなたがたこそ罰を受けるべきだ。なぜなら、神の肩を持ってご褒美をいただこうなどという、あなた方の下心こそ不純で、あなた方の子孫こそ「目がつぶれ」るはずだというわけです。

ところが、神はわたしの味方だ……と言ったとたん、またしてもヨブの泣きごとが始まります。

彼はわたしを民の笑い草とされた。わたしは顔につばきされる者となる。わが目は憂いによってかすみ、わがからだはすべて影のようだ。（一七・六〜七）

この「彼」は単数で神のことです。友人たちとも世間の人々とも考えにくい。神がヨブに敵意を持っているのではないかと疑うのは、これほど酷い罰を受ける謂れはないと確信しているからです。ヨブは神を疑いつつ、信頼しているのです。

　正しい者はこれに驚き、罪なき者は神を信ぜぬ者に対して憤る。それでもなお正しい者はその道を堅く保ち、潔い手をもつ者はますます力を得る。しかし、あなたがたは皆再び来るがよい、わたしはあなたがたのうちに賢い者を見ないのだ。（一七・八～一〇）

　新共同訳は「正しい人よ、これに驚け。罪のない人よ、神を無視する者に対して奮い立て。神に従う人はその道を守り、手の清い人は更に勇気をもて。あなたたちは皆、再び集まって来るがよい。あなたたちの中に知恵ある者はいないのか」と訳出しています。

一般論として語られていますが、実は、ヨブが自らの正しさを自らに言い聞かせ、どんな非難にも負けるものか……と、決意表明しているのです。

かくも強気な発言の後、悲観的な言葉がヨブの口から洩れます。

　わが日は過ぎ去り、わが計りごとは敗れ、わが心の願いも敗れた。彼らは夜を昼に変える。彼らは言う、『光が暗やみに近づいている』と。（一七・一一～一二）

「彼ら」とは、三人の友人たちに代表される諸々の因果応報論者を指します。

わたしがもし陰府をわたしの家として望み、暗やみに寝床をのべ、穴に向かって『あなたはわたしの父である』と言い、うじに向かって『あなたはわたしの母、わたしの姉妹である』と言うならば、わたしの望みはどこにあるか、だれがわたしの望みを見ることができようか。これは下って陰府の関門にいたり、われわれは共にちりに下るであろうか」。

（一七・一三〜一六）

この箇所については様々な訳し方があって、軽々に判断できませんが、口語訳に従うならば、因果応報論者たちは、ヨブが陥った闇の現実に顔を背け、ただ口先で、「光が暗やみに近づいている」とおざなりの慰めを説く。しかし、ヨブの現実は、そんな安易な希望で慰められるような状況ではないのです。今やヨブに残された棲家は陰府だけ。そんなヨブと共に陰府にまで下ってくれる者が誰かいるのか。口先だけのまやかしの希望などもうたくさんだ、という意味になります。

さて、福音とは「光が暗やみに近づいている」ことを告げる良き知らせに他なりません。日本を代表する旧約学者の一人、関根正雄は、この段落をコメントして、「新約聖書の信仰でいえば、キリストと共におのれを陰府と地獄にまで放棄するとき、彼と共に復活の生を生き得るのである」といいます。きょう新約聖書から引用したもう一箇所、コリント人への第二の手紙の中で、パウロは、「わたしが弱い時にこそ、わたしは強い」（一二・一〇）といっています。パウロがサタンから与えられた「肉体のとげ」とは何であったか……、それがヨブの全身を被う酷い腫れ物と比較できるほどのものであったのかどうか……定かには記されていませんが、パウロにとってどうにかして取り除きたい闇のような存在であったことは確かです。しかし、その闇がパウロを強め、福音宣教に邁進する者と為さしめた。その闇がなかったら、果たしてパウロほどの伝道者が生まれていたかどうか。そこにイエス・キリストの十字架と復活の秘密があるに違いありません。

ヨブはイエス・キリストの福音について知らされていませんが、わたしたちは知らされています。果たして、わたしたちに知らされた福音が口先だけの慰めに留まってはいないかどうか。ヨブの友人たちと同様、わたしたちも厳しく問われているのではないでしょうか。

（二〇〇四年七月一八日）

落とし穴の上を歩む者

1 そこでシュヒびとビルダデは答えて言った、
2 「あなたはいつまで言葉にわなを設けるのか。
あなたはまず悟るがよい、それからわれわれは論じよう。
3 なぜ、われわれは獣のように思われるのか。
なぜ、あなたの目に愚かな者と見えるのか。
4 怒っておのが身を裂く者よ、あなたのために地は捨てられるだろうか。
岩はその所から移されるだろうか。

5 悪しき者の光は消え、その火の炎は光を放たず、
6 その天幕のうちの光は暗く、彼の上のともしびは消える。
7 その力ある歩みはせばめられ、その計りごとは彼を倒す。
8 彼は自分の足で網にかかり、また落し穴の上を歩む。
9 わなは彼のかかとを捕え、網わなは彼を捕える。
10 輪なわは彼を捕えるために地に隠され、
張り網は彼を捕えるために道に設けられる。

11 恐ろしい事が四方にあって彼を恐れさせ、その歩みにしたがって彼を追う。
12 その力は飢え、災は彼をつまずかすために備わっている。
13 その皮膚は病によって食いつくされ、死のういごは彼の手足を食いつくす。
14 彼はその頼む所の天幕から引き離されて、恐れの王のもとに追いやられる。
15 彼に属さない者が彼の天幕に住み、硫黄が彼のすまいの上にまき散らされる。
16 下ではその根が枯れ、上ではその枝が切られる。
17 彼の形見は地から滅び、彼の名はちまたに消える。
18 彼は光からやみに追いやられ、世の中から追い出される。
19 彼はその民の中に子もなく、孫もなく、彼のすみかには、ひとりも生き残る者
はない。
20 西の者は彼の日について驚き、東の者はおじ恐れる。
21 まことに、悪しき者のすまいはこのようであり、
神を知らない者の所はこのようである」。

（ヨブ記一八章一〜二一節）

23 それから、イエスは見まわして、弟子たちに言われた、「財産のある者が神の
国にはいるのは、なんとむずかしいことであろう」。

（マルコによる福音書一〇章二三節）

きょうの一八章も、キツイ非難の言葉から始まります。前の一七章で、ヨブは自分の苦悩を少

しも理解しようとしてくれない友人たちに向かって、「あなたは彼らの心を閉じて、悟ることのないようにされた。それゆえ、彼らに勝利を得させられるはずはない。分け前を得るために友を訴えるものは、その子らの目がつぶれるであろう」（一七・四～五）と非難する一方で、「正しい者はこれに驚き、罪なき者は神を信ぜぬ者に対して憤る。それでもなお正しい者はその道を堅く保ち、潔い手をもつ者はますます力を得る」（一七・八～九）と、自分の正しさを主張しました。

きょうの箇所は、このヨブの弁論に対するビルダデの反対弁論です。ビルダデのヨブに対する弁論は八章に続いて二度目です。今回の弁論も型通りの「因果応報論」に基づいていますが、その語調はいっそう厳しいものになっています。八章では、未だヨブの苦痛に対するいたわりの感情がうかがえました。しかし、ここではヨブの受けた心身のダメージそのものを攻撃材料にして、友情など片鱗だにうかがえません。

「あなたはいつまで言葉にわなを設けるのか。あなたはまず悟るがよい、それからわれわれは論じよう。（一八・二）

「ヨブよ、あなたの物言いは言葉のわなに過ぎず、真実がない。あなたがまずそのことを悟らなければ、議論にならないよ」というのです。

なぜ、われわれは獣のように思われるのか。なぜ、あなたの目に愚かな者と見えるのか。怒っておのが身を裂く者よ、あなたのために地は捨てられるだろうか。岩はその所から移されるだろうか。（一八・三〜四）

あなたは自分を正しいとし、我々を獣か愚か者のように見なしているようだが、あなたがどんなに怒っても天地が覆されるはずがない、とヨブの自分勝手な主張に釘を刺してから、五節以下、延々とヨブの非を論《あげつら》います。

悪しき者の光は消え、その火の炎は光を放たず、その天幕のうちの光は暗く、彼の上のともしびは消える。（一八・五〜六）

表面上は悪人が辿るべき運命について一般論として語られていますが、実質は、ヨブ自身に対するあてこすりです。

その力ある歩みはせばめられ、その計りごとは彼を倒す。彼は自分の足で網にかかり、また落し穴の上を歩む。わなは彼のかかとを捕え、網わなは彼を捕える。輪なわは彼を捕えるために地に隠され、張り網は彼を捕えるために道に設けられる。（一八・七〜一〇）

ここには、二節で、ヨブが語ることは〝言葉のわな〟だ、といったことを受けて、〝わな〟に関係する語が六つ使われています。

〝ヨブよ、お前は自分の仕掛けた言葉のわなにかかって滅びるぞ〟という意味です。

恐ろしい事が四方にあって彼を恐れさせ、その歩みにしたがって彼を追う。その力は飢え、災は彼をつまずかすために備わっている。その皮膚は病によって食いつくされ、死のういごは彼の手足を食いつくす。（一八・一一～一三）

ヨブの肉体を蝕んでいる重い皮膚病のことを指しています。

彼はその頼む所の天幕から引き離されて、恐れの王のもとに追いやられる。彼に属さない者が彼の天幕に住み、硫黄が彼のすまいの上にまき散らされる。（一八・一四～一五）

「恐れの王」とは陰府の国の主、閻魔大王のような存在です。ヨブはまさにいま、棲み慣れた天幕（家庭）から引き離されて、陰府の国の入口で孤独を託《かこ》っているのです。

ビルダデは更に追い討ちをかけるように言います。

下ではその根が枯れ、上ではその枝が切られる。彼の形見は地から滅び、彼の名はちまたに消える。彼は光からやみに追いやられ、世の中から追い出される。彼はその民の中に子もなく、孫もなく、彼のすみかには、ひとりも生き残る者はない。西の者は彼の日について驚き、東の者はおじ恐れる。まことに、悪しき者のすまいはこのようであり、神を知らない者の所はこのようである」。（一八・一六〜二一）

ヨブよ、あなたのように神を畏れない者は、あなたのみならず、一族郎党、子々孫々までも根絶やしになる運命なのだ。

これがあの、ヨブの被った災難に深く同情して、遠方よりはるばる見舞いにやって来て、七日七夜、ヨブの傍らに座して苦悩を分かち合おうとした友人の、その同じ口から出る言葉とはとても思えません。

このヨブ記はノベル（文学作品）です。ヨブという歴史的人物が実際に体験した事実が正確に報告されているわけではありません。たぶんここには、ヨブ記の作者の意図的な誇張があるのでしょう。しかし、誇張されることによって普段は見落とされている事実の真相が見えてくることもあるのです。

親友のはずのビルダデがこれほどまで悪し様にヨブを罵るのは、ビルダデの信仰的確信である「因果応報」の神学をヨブが否定したからです。かつて、ヨブと友人たちは、この信仰的確信を共有することにおいて強い連帯感で結ばれていたのでしょう。しかし、そのたがが外れた時、両者の間に深い溝が生じ、互いに罵り合う関係になってしまった。

これはフィクションかもしれませんが、実際に信仰の世界でも頻繁に起こっている事柄です。例えば、キリスト教の信仰告白の中心に置かれている「三位一体」の教義ですが、この発端となった「アレイオス・アタナシオス論争」というのがあります。アレイオス（アリウス）は、イエス・キリストは神のような存在だ……と主張していました。これに対して、アタナシオスはキリストは神そのものだ……と言いました。どちらの考え方にも賛成者が多く、結局宗教会議で決着をつけることになり、激論の末、ローマ皇帝の後押しもあって、アタナシオスの勝利になったのですが、アタナシオスの「キリストは神ご自身」という主張はギリシャ語で「ホモウシオス」と言います。これに対してアレイオスの「キリストは神のような方」は「ホモイウシオス」です。一字「イ」が入るか入らないかで、アレイオスは異端として排斥されてしまったのです。また、宗教改革者ルターが聖餐式の理解を巡って盟友ツヴィングリと袂を分かったことはよく知られています。カール・バルトは人間には神の似姿などないと主張して、似姿ありとするブルンナーと仲違いしました。我が日本基督教団でも、教会と社会との関係を巡って、紛争が起こり未だに修復されていません。残念ながら、現在では、〝教会は社会と一線を画すべき〟と考える人たちが教団の指導権を握っています。

そういう宗教論争が抱える現実にあって、このヨブ記が「聖典としての聖書」の中に位置を占めていることはたいへん意義あることです。果たして信仰上の争いは勝った方が正しいのでしょうか。〝勝てば官軍〟といいますが、勝ったから神の御旨に適っているという保証はありません。

結論を先取りして言えば、ヨブ記の著者は最後の最後に（四二章七節）、神はヨブの信仰を良しとし、友人たちの態度を非としたことを記します。ヨブを「落し穴の上を歩む者」と非難したビルダデが、実は、自分の方こそ〝落し穴の上を歩む者〟だった……。

友人たちの主張の論拠となっている「因果応報論」は旧約聖書の基本的思想です。ノアの物語に始まって、モーセのエジプト脱出物語などなど、すべてとは言いませんが、旧約聖書の主たる物語は〝悪人の滅び〟を語ります。因果応報論の典型は律法主義です。律法を遵守すれば神の祝福を受け、疎かにすれば滅びる……。

そんな中にあって、この著者は、ヨブ物語を通して因果応報論に代わる新しい信仰の基準を模索しているのではないでしょうか。ただし、この著者が新しい基準を打ち出し得たのかどうか……明確には分かりません。

敢えて一つの可能性を上げるとすれば、「困窮」ということかもしれません。少なくとも、ヨブが因果応報論のほころびに気づいたのは、自分に災難が降りかかり、すべてを失って困窮の極みに立たされたからです。これに対し頑固に因果応報論を擁護するヨブの友人たちは豊かさに身を置いている……。

果たして、わたしの推理が当たっているかどうか分かりませんが、マルコによる福音書は、「財産のある者が神の国にはいるのは、なんとむずかしいことであろう」（一〇・二三）というイエスの言葉を伝えています。

更に飛躍しますが、先週のピエールさんのお話では、ウガンダの難民キャンプでは九五％がクリスチャンだそうです。わが国では一％にも満たない。わたしたちの日本基督教団では盛んに伝道の必要性が叫ばれ、教勢がふるわないのは、社会運動にばかり力を入れて、伝道活動をしなかったからだといわれています。しかし、戦後、キリスト教ブームと言われる時期があったのは、伝道の成果もさることながら、物質的にも精神的にも困窮していたからなのではないでしょうか。もしかすると、今、わたしたちは、豊かさという「落し穴の上」を歩んでいるのかもしれません。

（二〇〇四年八月八日）

わたしをあがなう者は生きておられる

1 そこでヨブは答えて言った、
2「あなたがたはいつまでわたしを悩まし、言葉をもってわたしを打ち砕くのか。
3 あなたがたはすでに十度もわたしをはずかしめ、
わたしを悪くあしらってもなお恥じないのか。
4 たといわたしが、まことにあやまったとしても、
そのあやまちは、わたし自身にとどまる。
5 もしあなたがたが、まことにわたしに向かって高ぶり、
わたしの恥を論じるならば、
6『神がわたしをしえたげ、その網でわたしを囲まれたのだ』と知るべきだ。
7 見よ、わたしが『暴虐』と叫んでも答えられず、
助けを呼び求めても、さばきはない。
8 彼はわたしの道にかきをめぐらして、越えることのできないようにし、
わたしの行く道に暗やみを置かれた。
9 彼はわたしの栄えをわたしからはぎ取り、わたしのこうべから冠を奪い、
10 四方からわたしを取りこわして、うせさせ、

わたしの望みを木のように抜き去り、
11 わたしに向かって怒りを燃やし、わたしを敵のひとりのように思われた。
12 その軍勢がいっせいに来て、塁を築いて攻め寄せ、
わたしの天幕のまわりに陣を張った。
13 彼はわたしの兄弟たちをわたしから遠く離れさせられた。
わたしを知る人々は全くわたしに疎遠になった。
14 わたしの親類および親しい友はわたしを見捨て、
15 わたしの家に宿る者はわたしを忘れ、
わたしのはしためらはわたしを他人のように思い、
わたしは彼らの目に他国人となった。
16 わたしがしもべを呼んでも、彼は答えず、
わたしは口をもって彼に請わなければならない。
17 わたしの息はわが妻にいとわれ、わたしは同じ腹の子たちにきらわれる。
18 わらべたちさえもわたしを侮り、わたしが起き上がれば、わたしをあざける。
19 親しい人々は皆わたしをいみきらい、
わたしの愛した人々はわたしにそむいた。
20 わたしの骨は皮と肉につき、わたしはわずかに歯の皮をもってのがれた。
21 わが友よ、わたしをあわれめ、わたしをあわれめ、
神のみ手がわたしを打ったからである。
22 あなたがたは、なにゆえ神のようにわたしを責め、

わたしの肉をもって満足しないのか。
23どうか、わたしの言葉が、書きとめられるように。
どうか、わたしの言葉が、書物にしるされるように。
24鉄の筆と鉛とをもって、ながく岩に刻みつけられるように。
25わたしは知る、わたしをあがなう者は生きておられる、
後の日に彼は必ず地の上に立たれる。
26わたしの皮がこのように滅ぼされたのち、
わたしは肉を離れて神を見るであろう。
27しかもわたしの味方として見るであろう。
わたしの見る者はこれ以外のものではない。
わたしの心はこれを望んでこがれる。
28あなたがたがもし『われわれはどうして彼を責めようか』と言い、
また『事の根源は彼のうちに見いだされる』と言うならば、
29つるぎを恐れよ、怒りはつるぎの罰をきたらすからだ。
これによって、あなたがたは、さばきのあることを知るであろう」。
（ヨブ記一九章一～二九節）

29イエスは彼に言われた、「あなたはわたしを見たので信じたのか。見ないで信ずる者は、さいわいである」。
（ヨハネによる福音書二〇章二九節）

この一九章、特に二五～二七節は、ヨブ記の頂点と見なされ、幾多の名説教が生み出されてきました。二五節の「わたしをあがなう者」がイエス・キリストを示唆すると考えられたからです。その点については後ほどお話するとして、まず本文に入って参ります。

そこでヨブは答えた、

「あなたがたはいつまでわたしを悩まし、言葉をもってわたしを打ち砕くのか。あなたがたはすでに十度もわたしをはずかしめ、わたしを悪くあしらってもなお恥じないのか。たといわたしが、まことにあやまったとしても、そのあやまちは、わたし自身にとどまる。もしあなたがたが、まことにわたしに向かって高ぶり、わたしの恥を論じるならば、『神がわたしをしえたげ、その網でわたしを囲まれたのだ』と知るべきだ。（一九・一～六）

例によって、友人たちの非難・中傷に対するヨブの反撃です。

「十度もわたしをはずかしめ」とありますが、これは回数の問題ではなく〝徹底的に〟というほどの意味でしょう。「神がわたしをしえたげ、その網でわたしを囲まれたのだ」とありますが、思い出してみましょう。ヨブを襲った悲劇は、神とサタンとの賭けから始まったのです。その時神はサタンに条件を示されました。

「主はサタンに言われた、『見よ、彼のすべての所有物をあなたの手にまかせる。ただ彼の身に手をつけてはならない』」(一・一二)、「主はサタンに言われた、『見よ、彼はあなたの手にある。ただ彼の命を助けよ』」(二・六)とあります。神とサタンとの取り決めでは、僅かとはいえ保護が加えられていました。しかし、友人たちのヨブに対する非難攻撃にはいささかの容赦もなく、ヨブの存在を根底から否定するものだ、と言うのです。「わたし自身にとどまる」は、〝わたしのところに一泊する〟とも訳せる箇所で、仮に過ちありとしても、一晩経てば赦されるような軽い罪ではないかという意味で、これほど徹底的に非難攻撃をうける謂れはないというのが、ヨブの主張です。

この、友人の攻撃に対する防御の反論の後、二〇節まで、ヨブは己が悲運に何の反応も示してくれないに神に向かって恨みがましく訴えます。

見よ、わたしが『暴虐』と叫んでも答えられず、助けを呼び求めても、さばきはない。彼はわたしの道にかきをめぐらして、越えることのできないようにし、わたしの行く道に暗やみを置かれた。彼はわたしの栄えをわたしからはぎ取り、わたしのこうべから冠を奪い、四方からわたしを取りこわして、うせさせ、わたしの望みを木のように抜き去り、わたしに向かって怒りを燃やし、わたしを敵のひとりのように思われた。その軍勢がいっせいに来て、塁を築いて攻め寄せ、わたしの天幕のまわりに陣を張った。彼はわたしの兄弟たちをわたしから遠く離れさせせられた。わたしを知る人々は全くわたしに疎遠になった。わたしの親類および親しい友はわたしを見捨て、わたしの家に宿る者はわたしを忘れ、わたしのはしためらはわたしを他人のように思い、わたしは彼らの目に他国人となった。わたしがしもべを呼んでも、彼は答えず、わたしは口をもって彼に請わなければならない。わたしの息はわが妻にいとわれ、わたしは同じ腹の子たちにきらわれる。わらべたちさえもわたしを侮り、わたしが起き上がれば、わたしをあざける。親しい人々は皆わたしをいみきらい、わたしの愛した人々はわたしにそむいた。わたしの骨は皮と肉につき、わたしはわずかに歯の皮をもってのがれた。

（一九・七～二〇）

骨と皮ばかりになって辛うじて生きている我が身の悲運を並べ立てた挙句に、いったん見限ったはずの友にまた向き直って、未練がましく同情を買うような訴えを吐露します。

わが友よ、わたしをあわれめ、わたしをあわれめ、神のみ手がわたしを打ったからである。あなたがたは、なにゆえ神のようにわたしを責め、わたしの肉をもって満足しないのか。

（一九・二一～二二）

と、嘆願とも非難ともつかない言葉を発し、どうか、わたしの言葉が、書きとめられるように。どうか、わたしの言葉が、書物にしるされるように。鉄の筆と鉛とをもって、ながく岩に刻みつけられるように。*（一九・二三〜二四）

＊この訴えが記録されて後々まで残るようにという意味。

あなたがたがもし『われわれはどうして彼を責めようか』と言い、また『事の根源は彼のうちに見いだされる』と言うならば、つるぎを恐れよ、怒りはつるぎの罰をきたらすからだ。これによって、あなたがたは、さばきのあることを知るであろう」。（一九・二八〜二九）

突然、二四節から二八節に飛びましたが、なんとも未練がましい話です。「わたしは裸で母の胎を出た。また裸でかしこに帰ろう。主が与え、主が取られたのだ。主のみ名はほむべきかな」（一・二一）、と言い放った、あのヨブと、このヨブが同じヨブとは思えません（この激しい落差の中にヨブ記のテーマが隠されているのかもしれません）。

問題は、このヨブの恨み節の間に挿入された二五〜二七節です。

わたしは知る、わたしをあがなう者は生きておられる、後の日に彼は必ず地の上に立たれる。わたしの皮がこのように滅ぼされたのち、わたしは肉を離れて神を見るであろう。しかもわたしの味方として見るであろう。わたしの見る者はこれ以外のものではない。わたしの

心はこれを望んでこがれる。（一九・二五〜二七）

今まで神に向かって恨みつらみを述べていたヨブが、突然、そのつれない神が実は自分の味方してくれる〝贖い主〟だと告白するのです。

しかし、このヨブの突然の変調は今に始まったことではありません。

まず一四章（七節以下）で、ヨブは〝樹木なら一度切られても、またひこばえが芽を出す。しかし人間は死んだらそれでおしまいだ〟と言って、神の裁きの前に立たされている我が身の悲運を嘆いた後、唐突に（一三節以下）陰府の国で自分を保護してくれる方がおられる……という希望を口にします。

また一六章でも、自分をこれほどまで苦しめる友人たちと神に対する憤懣をぶちまけた後、突然（一九〜二〇節）自分のために弁護してくれる方の存在について、希望を語りだします。そして、きょうの一九章です。これらの箇所でヨブが自分に味方してくれる神の存在をどの程度まで確信していたのでしょうか。

古来、幾多の名説教者たちが、このヨブ記一九章を通してイエス・キリストを証しする名説教を残してきました。

説教ではありませんが、皆様ご存じの、ヘンデルの「メサイア」第三部には、「私は知っている。私をあがなう方が生きておられることを。その方がのちの日に地の上にお立ちになることを。

それ故、この身が蛆《うじ》に食われて朽ち果てても、私は生きて神を見る」、「なぜなら今や、キリストが死から蘇って、眠っている者の初穂となったからである」と歌われています。ヨブ記一九章二五〜二六節とコリント人への第一の手紙一五章二〇節とが組み合され、イエス・キリストの復活が讃美されているのですが、これはヘンデルの個人的解釈ではなく、「教会」の伝統的な解釈に従ったものです。

わたしにも教会の伝統に従って、このヨブ記一九章から、イエス・キリストの姿を透かして見ることができると良いのですが、残念ながらわたしには、敵なる神と味方なる神の間で揺れ動くヨブの姿しか見えません。たぶん、わたしの信仰がぐらついているからだと思います。正直に言って、今までのところ、この目で神を見たことはありませんし、復活のキリストにお会いしたと確信できるような経験もありません。

カール・バルトは、ゲーテの『タッソー』に出て来る、川下りの舟が岩にぶつかって沈む時舟人は舟を打ち砕いたその岩に必死でしがみつくという話を例に挙げて、この時のヨブの心境を説明していますが、バルトの言うことが正しいとしても、できることなら、そんな危険な目にはあいたくないし、ヨブのような悲劇も味わいたくはない。牧師にあるまじきことながら〝試みにあわせず悪より救い出したまえ……〟と祈るのみです。

（二〇〇四年八月一五日）

悪しき者の勝ち誇りは短い

1 そこでナアマびとゾパルは答えて言った、
2 「これによって、わたしは答えようとの思いを起し、
これがために心中しきりに騒ぎ立つ。
3 わたしはわたしをはずかしめる非難を聞く、
しかし、わたしの悟りの霊がわたしに答えさせる。
4 あなたはこの事を知らないのか、昔から地の上に人の置かれてよりこのかた、
5 悪しき人の勝ち誇はしばらくであって、
神を信じない者の楽しみはただつかのまであることを。
6 たといその高さが天に達し、その頭が雲におよんでも、
7 彼はおのれの糞のように、とこしえに滅び、
彼を見た者は言うであろう、『彼はどこにおるか』と。
8 彼は夢のように飛び去って、再び見ることはない。
彼は夜の幻のように追い払われるであろう。
9 彼を見た目はかさねて彼を見ることがなく、
彼のいた所も再び彼を見ることがなかろう。

10その子らは貧しい者に恵みを求め、その手は彼の貨財を償うであろう。
11その骨には若い力が満ちている、しかしそれは彼と共にちりに伏すであろう。
12たとい悪は彼の口に甘く、これを舌の裏にかくし、
13これを惜しんで捨てることなく、口の中に含んでいても、
14その食物は彼の腹の中で変り、彼の内で毒蛇の毒となる。
15彼は貨財をのんでも、またそれを吐き出す、
神がそれを彼の腹から押し出されるからだ。
16彼は毒蛇の毒を吸い、まむしの舌は彼を殺すであろう。
17彼は蜜と凝乳の流れる川々を見ることができない。
18彼はほねおって獲たものを返して、それを食うことができない。
その商いによって得た利益をもって楽しむことができない。
19彼が貧しい者をしえたげ、これを捨てたからだ。
彼は家を奪い取っても、それを建てることができない。
20彼の欲張りは足ることを知らぬゆえ、
その楽しむ何物をも救うことができないであろう。
21彼が残して食べなかった物とては一つもない。
それゆえ、その繁栄はながく続かないであろう。
22その力の満ちている時、彼は窮境に陥り、
悩みの手がことごとく彼の上に臨むであろう。
23彼がその腹を満たそうとすれば、神はその激しい怒りを送って、

それを彼の上に降り注ぎ、彼の食物とされる。
24 彼は鉄の武器を免れても、青銅の矢は彼を射通すであろう。
25 彼がこれをその身から引き抜けば、きらめく矢じりがその肝から出てきて、
恐れが彼の上に臨む。
26 もろもろの暗黒が彼の宝物のためにたくわえられ、
人が吹き起したものでない火が彼を焼きつくし、
その天幕に残っている者を滅ぼすであろう。
27 天は彼の罪をあらわし、地は起って彼を攻めるであろう。
28 その家の財産は奪い去られ、神の怒りの日に消えうせるであろう。
29 これが悪しき人の神から受ける分、神によって定められた嗣業である」。
（ヨブ記二〇章一〜二九節）

41 イエスは彼らに言われた、「もしあなたがたが盲人であったなら、罪はなかったであろう。しかし、今あなたがたが『見える』と言い張るところに、あなたがたの罪がある。
（ヨハネによる福音書九章四一節）

そこでナアマびとゾパルは答えて言った、
「これによって、わたしは答えようとの思いを起し、これがためにに心中しきりに騒ぎ立つ。

わたしはわたしをはずかしめる非難を聞く、　（二〇・一〜三a）

一九章の終わりを見ていただきますと、

「あなたがたがもし『われわれはどうして彼を責めようか』と言い、また『事の根源は彼のうちに見いだされる』と言うならば、つるぎを恐れよ、怒りはつるぎの罰をきたらすからだ。これによって、あなたがたは、さばきのあることを知るであろう」。（一九・二八〜二九）

とあります。これはヨブが友人たちにいった言葉です。〝あなたがたは共謀してわたしを罪に陥れようとしているが、そんなことをしても、結局裁きを受けるのはあなたがたの方だ〟と、脅迫めいた捨て台詞を投げつけたわけです。

きょうの二〇章は、これを聞いたゾパルの反撃で、これは、一九章の二・三節でヨブが言った台詞の裏返しです。

「あなたがたはいつまでわたしを悩まし、言葉をもってわたしを打ち砕くのか。あなたがたはすでに十度もわたしをはずかしめ、わたしを悪くあしらってもなお恥じないのか」。（一九・二〜三）

つまり、一九章でヨブは、友人たちから投げかけられた心無い中傷・非難に対し、〝あなたがたはどこまでわたしを辱めたら気が済むのか〟と言ったのですが、逆にゾパルも、ヨブの非難によって〝心が騒ぎ、辱めを受け、もう黙ってはいられない〟というわけです。

しかし、わたしの悟りの霊がわたしに答えさせる。（二〇・三b）

「わたしの悟りの霊」とは、一七章一節で、ヨブが「わが霊は破れ」と言っているのに対し、ゾパルはヨブと違って、自分は正しい霊を持っていると主張しているのです。

このあとゾパルは、ヨブがいかに悪人であるかを論《あげつら》って自分の正しさを立証しようとします。

あなたはこの事を知らないのか、昔から地の上に人の置かれてよりこのかた、悪しき人の勝ち誇はしばらくであって、神を信じない者の楽しみは、ただつかのまであることを。（二〇・四～五）

悪人は栄えたかに見えても、必ず神の裁きを受けて滅びると論じたあと、悪人（「悪しき人」＝「神を信じない者」）がこの世で辿るべき運命について延々とお説教を垂れ、最後の二九節で、これが悪しき人の神から受ける分、神によって定められた嗣業であると、締め括ります。

六節から二八節まで、悪しき人の滅びについての実例が上げられていますが、逐一丹念に読むことはやめておきます。よくもこれほどまで悪口雑言を並べられるものだと呆れるほどです。しかし、その点ではヨブも負けず劣らず、相当の罵声を友人たちに浴びせてきました。

そもそも、神の前に罪なき人間などあろうはずがありませんから、〝自分には罪はない〟と言い張るヨブに罪があると言うゾパルの主張はあながち間違いだとは言えません。ですから、ヨブ記の読者であるわたしたちが、公平に判断しようとすれば、どっちもどっちだ……ということにもなりかねません。

しかし、どちらの味方もしないことが果たして本当に公平なことなのでしょうか。現実には、中立を守ることが、結果として、強くて有利な立場の者に味方することになる。そういうことが往々にして起こります。この世界は弱肉強食、ほとんど強い者が勝つようになっている。弱い者に味方が加わって初めて対等になる。誰も味方についてくれないなら、神が味方してくれなければならない、聖書の神がそういう神だとすれば……。もちろん、こういう聖書の読み方には異議もあるでしょうが、きょうはヨブの味方をしようと思います。少なくとも、友人たちよりヨブの方が苦しい立場に置かれていることは確かですから。

さて、この、どっちもどっちと思えるヨブと友人たちの言い分には、どんな違いがあるのでしょうか。ヨブの味方として読んでみましょう。

たといその高さが天に達し、その頭が雲におよんでも、彼はおのれの糞のように、とこしえに滅び、彼を見た者は言うであろう、『彼はどこにおるか』と。（二〇・六〜七）

「彼」はかつて富と名声と実生活での幸を際限なきまでに享受していたが、今や汚物にまみれ、顧みる者もない……。「彼」と三人称で言われ、悪人の辿るべき運命が一般論として語られていますが、実祭には、ヨブに対する当てつけです。

「糞」と訳した語は〝地の塵〟とも訳せます。たぶんこれは、「わたしは知る、わたしをあがなう者は生きておられる、後の日に彼は必ず地の上に立たれる」（一九・二五）といわれていることと関係があります。お前の期待している「あがなう者」の立つところ、それは糞の上だ……という皮肉でしょう。

先週申しましたように一九章二五〜二七節はヨブ記の一つの頂点です。その頂点（ヨブの希望）をゾパルはヨブとは全く逆の、どん底（絶望）と見なしているのです。

わたしの皮がこのように滅ぼされたのち、わたしは肉を離れて神を見るであろう。しかもわたしの味方として見るであろう。わたしの見る者はこれ以外のものではない。わたしの心はこれを望んでこがれる。（一九・二六〜二七）

ヨブがこの世の現実に立ちつつ、そこから神を見上げていたのに対し、ゾパルは因果応報論を振り回して、上から、神の立場から、ヨブの現実を見下ろしています。ヨブが、実現されていない現実にもかかわらず、希望を口にしたのに対し、ゾパルは、地上の現実こそが最も確実なものだとして、ヨブの悲惨な現実を論《あげつら》うのです。

いささか先走りますが、三八章に至って、それまで沈黙を続けていた神が、突然声を発し、この一見〝どっちもどっち〟と見える非難・中傷合戦の軍配をヨブの方にあげます。その判定の基準は、ヨブと友人たちとの目線の違いにあったのではないでしょうか。

ヨハネによる福音書は、イエスがパリサイ人に向かって、「今あなたがたが『見える』と言い張るところに、あなたがたの罪がある」（九・四一）と言われたと記しています。

信仰とは、見えない神に向かって問いかけることに他なりません。見えないが故に、不安を抱いたり、疑ったり、愚痴を言ってみたり、正直、躓くことばかりです。〝揺るぎなき信仰〟と言えば聞こえは良いですが本当でしょうか。たぶん、わが信仰の覚束なさに気合を入れるためのエールに過ぎません。しかし、そんな覚束なさにもかかわらず、疑い、躓きつつ、見えない神に祈り、助けを求める……。それが信仰の正体なのではないでしょうか。

パリサイ人は自分の信仰の覚束なさについて一顧だにすることなく、律法を盾にとって、つまり、律法という名の見える神を仕立て上げて、神に成り代ってイエスを裁いている。ちょうど、ヨブの友人たちが因果応報という見える神を仕立て、自分たちが神に成り代ってヨブを裁いているように……。

　現代に置きかえるならば、ブッシュがイラクに対して行ったこともこれに当てはめて考えることができるのではないでしょうか。ブッシュ率いるアメリカに扇動されたとはいえ、国際社会という得体の知れない友人たちが寄ってたかって、「民主主義」という名の神を仕立て上げ、神に成り代ってイラクの市民を裁いたのです。

　ヨブ記は時代を超えて呼びかけています。「あなたは見えない神を無理やり見える神に仕立てようとしてはいませんか」。「あなたは見えない神を見えないままで信じますか……」と。

（二〇〇四年八月二二日）

苛立ち・忍耐

1 そこでヨブは答えて言った、
2「あなたがたはとくと、わたしの言葉を聞き、
これをもって、あなたがたの慰めとするがよい。
3 まずわたしをゆるして語らせなさい。
わたしが語ったのち、あざけるのもよかろう。
4 わたしのつぶやきは人に対してであろうか。
わたしはどうして、いらだたないでいられようか。
5 あなたがたはわたしを見て、驚き、手を口にあてるがよい。
6 わたしはこれを思うと恐ろしくなって、からだがしきりに震えわななく。
7 なにゆえ悪しき人が生きながらえ、老齢に達し、かつ力強くなるのか。
8 その子らは彼らの前に堅く立ち、その子孫もその目の前に堅く立つ。
9 その家は安らかで、恐れがなく、神のつえは彼らの上に臨むことがない。
10 その雄牛は種を与えて、誤ることなく、
その雌牛は子を産んで、そこなうことがない。
11 彼らはその小さい者どもを群れのように連れ出し、その子らは舞い踊る。

12 彼らは手鼓と琴に合わせて歌い、笛の音によって楽しみ、
13 その日をさいわいに過ごし、安らかに陰府にくだる。
14 彼らは神に言う、『われわれを離れよ、
われわれはあなたの道を知ることを好まない。
15 全能者は何者なので、われわれはこれに仕えねばならないのか。
われわれはこれに祈っても、なんの益があるか』と。
16 見よ、彼らの繁栄は彼らの手にあるではないか。
悪人の計りごとは、わたしの遠く及ぶ所でない。
17 悪人のともしびの消されること、幾たびあるか。
その災の彼らの上に臨むこと、
神がその怒りをもって苦しみを与えられること、幾たびあるか。
18 彼らが風の前のわらのようになること、
あらしに吹き去られるもみがらのようになること、幾たびあるか。
19 あなたがたは言う、『神は彼らの罪を積みたくわえて、
その子らに報いられるのだ』と。
どうかそれを彼ら自身に報いて、彼らにその罪を知らせられるように。
20 すなわち彼ら自身の目にその滅びを見させ、
全能者の怒りを彼らに飲ませられるように。
21 その月の数のつきるとき、彼らはその後の家になんのかかわる所があろうか。
22 神は天にある者たちをさえ、さばかれるのに、

だれが神に知識を教えることができようか。
23 ある者は繁栄をきわめ、全く安らかに、かつおだやかに死に、
24 そのからだには脂肪が満ち、その骨の髄は潤っている。
25 ある者は心を苦しめて死に、なんの幸をも味わうことがない。
26 彼らはひとしくちりに伏し、うじにおおわれる。

27 見よ、わたしはあなたがたの思いを知り、
わたしを害しようとするたくらみを知る。
28 あなたがたは言う、『王侯の家はどこにあるか、
悪人の住む天幕はどこにあるか』と。
29 あなたがたは道行く人々に問わなかったか、彼らの証言を受け入れないのか。
30 すなわち、災の日に悪人は免れ、激しい怒りの日に彼は救い出される。
31 だれが彼に向かって、その道を告げ知らせる者があるか、
だれが彼のした事を彼に報いる者があるか。
32 彼はかかれて墓に行き、塚の上で見張りされ、
33 谷の土くれも彼には快く、すべての人はそのあとに従う。
彼の前に行った者も数えきれない。
34 それで、あなたがたはどうしてむなしい事をもって、
わたしを慰めようとするのか。
あなたがたの答は偽り以外の何ものでもない」。　（ヨブ記二一章一〜三四節）

11忍び抜いた人たちはさいわいであると、わたしたちは思う。あなたがたは、ヨブの忍耐のことを聞いている。また、主が彼になさったことの結末を見て、主がいかに慈愛とあわれみとに富んだかたであるかが、わかるはずである。

（ヤコブの手紙五章一一節）

このところ毎週、ヨブと彼の友人たちとのいつ果てるとも知れぬ堂々巡りの非難合戦に悩まされております。何とかメッセージを捻り出す苦労もたいへんですが、それを聞かされる皆様の忍耐も並みのものではなかろうとお察し申し上げます。同時に、このヨブ物語を残した人々、たぶんこの物語はオリエント世界で生まれ、長い世代に渡って語り継がれてきた民話のようなものを基にリメイクされたと思われますが、この物語を生み出した人々、語り継ぎ、読み継いだ人々、要するにこの物語に関わった無数の人々の執着心には少なからず感心させられる次第です。

そんな堂々巡りの非難合戦にそろそろピリオドを打ちたいとの思いもあってなのか、きょうの二一章は、「あなたがたはとくと、わたしの言葉を聞き、これをもって、あなたがたの慰めとするがよい。まずわたしをゆるして語らせなさい。わたしが語ったのち、あざけるのもよかろう」（二一・二〜三）との、ヨブの提案で始まります。

「まずわたしをゆるして語らせなさい」の「ゆるして」と訳されている語は、〝忍耐する〟という意味の語です。〝こんなことを繰り返していても埒《らち》が明かない。まず、我慢してわたしの言うことを聞いてくれ、非難はその後にしてくれ〟というのです。

ところで、その言葉の端から、「わたしのつぶやきは人に対してであろうか。わたしはどうして、いらだたないでいられようか」（二一・四）といいます。少々分かりにくい言い回しですが、〝わたしは神さまに向かって文句を言っているのに、何であなたがたはわたしの呟きに口を挟むのか。あなたがたが要らぬ口を挟むから苛ついてしようがない〟というほどの意味のようです。相手に忍耐を求めるヨブが自分の苛立ちは隠さない……。

わたしもかつて、ルーテル神大の「牧会カウンセリング」という講座を受けたことがありまして、〝相手のいうことを黙って聞くこと〟がカウンセリングの基本だと教わったのですが、〝相手の言うことを黙って聞くなど、性に合わない〟と悟り、一年で受講を止めてしまいました。たぶん、ヨブもカウンセラーには向かないタイプなのでしょう。友人たちには〝黙って聞いてくれ〟といいますが、自分はできない。このあとヨブの過激な発言が長々と続きます。

「あなたがたはわたしを見て、驚き、手を口にあてるがよい」（二一・五）とありますから、この反論が友人たちにとって耐えがたいものであることをヨブは充分承知しているのです。しかしそれと同時に、「わたしはこれを思うと恐ろしくなって、からだがしきりに震えわななく」（二一・六）とあります。これからヨブがしようとしている発言は、彼自身にとっても、身震いせざるを得ないような恐ろしいものなのです。なぜなら、この発言は、全知全能の神の義しさを否定することにもなりかねないからです。

なにゆえ悪しき人が生きながらえ、老齢に達し、かつ力強くなるのか。（二一・七）

この七節以下、神の信賞必罰の義に対するヨブの鋭い疑問が提示されます。ヨブ自身、決してそれを全否定しているわけではありません。ただ、この世界のありのままの姿を観るにつけ、疑問を差し挟まないわけにはいかないのです。

その子らは彼らの前に堅く立ち、その子孫もその目の前に堅く立つ。その家は安らかで、恐れがなく、神のつえは彼らの上に臨むことがない。その雄牛は種を与えて、誤ることなく、その雌牛は子を産んで、そこなうことがない。彼らはその小さい者どもを群れのように連れ出し、その子らは舞い踊る。彼らは手鼓と琴に合わせて歌い、笛の音によって楽しみ、その日をさいわいに過ごし、安らかに陰府にくだる。（二一・八～一三）

これは他ならぬ、栄華を極め安穏な生活を享受していた時のヨブの姿でもあります。悲惨のどん底に突き落とされて初めて、この世界の現実を見据える目を与えられたということなのでしょう。

彼らは神に言う、「われわれを離れよ、われわれはあなたの道を知ることを好まない。全能者は何者なので、われわれはこれに仕えねばならないのか。われわれはこれに祈っても、なんの益があるか」と。

（二一・一四〜一五）

ヨブも神に鋭い抗議の言葉を投げつけますが、「これに祈っても、なんの益があるか」とまではいいません。先々週、一九章二五〜二七節のところで見たとおり、ヨブは絶望的な苦悩の中で、〝自分に味方してくれる方が天におられるに違いない〟という希望を辛うじて抱き得ているのでしょう。

一六節以下、〝この世で悪人が栄えたためしはない〟という友人たちの主張（直接的には二〇章におけるゾパルの発言）とは正反対の、この世において悪人だけが栄えている事実を並べて、その不公平は死においてだけ廃棄されるのだというのです。

見よ、彼らの繁栄は彼らの手にあるではないか。悪人の計りごとは、わたしの遠く及ぶ所でない。悪人のともしびの消されること、幾たびあるか。その災の彼らの上に臨むこと、神がその怒りをもって苦しみを与えられること、幾たびあるか。彼らが風の前のわらのようになること、あらしに吹き去られるもみがらのようになること、幾たびあるか。あなたがたは言う、『神は彼らの罪を積みたくわえて、その子らに報いられるのだ』と。どうかそれを彼ら自身に報いて、彼らにその罪を知らせられるように。すなわち彼ら自身の目にその滅びを見させ、全能者の怒りを彼らに飲ませられるように。その月の数のつきるとき、彼らはその後の家になんのかかわる所があろうか。神は天にある者たちをさえ、さばかれるのに、だれが神に知識を教えることができようか。ある者は繁栄をきわめ、全く安らかに、かつおだやかに死に、そのからだには脂肪が満ち、その骨の髄は潤っている。ある者は心を苦しめて死に、なんの幸をも味わうことがない。彼らはひとしくちりに伏し、うじにおおわれる。

（二一・一六〜二六）

最後に、この世の現実とは乖離した友人たちの非難に対し激しい警告を発して、ヨブの論告が閉じられています。

見よ、わたしはあなたがたの思いを知り、わたしを害しようとするたくらみを知る。あなたがたは言う、『王侯の家はどこにあるか、悪人の住む天幕はどこにあるか』と。あなたがたは道行く人々に問わなかったか、彼らの証言を受け入れないのか。すなわち、災の日に悪人は免れ、激しい怒りの日に彼は救い出される。だれが彼に向かって、その道を告げ知らせる者があるか、だれが彼のした事を彼に報いる者があるか。彼はかかれて墓に行き、塚の上で見張りされ、谷の土くれも彼には快く、すべての人はそのあとに従う。彼の前に行った者も数えきれない。それで、あなたがたはどうしてむなしい事をもって、わたしを慰めようと

するのか。あなたがたの答は偽り以外の何ものでもない」。（二一・二七～三四）

ここでヨブが告発しているこの世の不義の現実は、まさに、世界史のただ中で起きてきたことに他なりません。いつの時代も一握りの権力者たちが神に代わって歴史を恣《ほしいまま》に支配し、権力を手にすることなど思いもよらぬ圧倒的多数の人々は、暴君の不正義を黙って耐え忍ぶしか仕方がなかったのです。

現在、アメリカがイラクでやっていることはその典型です。たぶん、今、無力なイラク市民は、彼らの神、アッラーがアメリカの不正義を滅ぼしてくれることを願って、悲惨な現実に耐えていることでしょう。そしてたぶん、ヨブは「因果応報論」そのものに異議を唱えているのではなく、因果応報論が強い者の弱い者を恣《ほしいまま》にする口実にされていること、また、神がそれを許しているかに見えることに対して執拗に抗議しているのでしょう。

きょう新約聖書から取り出しましたヤコブの手紙は、ヨブを忍耐強い人物として評価しています。ただし、この手紙はこの後、「さて、わたしの兄弟たちよ。何はともあれ、誓いをしてはならない。天をさしても、地をさしても、あるいは、そのほかのどんな誓いによっても、いっさい誓ってはならない。むしろ、『しかり』を『しかり』とし、『否』を『否』としなさい。そうしないと、あなたがたは、さばきを受けることになる」（五・一二）と続きます。たぶん、ヤコブの手紙の作者は、教会内に無用な混乱を持ち込ませないために、信徒の間の論争や異議申立てを禁じようとしているのでしょう。

しかし、今まで見てきましたように、ヨブは苛立ちを隠さず、神に対してさえ異議申立てをします。とても一般論としての〝「しかり」を「しかり」とし、「否」を「否」とする〟ような態度ではありません。ヨブを忍耐強い人と言うなら、その忍耐はもっと他のところにあるのではないでしょうか。

何をもって然りとし、何をもって否とするか。ヨブは、然りが然りとならず、否が否とされない現実に対して苛立ち、執拗に異議申立てをするのです。ヨブを「忍耐の人」と呼ぶなら、むしろその執拗さこそが根拠とされるべきでしょう。

そして、その執拗さ、忍耐強さはどこから来ているのでしょうか。

多くの先人たちが指摘しているように、一九章二五～二七節にこのヨブ記の大きなヤマがあります。名誉も財産も家族も友人も失い、頼るべき何ものもないヨブが、神を疑い抗いつつも、残された最後の希望を「贖い主」に託した。これこそ、掛値なしの祈りであり、これこそが苛立ちを隠し得ないヨブを「忍耐の人」と呼ぶ根拠なのではないでしょうか。

わたしたちの忍耐の基なる神さま。わたしたちはともすれば、納得のいかないことでも黙って我慢することが「忍耐」だと勘違いしがちです。しかしどうか、あなたに信頼して、憚らず異議申立てをするヨブの忍耐に学ばせてくださいますように。

きょうは、この後、教会懇談会が持たれます。単なる親睦会で終わることなく、あなたに対する信仰の故に、忌憚なき議論が行われますように。論戦が敵対に終わることなきよう、御導きを乞い願います。

（二〇〇四年八月二九日日）

神を益し得るや

1
そこでテマンびとエリパズは答えて言った、
2
「人は神を益することができるであろうか。
賢い人も、ただ自身を益するのみである。
3
あなたが正しくても、全能者になんの喜びがあろう。
あなたが自分の道を全うしても、彼になんの利益があろう。
4
神はあなたが神を恐れることのゆえに、
あなたを責め、あなたをさばかれるであろうか。
5
あなたの悪は大きいではないか。
あなたの罪は、はてしがない。
6
あなたはゆえなく兄弟のものを質にとり、裸な者の着物をはぎ取り、
7
疲れた者に水を飲ませず、飢えた者に食物を与えなかった。
8
力ある人は土地を得、名ある人はそのうちに住んだ。
9
あなたは、やもめをむなしく去らせた。みなしごの腕は折られた。
10
それゆえ、わなはあなたをめぐり、恐怖は、にわかにあなたを驚かす。
11
あなたの光は暗くされ、あなたは見ることができない。

大水はあなたをおおうであろう。
12 神は天に高くおられるではないか。
見よ、いと高き星を。いかに高いことよ。
13 それであなたは言う、『神は何を知っておられるか。
彼は黒雲を通して、さばくことができるのか。
14 濃い雲が彼をおおい隠すと、彼は見ることができない。
彼は天の大空を歩まれるのだ』と。
15 あなたは悪しき人々が踏んだいにしえの道を守ろうとするのか。
16 彼らは時がこないうちに取り去られ、その基は川のように押し流された。
17 彼らは神に言った、『われわれを離れてください』と、
また『全能者はわれわれに何をなしえようか』と。
18 しかし神は彼らの家を良い物で満たされた。
ただし悪人の計りごとはわたしのくみする所ではない。
19 正しい者はこれを見て喜び、罪なき者は彼らをあざ笑って言う、
20 『まことにわれわれのあだは滅ぼされ、
その残した物は火で焼き滅ぼされた』と。
21 あなたは神と和らいで、平安を得るがよい。
そうすれば幸福があなたに来るでしょう。
22 どうか、彼の口から教を受け、その言葉をあなたの心におさめるように。

23 あなたがもし全能者に立ち返って、おのれを低くし、
あなたの天幕から不義を除き去り、
24 こがねをちりの中に置き、オフルのこがねを谷川の石の中に置き、
25 全能者があなたのこがねとなり、あなたの貴重なしろがねとなるならば、
26 その時、あなたは全能者を喜び、神に向かって顔をあげることができる。
27 あなたが彼に祈るならば、彼はあなたに聞かれる。
そしてあなたは自分の誓いを果す。
28 あなたが事をなそうと定めるならば、あなたはその事を成就し、
あなたの道には光が輝く。
29 彼は高ぶる者を低くされるが、へりくだる者を救われるからだ。
30 彼は罪のない者を救われる。
あなたはその手の潔いことによって、救われるであろう」

（ヨブ記二二章一～三〇節）

3 あなたは施しをする場合、右の手のしていることを左の手に知らせるな。

（マタイによる福音書六章三節）

二〇章において、ヨブの友人ゾパルは、〝神は悪業をお見逃しにはならない〟という「信賞必罰」の神学論に基づいてヨブを攻撃しました。ヨブが苦難を負ったのはヨブが犯した罪に対する

神の刑罰だというのです。

これに対し二一章でヨブは、〝この世の現実を直視するならば、むしろ悪人が栄え、無垢の人々が苦しんでいるではないか〟と反論しました。

きょうの二二章では、別の友人エリパズが二人の議論に割り込みます。彼は二人の議論をその延長線上で更に深めていくものではなく、別の論理へのすり替えになっています。

およそ宗教論争とは、論議を積み重ねて何らかの合意に至るといった類のものではないのかもしれません。各々自分の信念に基づいて相手を論破しようとし、どちらの側にもなにがしかの真理契機があるはずなのに、結局どちらかが全面勝利するまで終わらない。いわゆる「折伏《しゃくぶく》」です。

その点、ヨブ記は対立する論争に安易な決着はつけません。いったん議論を切り上げ、目先を変えて別の議論を持ち出します。友人が三人登場するのもそのためですが、あるいは、並立する論点についてこの書の読者自身にも議論に加わるチャンスを与えようと企図しているのかもしれません。

エリパズは言います、「人は神を益することができるであろうか。賢い人も、ただ自身を益するのみである。あなたが正しくても、全能者になんの喜びがあろう。あなたが自分の道を全うしても、彼になんの利益があろう」（二二・二〜三）と。

既に四章においてエリパズは同じ内容のことをいっています。「人は神の前に正しくありえようか。人はその造り主の前に清くありえようか。見よ、彼はそのしもべをさえ頼みとせず、その天使をも誤れる者とみなされる」（四・一七〜一八）と。

つまり、〝神はいかなる被造物からも隔絶した絶対的自由な存在であり、いかなる被造物も、天使さえも、神の前に清くはあり得ない〟というのですが、これは神学的には「神の絶対主権」といいます。彼はこの確信に基づいてヨブを攻めたてるのです。


神はあなたが神を恐れることのゆえに、あなたを責め、あなたをさばかれるであろうか。あなたの悪は大きいではないか。あなたの罪は、はてしがない。あなたはゆえなく兄弟のものを質にとり、裸な者の着物をはぎ取り、疲れた者に水を飲ませず、飢えた者に食物を与えなかった。力ある人は土地を得、名ある人はそのうちに住んだ。あなたは、やもめをむなしく去らせた。みなしごの腕は折られた。それゆえ、わなはあなたをめぐり、恐怖はにわかにあなたを驚かす。あなたの光は暗くされ、あなたは見ることができない。大水はあなたをおおうであろう。（二二・四〜一一）

かつてヨブが「東の人々のうちで最も大いなる者」（一・三）といわれていた時、その繁栄はヨブが様々な悪業によって手に入れたものに違いない……という当て擦《こす》りです。

一二節以下二〇節まで、重ねて神の絶対主権と神の主権の基における悪人の惨めな振る舞いについて論じます。

神は天に高くおられるではないか。見よ、いと高き星を。いかに高いことよ。それであなたは言う、『神は何を知っておられるか。彼は黒雲を通して、さばくことができるのか。濃い雲が彼をおおい隠すと、彼は見ることができない。彼は天の大空を歩まれるのだ』と。あなたは悪しき人々が踏んだいにしえの道を守ろうとするのか。彼らは時がこないうちに取り去られ、その基は川のように押し流された。彼らは神に言った、『われわれを離れてください』と、また『全能者はわれわれに何をなしえようか』と。しかし神は彼らの家を良い物で満たされた。ただし悪人の計りごとはわたしのくみする所ではない。正しい者はこれを見て喜び、罪なき者は彼らをあざ笑って言う、『まことにわれわれのあだは滅ぼされ、その残した物は火で焼き滅ぼされた』、と。（二二・一二～二〇）

くどくなりますので、一節ずつ注釈することはしませんが、一七節「彼らは神に言った……何をなしえようか』と」と一八節「しかし神は……くみする所ではない」は文脈上の繋がりがいまーつ不明確です。いろいろと議論のあるところですが、この二節を飛び越して、一六節から一九節に繋げて読んだ方が理解しやすいと思います。

このように、ヨブの悲運を悪行の結果と断定した上で、二一節以下、

あなたは神と和らいで、平安を得るがよい。そうすれば幸福があなたに来るでしょう。ど

うか、彼の口から教を受け、その言葉をあなたの心におさめるように。あなたがもし全能者に立ち返って、おのれを低くし、あなたの天幕から不義を除き去り、こがねをちりの中に置き、オフルのこがねを谷川の石の中に置き、全能者があなたのこがねとなり、あなたの貴重なしろがねとなるならば、その時、あなたは全能者を喜び、神に向かって顔をあげることができる。あなたが彼に祈るならば、彼はあなたに聞かれる。そしてあなたは自分の誓いを果す。あなたが事をなそうと定めるならば、あなたはその事を成就し、あなたの道には光が輝く。彼は高ぶる者を低くされるが、へりくだる者を救われるからだ。彼は罪のない者を救われる。あなたはその手の潔いことによって、救われるであろう」。（二二・二一〜三〇）

多少分かりにくいところがありますが、要するに、ヨブの災難はヨブ自身の罪の報いであるから、罪を認めて、素直に神に赦しを乞いなさい。そうすれば神はその罪を赦し、救いの御手を差し伸べてくださるだろう〟という勧告です。

さて、既にわたしたちは、最後の四二章（七節）で、エリパズが神から「ヨブのように正しい事をわたしについて述べなかった……」とお叱りを受けたことを知っています。果たしてこのエリパズの忠告のどこに問題があったのでしょうか。

この二二章におけるエリパズの最初の発言、「人は神を益することができるであろうか……」に何ら神学的な過ちがあるとは思えません。

ヨブに対する忠告にしても、とりわけ問題があるとは思えません。二九節と三〇節は「異句同義」、同じ意味のことを他の言葉で表現し直したものですから、「罪のない者」、「その手の潔いこと」とは、〝罪を犯さない〟〝無垢な〟という意味ではなく、〝高ぶらない者〟〝へりくだる者〟、即ち、詩篇五一篇に「神よ、汝は砕けたる悔いしこころを軽しめたもうまじ」（一七節　文語訳）と詠われているような人間のあり方を指すと考えられます。古代イスラエルの民は神を畏れ、「神を見た者は死なねばならない」（出エジプト三三・二〇参照）と信じていました。神の義しさ、清さ、偉大さの前に人はまともに顔を上げられない。もし人が神とまみえるチャンスがあるとすれば、それはへりくだって神にすべてを委ねること以外にはない。

エリパズは決して間違ったことをヨブに薦めているわけではありません。それなのに、なぜ、エリパズは神に叱られなければならなかったのでしょうか。確かな理由はわたしには分かりません。一〇月一七日の礼拝にＩＣＵの並木浩一先生をお招きしてこのあたりの問題についてお話いただくことになっておりますので、ご期待ください。

ただ、今の段階で、いくつかの注釈書を参考にしながらわたしが漠然と考えていることは、エリパズの忠告そのものに問題があるのではなく、悲嘆のどん底にいる友人に対してかくも平然と忠告し得るエリパズの人間性の問題なのかもしれません。

まず、エリパズは〝神の前に人はただ、へりくだって赦しを乞うことができるだけである〟と主張していますが、彼自身もまた、そのへりくだって神の赦しを乞わなければならない人間の一人であることを忘れ、まるで自分だけは例外であるかのように、神に成り代わってヨブを諭す。その高慢さに気づいていないようです。

また、エリパズの薦める〝神の前のへりくだり〟は、〝救いを前提にしたへりくだり〟、〝救われるためにへりくだりなさい〟という功利主義です。

そもそも、ヨブ物語の発端となった、主（ヤハウェ）とサタンとのやり取りを思い出してみましょう。ヤハウェが「あなたはわたしのしもべヨブのように全く、かつ正しく、神を恐れ、悪に遠ざかる者の世にないことを気づいたか」（一・八）と言われたのに対し、サタンは、「ヨブはいたずらに神を恐れましょうか……」（一・九）と応じています。平たく言えば、サタンの考えは、〝ヨブが神を畏れ敬っているのはたくさんの恩恵を受けているからだ〟という功利主義です。

これに対し、神の恩恵をすべて失ったヨブは、「わたしは裸で母の胎を出た。また裸でかしこに帰ろう。主が与え、主が取られたのだ。主のみ名はほむべきかな」（一・二一）、「われわれは神から幸をうけるのだから、災をも、うけるべきではないか」（二・一〇）と、無償の信仰を表明します。

また、ヨブは盛んに神に呼びかけ、非難めいた言葉を口走りますが、〝以前受けた恩恵を返せ〟とは要求しません。ただ、〝自分が被った悲劇の意味を明らかにしてくれ〟と叫んでいるだけです。「ヨブのように全く、かつ正しく、神を恐れ、悪に遠ざかる者」というヤハウェの言葉も、〝神の前に罪なき人間などひとりもいない〟ことを当然承知した上のこと、つまり、ヨブが

〝全く罪なき人だ〟という意味ではなくて、〝ヨブほど信仰の見返りを求めない人はいない……〟という意味なのではないでしょうか。

ただし、〝「無償の信仰」など、言うべくして現実にはあり得ない〟との反論を受けるかもしれません。マタイによる福音書は、イエスが、「あなたは施しをする場合、右の手のしていることを左の手に知らせるな。それは、あなたのする施しが隠れているためである」と無償の愛の行いについて語られた後、「すると、隠れた事を見ておられるあなたの父は、報いてくださるであろう」（六・三～四）と神のご褒美についても仄めかされたことを伝えています。イエスは人間の弱さを斟酌されて、にんじんをぶら下げなさったのでしょうか。

また、このヨブ記自体においても、最後にヤハウェはヨブの失ったものをすべて二倍にして返されたことが記されており、これも目の前にぶら下げられたにんじんなのかと疑問が残りますが、その点は、きょうは保留にさせていただいて、できれば並木先生にお聞きしてみたいと存じます。

（二〇〇四年九月五日）

神に会う場所

1 そこでヨブは答えて言った、
2「きょうもまた、わたしのつぶやきは激しく、
彼の手はわたしの嘆きにかかわらず、重い。
3 どうか、彼を尋ねてどこで会えるかを知り、
そのみ座に至ることができるように。
4 わたしは彼の前にわたしの訴えをならべ、口をきわめて論議するであろう。
5 わたしは、わたしに答えられるみ言葉を知り、わたしに言われる所を悟ろう。
6 彼は大いなる力をもって、わたしと争われるであろうか、
いな、かえってわたしを顧みられるであろう。
7 かしこでは正しい人は彼と言い争うことができる。
そうすれば、わたしはわたしをさばく者から永久に救われるであろう。

8 見よ、わたしが進んでも、彼を見ない。
退いても、彼を認めることができない。
9 左の方に尋ねても、会うことができない。

右の方に向かっても、見ることができない。
10 しかし彼はわたしの歩む道を知っておられる。
彼がわたしを試みられるとき、わたしは金のように出て来るであろう。
11 わたしの足は彼の歩みに堅く従った。
わたしは彼の道を守って離れなかった。
12 わたしは彼のくちびるの命令にそむかず、
その口の言葉をわたしの胸にたくわえた。
13 しかし彼は変ることはない。
だれが彼をひるがえすことができようか。
彼はその心の欲するところを行われるのだ。
14 彼はわたしのために定めた事をなし遂げられる。
そしてこのような事が多く彼の心にある。
15 それゆえ、わたしは彼の前におののく。
わたしは考えるとき、彼を恐れる。
16 神はわたしの心を弱くされた。
全能者はわたしを恐れさせられた。
17 わたしは、やみによって閉じこめられ、暗黒がわたしの顔をおおっている」。
（ヨブ記二三章一～一七節）

11 すると天から声があった、「あなたはわたしの愛する子、わたしの心にかなう者である」。

（マルコによる福音書一章一一節）

先週の二二章で、友人のエリパズが「潔く自分の非を認め、神に赦しを乞いなさい。そうすれば神は再びあなたに恩恵をもたらしてくれるでしょう」とヨブを諌めました。

きょうの二三章はその忠告に対するヨブの返答です。ヨブは彼のいうことなど意に介せずといった様子で、彼の頭越しに、直に神に向かって訴えかけます。

「きょうもまた、わたしのつぶやきは激しく、彼の手はわたしの嘆きにかかわらず、重い。

（二三・二）

「彼の手」の〝彼〟とは神のことです。ヨブが、不当な苦しみを負わされている……と嘆き訴えても、神は一向に応えてくださらず、かえって重荷は増すばかりです（ただし、ヘブル語原文では、〝わたしの手〟となっており、研究者の間で議論があるところです）。

「わたしのつぶやきは激しく」の〝激しく〟は〝反抗〟を表す語だそうです。ヨブは決して従順に神を慕っているわけではなく、激しく神に抗《あらが》っているのです。

どうか、彼を尋ねてどこで会えるかを知り、そのみ座に至ることができるように。わたし

は彼の前にわたしの訴えをならべ、口をきわめて論議するであろう。（二三・三～四）

神の居場所が分かればそこへ行って直談判したいものだ……。

わたしは、わたしに答えられるみ言葉を知り、わたしに言われる所を悟ろう。彼は大いなる力をもって、わたしと争われるであろうか、いな、かえってわたしを顧みられるであろう。かしこでは正しい人は彼と言い争うことができる。そうすれば、わたしはわたしをさばく者から永久に救われるであろう。（二三・五～七）

直談判に及んだら、神は何と仰るだろうか。わたしを責め、糾弾されるだろうか。いや、きっと顧み、慰めてくださるはずだ。

だって、そうでしょう、神のおられるところでは、正しい人の言い分が通らないはずがない。そして、わたしはこれ以上不当な非難（友人たちの）から解放されるに違いない。しかし……。

見よ、わたしが進んでも、彼を見ない。退いても、彼を認めることができない。左の方に尋ねても、会うことができない。右の方に向かっても、見ることができない。（二三・八～九）

神にお会いして直談判しようにも、神は隠れていて見つけることができない。「進んで」「退いて」「左の方」「右の方」と訳されている語は、それぞれ、〝東〟〝西〟〝南〟〝北〟を示す語です。地上の空間のどこを探しても神は見つからないという嘆きです。

この二節から九節までのヨブの言葉は、ヨブがこれまで行なってきた発言全体のごく卑近な要約です。ヨブは現在の悲惨な状況は何かの間違いだと感じ、その理由を神から直接聞きたいと訴える。しかし、神は応えてくださらず、神に成り代わって友人たちが〝ヨブの罪の結果だ〟と責める。しかし、ヨブには神の御心に忠実に生きてきたという自負があり、一方で沈黙を守る神が果たしてヨブが今まで信じてきた神と同じ神なのかと疑い、反抗的な暴言すら浴びせかけるのです。その一方で、この訴えが神に届きさえすれば、神はきっとヨブの味方をしてくださるという希望を抱き続けている。

ヨブの置かれている状況があまりにも苛酷なために、ヨブの口をついて出る言葉のほとんどが疑いと恐れと反抗に満ちた絶望的な言葉ではありますが、絶望の闇が深ければ深いほど、時折現れる神への信頼がその闇の中に明るい輝きを放つ。この希望において辛うじてヨブはヨブたり得ているのです。

一〇節以降には同様の反復、即ち、神への信頼・希望と疑い・反抗・失望との間をさ迷うヨブの心情が吐露されます。

しかし彼はわたしの歩む道を知っておられる。彼がわたしを試みられるとき、わたしは金のように出て来るであろう。わたしの足は彼の歩みに堅く従った。わたしは彼の道を守って離れなかった。わたしは彼のくちびるの命令にそむかず、その口の言葉をわたしの胸にたくわえた。

（二三・一〇〜一二）

一〇節は、〝神はヨブの生き方を十分理解しておられ、今、錬金師が金鉱を火で精錬して金を取り出すように、試練を通してヨブを金に仕立てようとなさっている……〟という意味で、神への信頼と信仰的自負が表明されています。

しかし彼は変ることはない。だれが彼をひるがえすことができようか。彼はその心の欲するところを行われるのだ。彼はわたしのために定めた事をなし遂げられる。そしてこのような事が多く彼の心にある。それゆえ、わたしは彼の前におののく。わたしは考えるとき、彼を恐れる神はわたしの心を弱くされた。全能者はわたしを恐れさせられた。わたしは、やみによって閉じこめられ、暗黒がわたしの顔をおおっている。

（二三・一三〜一七）

ヨブは自分の訴えに神が答えてくれるという希望を抱きつつも、すべてをご自分の意志で行われる神が沈黙を守っておられることに、不安と畏れを感じざるを得ない。

さて、先般一九章を読みましたときに、一九章二五～二七節がヨブ記の大きなヤマであると考える研究者が少なくない、と申しましたが、きょうの二三章の重要性を指摘する研究者も少なくありません。例えば、ヴェスターマンは、原ヨブ記ではこの二三章をもってヨブと友人たちの議論が終わっており、直ちに三八章の神が嵐の中からヨブに応える場面へと繋がっていた、即ち、二四章から三七章は後から付け加えられたものであると考えているようです。

そのあたりの問題は来週の二四章でもう少し詳しくお話いたしますが、ヨブが僅かな希望の火をかざして、絶望の闇の中から敢えて挙げた反抗的な叫びに、神はいよいよお答えになった……そのように読んだ方が話にメリハリがつくかもしれません。しかし、わたしにはそこのところを判断するだけの能力がありませんので、このまま口語訳聖書の順序に従って、読み進んで行きたいと存じます。

二三章を二四章に続けて読むと、一つのテーマが浮かび上がってきます。つまり、どちらの章でも、ヨブは激しく神を探し求めています。二三章では、「見よ、わたしが進んでも、彼を見ない。退いても、彼を認めることができない。左の方に尋ねても、会うことができない。右の方に向かっても、見ることができない」（二三・八～九）とありますように、地上の空間において神と出会う場所を求め、二四章では、「なにゆえ、全能者はさばきの時を定めておかれないのか。なにゆえ、彼を知る者がその日を見ないのか」（二四・一）と、神との遭遇を時間の問題として捉えています。

そこできょうは、神との出逢いを場所の概念から考えてみたいと思います。

旧約聖書では神は地上に明確な容姿を現しません。夢・幻の中で、あるいはみ使い、即ち「天使」として人と出会います。「神を見たものは死ななければならない」（出エジプト三三・二〇参照）とさえ言われています。有名な、ヤボクの渡しでヤコブが神と相撲を取った話には「わたしは顔と顔をあわせて神を見たが、なお生きている」（創世記三二・三〇）とありますが、実際にヤコブは神を見たわけではなく、神とおぼしき人物と相撲を取ったのであり、それも、もしかしたら夢の中の幻だったのかもしれません。

このヨブ記では、ヨブは嵐の中で轟く声を聞くわけです。ただし、嵐の中から聞こえた神の声は、ヨブの疑問に直接答えるものではありません。三八章で詳しく検証しますが、果たしてヨブはこの神の答えに満足したのでしょうか。読者の立場からは釈然としないものが残ります。

この点で言えば、新約聖書は、神がイエス・キリストにおいて、歴史の中に具体的にご自身を現されたことを伝えています。

しかし、イエス・キリストの出来事から二千年、今や、旧約聖書の伝承を共有する、キリスト教とユダヤ教とイスラム教が紛争の火種を世界中に撒き散らしている始末です。あれは過激な原理主義者たちのやっていることだと高みの見物を決め込んでいるわけにはいきません。

果たして教会はイエス・キリストの出来事を正しく世界に発信してきたでしょうか。勢力を拡大することばかりに気を取られてはいなかったでしょうか。

少なくともイエス・キリストを通して、ヨブより明確に神の御心を知っているはずのわたしたちは、もっと歴史に対して責任を持つ必要があるのではないでしょうか。（二〇〇四年九月一二日）

神に会う時

1「なにゆえ、全能者はさばきの時を定めておかれないのか。
なにゆえ、彼を知る者がその日を見ないのか。
2世には地境を移す者、群れを奪ってそれを飼う者、
3みなしごのろばを追いやる者、やもめの牛を質に取る者、
4貧しい者を道から押しのける者がある。
世の弱い者は皆彼らをさけて身をかくす。
5見よ、彼らは荒野におる野ろばのように出て働き、
野で獲物を求めて、その子らの食物とする。
6彼らは畑でそのまぐさを刈り、また悪人のぶどう畑で拾い集める。
7彼らは着る物がなく、裸で夜を過ごし、寒さに身をおおうべき物もない。
8彼らは山の雨にぬれ、しのぎ場もなく岩にすがる。
9（みなしごをその母のふところから奪い、
貧しい者の幼な子を質にとる者がある。）
10彼らは着る物がなく、裸で歩き、飢えつつ麦束を運び、
11悪人のオリブ並み木の中で油をしぼり、酒ぶねを踏んでも、かわきを覚える。

12 町の中から死のうめきが起り、傷ついた者の魂が助けを呼び求める。
しかし神は彼らの祈を顧みられない。
13 光にそむく者たちがある。彼らは光の道を知らず、光の道にとどまらない。
14 人を殺す者は暗いうちに起き出て弱い者と貧しい者を殺し、
夜は盗びととなる。
15 姦淫する者の目はたそがれを待って、
『だれもわたしを見ていないだろう』と言い、顔におおう物を当てる。
16 彼らは暗やみで家をうがち、昼は閉じこもって光を知らない。
17 彼らには暗黒は朝である。彼らは暗黒の恐れを友とするからだ。
18 あなたがたは言う、
『彼らは水のおもてにすみやかに流れ去り、その受ける分は地でのろわれ、
酒ぶねを踏む者はだれも彼らのぶどう畑の道に行かない。
19 ひでりと熱さは雪水を奪い去る、
陰府が罪を犯した者に対するも、これと同様だ。
20 町の広場は彼らを忘れ、彼らの名は覚えられることなく、
不義は木の折られるように折られる』と。
21 彼らは子を産まぬうまずめをくらい、やもめをあわれむことをしない。
22 しかし神はその力をもって、強い人々を生きながらえさせられる。

彼らは生きる望みのない時にも起きあがる。
23神が彼らに安全を与えられるので、彼らは安らかである。
神の目は彼らの道の上にある。
24彼らはしばし高められて、いなくなり、
ぜにあおいのように枯れて消えうせ、麦の穂先のように切り取られる。
25もし、そうでないなら、だれがわたしにその偽りを証明し、
わが言葉のむなしいことを示しうるだろうか」。　（ヨブ記二四章一～二五節）

18子供たちよ。今は終りの時である。あなたたちがかねて反キリストが来ると聞
いていたように、今や多くの反キリストが現れてきた。それによって今が終りの時
であることを知る。
（ヨハネの第一の手紙二章一八節）

きょうの二四章から三七章までは、とかく難解なヨブ記の中でも特に様々な問題が指摘されている箇所です。と申しますのは、

①今まで友人たちとヨブが交互に繰り返してきた論争の文脈がここで崩れ、二五章に僅か五節のビルダドの発言があるだけで、あとは延々とヨブの独白が続きます。

②しかも、ヨブの言葉とされているものの中に、これまでのヨブの主張とは異質なものが含まれています。

③更に、三二章からは今まで全く姿を見せなかったエリフなる人物が突然現れ、何やらもったいぶった長話を始めます。

きょうは「神に出会う時」というテーマを掲げました。

先週の二三章では、ヨブは、神にお会いして自分の思いを直接聞いてもらいたい、そうすれば神はきっと自分の言い分を認めて味方になってくれるに違いない、そう思って神を捜すけれど見つからない……。そういう嘆きが記されていました。

「見よ、わたしが進んでも、彼を見ない。退いても、彼を認めることができない。左の方に尋ねても、会うことができない。右の方に向かっても、見ることができない」（二三・八〜九）とありますように、神さまとの出逢いを「場所」の問題として捉えようとしていたわけです。

これに対して、きょうの二四章でヨブは「なにゆえ、全能者はさばきの時を定めておかれないのか。なにゆえ、彼を知る者がその日を見ないのか」（二四・一）と、神が姿を現して正しい裁きを行ってくださる「時」を求めています。彼は友人たちの因果応報論に強く反発しますが、心の深いところではやはり正しい者には正しく報いてくださる神の義に信頼していることが判ります。しかし、目の前の現実を見ると、神の義が正しく行われているとはとても思えない。むしろ悪人が栄え、弱いものが虐げられている。

世には地境を移す者、群れを奪ってそれを飼う者、みなしごのろばを追いやる者、やもめの牛を質に取る者、貧しい者を道から押しのける者がある。世の弱い者は皆彼らをさけて身をかくす。見よ、彼らは荒野におる野ろばのように出て働き、野で獲物を求めて、その子らの食物とする。彼らは畑でそのまぐさを刈り、また悪人のぶどう畑で拾い集める。彼らは着る物がなく、裸で夜を過ごし、寒さに身をおおうべき物もない。彼らは山の雨にぬれ、しのぎ場もなく岩にすがる。（みなしごをその母のふところから奪い、貧しい者の幼な子を質にとる者がある。）彼らは着る物がなく、裸で歩き、飢えつつ麦束を運び、悪人のオリブ並み木の中で油をしぼり、酒ぶねを踏んでも、かわきを覚える。町の中から死のうめきが起り、傷ついた者の魂が助けを呼び求める。しかし神は彼らの祈を顧みられない。（二四・二～一二）

二節から一一節まで（カッコに入れられている九節は、不具合が指摘されている箇所です）、悪人（社会的強者）の搾取の下に虐げられる人々の実情が列挙され、一二節（「町の中から……」）で、虐げられる人々の助けを求める叫びに神は知らん顔をしていると告発されています。

この一二節がヨブ記の重要なテーマを示していると考える人もあります。つまり、イスラエル宗教の根底にある契約思想、イスラエルは固い約束で結ばれた神の民であって、ヤハウェを信頼していさえすれば、どんな時にも必ず助けてくださるという思想です。これはアブラハムがイサクを生贄として神に奉げようとした物語や「出エジプト」の物語に典型的に示されているもので、聖書の信仰の中心をなす思想ですが、ヨブ記はこの契約思想を大前提として物語の枠の部分に置きつつ、しかし現実はそんな単純なものではないことを示そうとしているのかもしれません。

光にそむく*者たちがある。彼らは光の道を知らず、光の道にとどまらない。人を殺す者は暗いうちに起き出て、弱い者と貧しい者を殺し、夜は盗びととなる。姦淫する者の目はたそがれを待って、『だれもわたしを見ていないだろう』と言い、顔におおう物を当てる。彼らは暗やみで家をうがち、昼は閉じこもって光を知らない。彼らには暗黒は朝である。彼らは暗黒の恐れを友とするからだ。（二四・一三〜一七）

＊「そむく」は原文では「向かう」。

一三節から一七節は、悪人が隠れて悪事を働くのを神ともあろう方が暴き出すことができないという皮肉です。

この後、一八節から二四節までは、大方の研究者が、ヨブの発言としてはふさわしくないと考えている箇所です。

実は、「あなたがたは言う」（二四・一八）という文言はヘブル語聖書の原文にはないのです。

あなたがたは言う、『彼らは水のおもてにすみやかに流れ去り、その受ける分は地でのろわれ、酒ぶねを踏む者はだれも彼らのぶどう畑の道に行かない。ひでりと熱さは雪水を奪い去る、陰府が罪を犯した者に対するも、これと同様だ。町の広場は彼らを忘れ、彼らの名は覚えられることなく、不義は木の折られるように折られる』と。

（二四・一八～二〇）

一三節から一七節まで、悪人が悪事を行うやりかたについて語られていましたから、その文脈に沿って読めば、一八節の「彼ら」は悪人を指します。ですから、ここでは悪人は速やかに滅ぶという意味のことが語られているわけで、今までヨブが語ってきた、悪人が栄え弱いものが苦しんでいるではないかという主張と矛盾します。

そのため、口語訳聖書はこれを友人の発言と見なしたのです。そうすれば、次の

彼らは子を産まぬうまずめをくらい、やもめをあわれむことをしない。しかし神はその力をもって、強い人々を生きながらえさせられる。彼らは生きる望みのない時にも起きあがる。神が彼らに安全を与えられるので、彼らは安らかである。神の目は彼らの道の上にある。

（二四・二一～二三）

に、うまく繋がり、二五節の

もし、そうでないなら、だれがわたしにその偽りを証明し、わが言葉のむなしいことを示

しうるだろうか。（二四・二五）

をもって、現実社会における神の不公正を告発するものとして、一貫性が見られます。

しかし、問題は二四節です。

彼らはしばし高められて、いなくなり、ぜにあおいのように枯れて消えうせ、麦の穂先のように切り取られる。（二四・二四）

「彼ら」が悪人だとすれば、悪人の哀れな末路を示唆するこの節は、悪人は死んでからも丁重に扱われて不公平だといった、二一章三二節以下のヨブの主張と矛盾します。

そのあたりのところをどう調整したらよいのでしょうか。あちらを立てればこちらが立たず、ここを修正すればあそこに不具合が生じる。矛盾の連続です。

わたしは最近、ヨブ記は矛盾のまま読んだ方が良いのではなかろうかという考えに傾いています。ヨブ記の登場人物はそれぞれ矛盾を抱えて生きている人間です。これは友人たちの考え、これはヨブの考えと明確に区別する事などできない。ついさっき考えた事といま考えている事とが違うことだってあり得る。矛盾した複雑な思いを抱いて生きているのです。ヨブ記全体が複雑な人間の思いの総体を表していると考えたらどうでしょうか。

さて、いささか込み入った話をいたしましたが、やっときょうのテーマに入って参ります。

先週の二三章では、ヨブは神にお会いして自分が抱いている疑問の答えを直にお聞きしたいと思い、神を捜すのですが、神は姿を顕わしてくださらない。〝どこでお会いできるのか……〟。神との出逢いを空間的に捉えようとしたわけです。これに対してきょうの「さばきの時を定めておかれないのか」、つまり、神の出る幕を「時間的」に問うています。今は不公正がまかり通っているけれども、いつか公正が実現する時が来るに違いないという将来的な期待を表しています。先ほど申しましたように、ヨブはただ今の現実の不公正を告発する一方、正しい者が正しく報われ、悪しき者に裁きが及ぶいわゆる「因果応報」の神学に期待している気持も同時に持っているのです。その点で、きょうのテキストにおけるヨブの考えは、ユダヤ教的だと言えます。ユダヤ教では世の終わりの日にメシヤが現れ世を正しく裁いてくださると信じられ、今なおメシヤの出現が待望されています。

これに対し、キリスト教は、神の国の現実がイエス・キリストにおいて既にこの世界に届けられていると信じます。そしてそこには神の国の現実が現されたのになぜ、未だ世界は不条理・不公正に満ちているのかという疑問が当然起きます。

この疑問に対し、ヨハネの手紙は「子供たちよ。今は終りの時である。あなたがたがかねて反キリストが来ると聞いていたように、今や多くの反キリストが現れてきた。それによって今が終りの時であることを知る」（Ⅰヨハネ二・一八）と答えます。

神の意志にそむくような現実が現れている今こそ、神の意志が明らかにされる時なのだ、というのです。

イエス・キリストを信じない人たちは、そんな話はまやかしだと言うでしょう。正直のところ、わたし自身も心の底のある部分では疑っています。

しかし、この手紙を書いた「ヨハネ教会」は信じていた、少なくとも、そう信じなければやっておれなかった……。ヨハネ教会は紀元一世紀末に実在した教会です。当時、キリスト教は周辺世界から厳しい迫害を受け、存立の危機に直面していました。その厳しい現実の中で、自分たちが直面している苦難とイエス・キリストの十字架の苦しみを同化させ、迫害に耐えたのです。そして、ヨハネ教会自体は歴史の中に埋もれてしまいましたが、彼らの信仰は新約聖書の中に残されたのです。

今、まさに不条理な苦しみのただ中に神は苦しむ者と共におり給う、というこの確信はキリスト教だけのものではありません。あのアウシュヴィッツで、ナチスによる不条理な大量虐殺を体験した何人もの神学者、哲学者、作家、詩人、芸術家たちが、自分たちの体験をヨブ記に重ね合わせ、不条理の意味を神に問うたのです。そして、その悲痛な問いを通して共通の認識に達しました。それは、あのおぞましい出来事こそ神の民としてのユダヤ民族が引き受けるべき運命に他ならないという認識です。神はあの悲惨な事件のただ中にユダヤ民族を遣わし、その不条理な苦難を通して人間の歴史に救いをもたらそうとなされた、という信仰です。
このヨブ記が彼らに苦難の意味を問い直し、自分たちの存在理由を再発見する契機を与えたとすれば、そこにイエス・キリストの名が使われていようがいまいが、わたしたちもまた、ヨブ記を通してイエス・キリストの十字架の意味を問い直すチャンスに直面させられているのでしょう。

（二〇〇四年九月一九日）

神の義・人の義

1 そこでシュヒびとビルダデは答えて言った、
2「大権と恐れとは神と共にある。彼は高き所で平和を施される。
3 その軍勢は数えることができるか。何物かその光に浴さないものがあるか。
4 それで人はどうして神の前に正しくありえようか。
女から生れた者がどうして清くありえようか。
5 見よ、月さえも輝かず、星も彼の目には清くない。
6 うじのような人、虫のような人の子はなおさらである」。

（ヨブ記二五章一～六節）

46 そこで言われた、「あなたがた律法学者も、わざわいである。負い切れない重荷を人に負わせながら、自分ではその荷に指一本でも触れようとしない。

（ルカによる福音書一一章四六節）

この二五章は、口語訳聖書に従えば、これまで延々と続けられてきたヨブと友人たちの論戦の内、友人たちの側からヨブに向けられた説得（相当厳しい批判・糾弾）の最後のものです。このあと、これが友人側の発言だと明確に表示されている箇所はありません。そして、①その（友人側からの発言の）最後がたった六節（正味五節）しかないこと。②第三の友人ゾパルには最後の発言機会が与えられていないこと。③ヨブの友人たちに対する最後の反論が異常に長い（二六章〜三一章）こと等、これまでの物語の流れに著しい変化が生じるため、何とかつじつまを合せようと、さまざまな解釈が試みられております。

例えば、①二五章六節から二六章五節に飛んで、二六章一四節のあと二六章一〜四節に戻って、二七章一節に繋がるとか、②二七章一三節〜二三節をゾパルの最後（三回目）の発言とする等々、有力な仮説がいくつかあります。

残念ながら、わたしにはどれが正しいのか判断する能力がありませんので、難しい議論には立ち入らずに、口語訳聖書に従って、与えられた六つの節だけを読んで参ります。

そこでシュヒびとビルダデは答えて言った、「大権と恐れとは神と共にある。彼は高き所で平和を施される。その軍勢は数えることができるか。何物かその光に浴さないものがあるか。それで人はどうして神の前に正しくありえようか。女から生れた者がどうして清くありえようか。見よ、月さえも輝かず、星も彼の目には清くない。うじのような人、虫のような人の子はなおさらである」。

（二五・一〜六）

日本を代表する旧約学者のひとりである浅野順一は、この箇所を「世界の支配と畏怖とは神に属するものであり、地上の喧騒や混乱にもかかわらず、平安と秩序とは天上にある。これに比べて人間はいかに醜く卑しき者であることか。聖なる創造者に対し到底、その正しさと清さを主張することはできない。また人間のみならず中空にきらめく月や星でさえも同様である。人間は結局、地面をうごめく蛆《うじ》であり、虫に過ぎない。ビルダデはヨブに対し、神と争うあなたはそのことをわきまえないのか、とたしなめているように思われる」と解説しています。

浅野はこころ根の優しい人だと見えて、ビルダデがヨブをたしなめようとしていると言いますが、これは全く、たしなめるなどという代物ではありません。蛆《うじ》だ、虫けらだと罵られては、ヨブならずとも怒って当然です。

このビルダデの発言は、もう一人の友人エリパズが、既に繰り返し語ってきたこと（四章一七～一九節、一五章一四～一六節、二二章二～五節）と同じ趣旨のものであり、ヨブ自身も九章（二節）では、そのことを認めています。

二五章がこんなに短いのは、ビルダデの口調があまりにも激しかったからか、あるいは、同じことを何度も何度も繰り返され、一向に埒《らち》が明かない。これ以上あなた方の意見など聞きたくないという気持から、ビルダデの発言を途中で遮ってしまったからか。

いずれにしても、友人たちの発言はここで終わりです。何と不毛の議論を延々と繰り返してきたことか……。

いったいどこに原因があったのでしょうか。最終的な答えは、四二章まで読んだ上で出すべきでしょうが、ここでは、論戦に終止符を打つ直接のきっかけとなったビルダデの発言に注目してみましょう。

要するにビルダデは、〝神の力は絶大で、人間などとても足元にも及ばないのに、その神に向かって自分の正しさを主張するとは、ヨブよ、あなたはいったい何者なのか〞といいます。この主張は間違っていません。しかし、かく言うビルダデ自身、取るに足らない人間の一人に過ぎないことを棚上げしている。神の前で人間など取るに足らない存在だ、ということはヨブも充分判っている。しかし、蛆《うじ》だの虫けらだのと、人間ってそんなに醜いものなのでしょうか。

確かに人間は自然界の生存競争に打ち勝って生き残ってきた。虫けらと言われても仕方がない面もある。しかし、それだけではありますまい。何とかして弱肉強食の世界を克服しようという意志も人間にはあるのではないでしょうか。長い生存競争の歴史を通してそのことも学んできたはずです。

本源的に生存競争が行われている世界の中で、調和と協調の社会を実現しようというのは大いなる矛盾です。

きょうのテキストには「大権と恐れとは神と共にある。彼は高き所で平和を施される」とありますが、このたいへんな矛盾を克服するために神の力と恐れに基づいて与えられたのが「律法」という名のルールです。そもそも、旧約律法の根本精神は弱者の保護にあった、と言われます。

しかし、律法を管理・運用するのは神ご自身ではありません。人間が管理運用する限り、管理する側、即ち為政者の側に都合良く利用されがちです。

ルカによる福音書はイエスが「あなたがた律法学者も、わざわいである。負い切れない重荷を人に負わせながら、自分ではその荷に指一本でも触れようとしない」（一一・四六）といわれたことを報告しています。律法学者は律法の番人として、神さまのルールを厳格に守らせようと一生懸命だったのでしょう。しかし、その一生懸命さが弱い立場にある人々の生活を縛り、苦しめる結果になった。律法学者はそのことに気づかない……。

現代の文明社会では、神の権威や恐れを持ち出しても通用しません。理性が神に取って代わった、とさえ言えるかもしれません。理性万能主義に関してはとかく批判のあるところですが、理性もまた人間に与えられた神からの賜物です。

たぶん「民主主義」は、その賜物を働かせて産み出した現在の歴史段階では最良の社会ルールでしょう。アメリカは神に替わって、この民主主義をイラク国民の間に広げようと奮闘しているつもりでいるようですが、果たしてアメリカという国が本当に民主主義の国なのか。自分の非民主主義に気づかず、あるいは目をつぶって、イラクの民主化を声高に叫んではいないでしょうか。イラクの人々は背負い切れない重荷を背負わされていい迷惑なのではないでしょうか。たとえ民主主義が現時点で考え得る最良のルールだとしても、自分の不正義には目をつぶって、他国に民主化を押しつけるのはとても民主的とは言えません。ヨブの友人たちも、律法学者たちも、そして、わたしたち自身が、アメリカの権力者たちと同様、自分自身のことは何も分かっていないで、他人のことを虫けら扱いしてはいないでしょうか……。

（二〇〇四年九月二六日）

神の尻尾

1そこでヨブは答えて言った、
2「あなたは力のない者をどれほど助けたかしれない。
気力のない腕をどれほど救ったかしれない。
3知恵のない者をどれほど教えたかしれない。
悟りをどれほど多く示したかしれない。
4あなたはだれの助けによって言葉をだしたのか。
あなたから出たのはだれの霊なのか。
5亡霊は水およびその中に住むものの下に震う。
6神の前では陰府も裸である。滅びの穴もおおい隠すものはない。
7彼は北の天を空間に張り、地を何もない所に掛けられる。
8彼は水を濃い雲の中に包まれるが、その下の雲は裂けない。
9彼は月のおもてをおおい隠して、雲をその上にのべ、
10水のおもてに円を描いて、光とやみとの境とされた。
11彼が戒めると、天の柱は震い、かつ驚く。
12彼はその力をもって海を静め、その知恵をもってラハブを打ち砕き、

13その息をもって天を晴れわたらせ、その手をもって逃げるへびを突き通される。
14見よ、これらはただ彼の道の端にすぎない。
われわれが彼について聞く所はいかにかすかなささやきであろう。
しかし、その力のとどろきに至っては、だれが悟ることができるか」。

（ヨブ記二六章一～一四節）

22実に、被造物全体が、今に至るまで、共にうめき共に産みの苦しみを続けていることを、わたしたちは知っている。

（ローマ人への手紙八章二二節）

先週の二五章では、友人ビルダデの発言が僅か五節で終わり、きょうの二六章から三一章まで、長いヨブの反対弁論が始まります。

「そこでヨブは答えて言った」（二六・一）とありますが、〝そこでヨブは、ビルダデの発言を遮って言った〟とした方が良いかもしれません。

二五章におけるビルダデの発言は、神の偉大さの前に人間は何と卑しき存在であるかという、それだけならごく当たり前な主張ですが、その裏に、ヨブを蛆《うじ》虫同然にこき下ろす悪意が込められており、ヨブはもうこれ以上耐え切れずに、ビルダデの発言を遮ってしまったのでしょう。

「あなたは力のない者をどれほど助けたかしれない。気力のない腕をどれほど救ったかしれない。知恵のない者をどれほど教えたかしれない。悟りをどれほど多く示したかしれない。
あなたはだれの助けによって言葉をだしたのか。あなたから出たのはだれの霊なのか。
（二六・二～四）

つまり、あなたは多くの無力な人たちを助け、知恵を教え、悟りを示してきたが、その知恵と力は誰から出たものか？　もちろんあなたからではなく、神から出たものではないか……というのです。

ここで「あなた」と言われているのは誰のことなのか、疑義があります。通常これはヨブのことだと考えられます。これと同じ趣旨のことが、既にエリパズの口を通して、遠慮がちながら皮肉を込めていわれているからです。

その時、テマンびとエリパズが答えて言った、「もし人があなたにむかって意見を述べるならば、あなたは腹を立てるでしょうか。しかしだれが黙っておれましょう。見よ、あなたは多くの人を教えさとし、衰えた手を強くした。あなたの言葉はつまずく者をたすけ起し、かよわいひざを強くした。ところが今、この事があなたに臨むと、あなたは耐え得ない……」。
（四・一～五）

しかし、そうだとすると、ヨブは自分のことを「あなた」と呼んでいることになり、不自然です。それ故、これはヨブの発言ではなく、友人たちの発言が間違ってここに紛れ込んだのだと考える人たちも少なくありません。

また、次の五節からの発言にも異議が唱えられています。

亡霊は水およびその中に住むものの下に震う。神の前では陰府も裸である。滅びの穴もおおい隠すものはない。彼は北の天を空間に張り、地を何もない所に掛けられる。彼は水を濃い雲の中に包まれるが、その下の雲は裂けない。彼は月のおもてをおおい隠して、雲をその上にのべ、水のおもてに円を描いて、光とやみとの境とされた。彼が戒めると、天の柱は震い、かつ驚く。彼はその力をもって海を静め、その知恵をもってラハブを打ち砕き、その息をもって天を晴れわたらせ、その手をもって逃げるへびを突き通される。見よ、これらはただ彼の道の端にすぎない。われわれが彼について聞く所は、いかにかすかなささやきであろう。しかし、その力のとどろきに至っては、だれが悟ることができるか」。（二六・五～一四）

要約すれば、天地を創造した神の力がいかに偉大であるかを列挙した上で、しかし、それら、人間が認識できるものは神の偉大な業のごく一部に過ぎない、イソップ流にいえば、無知な人間が巨象の尻尾を触っているに過ぎない、ということです。

これは二五章のビルダドの発言内容に近いので、元々は、ビルダデの発言の一部だったのだろう、とも考えられています。つまり、二五章六節に二六章五節が繋がり、そのあと、二六章一節が来て、二七章に繋がっていた、と考えるのです。

なるほど、そうした方が文脈の一貫性が生まれるかもしれません。

ことほどさようにきょうの二六章は問題点を抱えています。しかし、そういった論争に加われるほど、わたしに定見があるわけではありませんので、聖書の記述に流されたまま、先を急ぎます。

ヨブはまず、自分の業績（正しさ）を論じます。これは既に（四章）友人エリパズの口を通して言われていたことです。

次に、神の力がいかに偉大であるか、その実例が並べられ、しかしその偉大さの内、人間に認識できるものなどほんの僅かに過ぎないと言います。これは二五章のビルダデの発言と同じ主旨のものです。あるいは、ビルダデが二五章で言い残したことをヨブが代わって言っているのかもしれません。

口語訳聖書に従って想像を逞しくするならば、二六章のヨブの発言は、友人たちの最初の発言（四章）と最後の発言とに内容的に重なります。「我はアルファなりオメガなり」（黙示録一・八、二一・六、二二・一三）ではありませんが、最初と最後の発言は友人たちの発言全体を表し、それと同じ内容のことをヨブも語る。つまり、ヨブの発言も友人たちの発言も内容的には大して違いがないことが暗示されているのではないでしょうか。

友人たちの発言とヨブの発言とが共通するにもかかわらず、なぜ論争になるのか。一見錯乱して見える口語訳聖書の記事は、そのあたりのことを読者に考えさせようとしているのかもしれません。

ヨブがかつて多くの人々に善行を施していたことは友人たちも認めるところであり、ヨブ自身もそのことに誇りを持っている。もちろん、ヨブがいくら自分の正しさを主張したところでそんなものは神の正しさに比べたら取るに足りません。

このあとの三一章でヨブは、かつての自分が人々から尊敬され、弱い貧しい者に施しをし、奴隷に対しても決して酷い仕打ちはしなかったなどと身の潔白を申し立てます。

わたしのしもべ、また、はしためが、わたしと言い争ったときに、わたしがもしその言い分を退けたことがあるなら、神が立ち上がられるとき、わたしはどうしようか、神が尋ねられるとき、なんとお答えしようか。わたしを胎内に造られた者は、彼をも造られたのではないか。われわれを腹の内に形造られた者は、ただひとりではないか。（三一・一三〜一五）

奴隷もじぶんと同じ神様に造られた人間だから大切に扱った、と言うのです。ヨブの時代に、それは際立った人権感覚であったかもしれませんが、現代では「奴隷」を持つこと自体、悪に他なりません。ましてや神の無限の正しさを持ち出されたら、ヨブの言い分など木っ端微塵に論破されてしまいます。五十歩百歩と言いますが、無限と比べたら一も一〇も一億さえもゼロに等しい。

そんなことはヨブ自身も充分知っているのです。しかし、それを盾にとって、お前は蛆《うじ》虫だ、虫けらだのと罵られてはたまらない。

本当に人間の側の義しさなど問題ではないのでしょうか。友人たちは、しょせん神の前に人間は罪びとに過ぎないのだから、早く自分の非を認めて、神に赦しを請いなさいと言うけれども、ヨブは今までヨブなりに義しく生きようと努めてきた。人間としての誇りもある。そう簡単に自分の生き方を全否定することはヨブにはできなかったのではないでしょうか。

確かに世界は矛盾に満ちています。善を望みながら悪が蔓延《はびこ》る。

歴史は良くなるどころか、破滅に向かって進んでいるようにさえ見える。

パウロはその点について、「実に、被造物全体が、今に至るまで、共にうめき共に産みの苦しみを続けていることを、わたしたちは知っている」（ロマ八・二二）と言っています。

ご存じのようにパウロという人は、人間としての善き行いを定めた律法の実行を一生懸命に追及しつつ、しかしその限界を痛感し、イエス・キリストの福音にすべてを委ねました。しかしその彼は、律法の行いを捨て去ってしまったわけではなく、福音の真理を気が狂わんばかりに語りながら、同時に、倫理的・道徳的に正しい生き方について、口を酸っぱくして教会に勧告していることも見逃せません。

人間がいくらがんばったところで、神の尻尾に触れるのがせいぜいといった程度でしょう。それは間違いのない事実です。しかし、それ故にこそ、迷ったり疑ったり、恨んだり憎んだりしながらも、神の尻尾にだけでも触れてみたいと思うのではないでしょうか。

ここで突然、イチローの話題になって恐縮ですが、大リーグ新記録に日本中が沸いています。わたしも一生懸命応援していました。中には、彼の活躍を通して生きる希望を与えられた、落ち込んでいた心が癒された、などと言う人もいるようです。しかし裏を返せば、わたしたちの悩みや苦しみはその程度のものだということなのかもしれません。そんな恵まれた状況にあるわたしが、ヨブやパウロのように極限状態に置かれた人たちを引き合いに出して物申すとはいかにも身のほど知らずです。ヨブの友人たちと同様、神様からお叱りを受けなければならないかもしれません。しかし、それでもなお、せめて神様の尻尾だけでも触ってみたい……。

（二〇〇四年一〇月三日）

神に逆らう者の分

1 ヨブはまた言葉をついで言った、
2 「神は生きておられる。
彼はわたしの義を奪い去られた。全能者はわたしの魂を悩まされた。
3 わたしの息がわたしのうちにあり、神の息がわたしの鼻にある間、
4 わたしのくちびるは不義を言わない、わたしの舌は偽りを語らない。
5 わたしは断じて、あなたがたを正しいとは認めない。
わたしは死ぬまで、潔白を主張してやめない。
6 わたしは堅くわが義を保って捨てない。
わたしは今まで一日も心に責められた事がない。
7 どうか、わたしの敵は悪人のようになり、
わたしに逆らう者は不義なる者のようになるように。
8 神が彼を断ち、その魂を抜きとられるとき、
神を信じない者になんの望みがあろう。
9 災が彼に臨むとき、神はその叫びを聞かれるであろうか。
10 彼は全能者を喜ぶであろうか、常に神を呼ぶであろうか。

11 わたしは神のみ手についてあなたがたに教え、
全能者と共にあるものを隠すことをしない。
12 見よ、あなたがたは皆みずからこれを見た、
それなのに、どうしてむなしい者となったのか。
13 これは悪人の神から受ける分、圧制者の全能者から受ける嗣業である。
14 その子らがふえればつるぎに渡され、その子孫は食物に飽きることがない。
15 その生き残った者は疫病で死んで埋められ、
そのやもめらは泣き悲しむことをしない。
16 たとい彼は銀をちりのように積み、衣服を土のように備えても、
17 その備えるものは正しい人がこれを着、
その銀は罪なき者が分かち取るであろう。
18 彼の建てる家は、くもの巣のようであり、番人の造る小屋のようである。
19 彼は富める身で寝ても、再び富むことがなく、目を開けばその富はない。
20 恐ろしい事が大水のように彼を襲い、夜はつむじ風が彼を奪い去る。
21 東風が彼を揚げると、彼は去り、彼をその所から吹き払う。
22 それは彼を投げつけて、あわれむことなく、
彼はその力からのがれようと、もがく。
23 それは彼に向かって手を鳴らし、あざけり笑って、その所から出て行かせる」。
（ヨブ記二七章一〜二三節）

15もし食物のゆえに兄弟を苦しめるなら、あなたは、もはや愛によって歩いているのではない。あなたの食物によって、兄弟を滅ぼしてはならない。キリストは彼のためにも、死なれたのである。
（ローマ人への手紙一四章一五節）

最初に、「ヨブはまた言葉をついで言った」（二七・一）とあります。これは二六章から続くヨブの発言ですが、口語訳聖書を読む限り、いささか論旨の一貫性に欠けます。二六章では、これまで友人たちがヨブに対して語った勧告と非難の言葉を逆にヨブが口にするという一見矛盾した内容になっていました。

この点について、多くの注釈者が二六章・二七章は錯簡《さっかん》である、つまり何らかの原因で入れ替えが生じ、友人たちの発言がヨブの発言にされてしまったのだと解釈して、本文の訂正をしています。しかし、そのあたりのところを確かめるだけの素養がわたしにはありませんので、テキストの再構成をせずに、口語訳聖書に従ってこのまま読むことをお許し願います。

さて、先週は、このヨブの発言が友人たちの発言と同じ内容になっている点について、ヨブの発想と友人たちの発想とは実際には概略同じなのだ、という大胆な、あるいは無謀な仮説をたてました。

では、発想が共通しているのに、なぜ論争になるのでしょう。たぶん、自分の無実潔白を主張するヨブの頑固さこそ、両者を決定的に分け争わせている原因なのではないでしょうか。
きょうの二七章は、その決定的な原因発言から始まります。

「神は生きておられる。彼はわたしの義を奪い去られた。全能者はわたしの魂を悩まされた。わたしの息がわたしのうちにあり、神の息がわたしの鼻にある間、わたしのくちびるは不義を言わない、わたしの舌は偽りを語らない。わたしは断じて、あなたがたを正しいとは認めない。わたしは死ぬまで、潔白を主張してやめない。わたしは堅くわが義を保って捨てない。わたしは今まで一日も心に責められた事がない。

（二七・二〜六）

ヨブは自分の潔白を強烈に主張します。

「神は生きておられる」は旧約聖書において誓いを立てるときの決まり文句です。決まり文句というのは、形式だけで内実が伴わないこともあり得ることですが、「わたしの息がわたしのうちにあり、神の息がわたしの鼻にある間」「死ぬまで、潔白を主張してやめない」と言っているところを見ると、ヨブは相当の確信をもって自分の潔白を表明しているのです。神に「義を奪い去られ」「魂が悩まされた」ことを通して、「神が生きておられる」ことを確信するとは、真に悲しいことではありますが、まさにこれがヨブの信仰の現実なのでしょう。

自分の潔白について、この確信に基づいて、ヨブは友人たちの不実を断罪します。

どうか、わたしの敵は悪人のようになり、わたしに逆らう者は不義なる者のようになるように。神が彼を断ち、その魂を抜きとられるとき、神を信じない者になんの望みがあろう。災が彼に臨むとき、神はその叫びを聞かれるであろうか。彼は全能者を喜ぶであろうか、常に神を呼ぶであろうか。わたしは神のみ手についてあなたがたに教え、全能者と共にあるものを隠すことをしない。見よ、あなたがたは皆みずからこれを見た、それなのに、どうしてむなしい者となったのか。

（二七・七〜一二）

自分を悪人と決めつけるあなた方こそ不実であり真の「悪人」だと決めつけ、わたしたちが第三者として読む限りでは、このヨブのせりふは実に荒々しく醜くさえあります。

これは悪人の神から受ける分、圧制者の全能者から受ける嗣業である。その子らがふえればつるぎに渡され、その子孫は食物に飽きることがない。その生き残った者は疫病で死んで埋められ、そのやもめらは泣き悲しむことをしない。たとい彼は銀をちりのように積み、衣服を土のように備えても、その備えるものは正しい人がこれを着、その銀は罪なき者が分かち取るであろう。彼の建てる家は、くもの巣のようであり、番人の造る小屋のようである。彼は富める身で寝ても、再び富むことがなく、目を開けばその富はない。恐ろしい事が大水のように彼を襲い、夜はつむじ風が彼を奪い去る。東風が彼を揚げると、彼は去り、彼をその所から吹き払う。それは彼を投げつけて、あわれむことなく、彼はその力からのがれようと、もがく。それは彼に向かって手を鳴らし、あざけり笑って、その所から出て行かせる。

（二七・一三～二三）

「悪人の神から受ける分」の「分」は〝分け前〟です。神の支配のもとで悪人が辿るべき運命が縷々《るる》論《あげつら》われているわけですが、因果応報論の典型です。

今までヨブは因果応報論を否定する発言を繰り返してきました。神がしろしめすはずの世にあって、現実には悪人が栄え、弱く貧しい人たちが虐げられているではないか、と主張していたのです。

そのため、この一三節から二三節まではヨブの言葉ではなく、友人たちの発言だ、と考える注釈者が少なくありません。特に、これをビルダデの発言と考えると、ちょうど三人の友人たちに三度ずつ発言機会があったことになり、文章構成上の体裁が整います。

あるいは元来のヨブ記はそうなっていたのかもしれませんが、その点の検討はさておき、ここでは口語訳聖書の本分に添って、つまり、ヨブも友人たちも、基本的には因果応報論を受容していたという観点で読んでみましょう。

既に申しましたように、ヨブと友人たちの論争の分岐点は、ヨブが自分の無実を頑固に主張する点にあります。客観的に言って、ヨブがいくら「わたしのくちびるは不義を言わない、わたしの舌は偽りを語らない」といい張ったところで、ヨブが人間である限り、神の前に絶対正しいなどといえるはずがありません。その限りにおいて、友人たちの言い分の方が正しいし、自分の正しさを主張して友人たちに神の裁きを宣告するなど、欺瞞だと言わざるを得ません。

しかるに、なぜ神は後に四二章で、「主はこれらの言葉をヨブに語られて後、テマンびとエリパズに言われた、『わたしの怒りはあなたとあなたのふたりの友に向かって燃える。あなたがたが、わたしのしもべヨブのように正しい事をわたしについて述べなかったからである』」（四二・七）とヨブの言い分の正しさを認めておられるのでしょうか。

たぶん、ここで神が問題にしている「正しさ」というのは、事柄自体の正しさではなく、現実の問題に対する向き合い方、ひいては、現実の難問に直面したときの態度に関わることではないかと思うのです。

ヨブは自分が背負わされた悲惨な体験の中で、理解しがたい不条理を感じ、それを神に向かってぶつけている。この責任は自分にあるのではなく神にあるとさえ言うのです。

既に申したように、神によって「義を奪い去られ……魂を悩まされた」と感じながら、にもかかわらず、あくまでも自分の正しさの根拠を「神が生きておられる」ことに置いて譲らない。悲しいことであり、間違ったことでもありましょうが、そこにヨブの信仰があるのです。

ヨブはいいます、「彼は（即ち悪人は）全能者を喜ぶであろうか、常に神を呼ぶであろうか」（二七・一〇）と。この言葉を裏返せば、これは、「神が彼を断ち、その魂を抜きとられるとき」も

「災が彼に臨むとき」さえも、絶えず神に向かって叫びを発し、神との関係を疎かにはしなかったというヨブの自負を表している。

これに対し、友人たちの言葉からは神に対する呼びかけが読み取れません。友人たちが向かい合っているのは因果応報論という、神についての教説であって、神ご自身ではない。そこに神がヨブの方をお認めになった理由の重要な一つがあるのではないでしょうか。

とは言え、この段階において、ヨブの信仰は自己義認・自己欺瞞の誇りを免れません。いくら熱心に神を求め、どんな時も神との関係を疎かにしなかったとしても、それで、友人たちを罵り、神に成り代わって裁きを宣告するヨブは神のお褒めにふさわしいとは言えますまい。神のお褒めをいただく前に、ヨブが最も大切にしているヨブ自身の「義」を打ち砕かれる必要があります。その時初めて、ヨブと友人たちとの論争に終止符が打たれるはずですが、ヨブの義しさが神に打ち砕かれる話はもう少し先までとっておきましょう。

ここでヨブ記を離れて、パウロの言葉に耳を傾けましょう。

もし食物のゆえに兄弟を苦しめるなら、あなたは、もはや愛によって歩いているのではない。あなたの食物によって、兄弟を滅ぼしてはならない。キリストは彼のためにも、死なれたのである。

（ロマ一四・一五）

この言葉の背景には、いったんギリシャの神々に供えられた肉などの食品が払い下げられて、市場で売られており、そういう食品を買って食べても良いかどうか、という律法問題があります。パウロの時代、キリスト教は未だユダヤ教から完全に独立しておらず、律法の影響が強く残っていました。そんな穢れた食物を食べてはならないとする人たちと、木や石でできた偶像など何の実体もないのだから、そんな掟に煩わされずに縛られることはないと主張する人たちとの間に論争が起こっていたのです。

パウロは律法の義を徹底して追及した人でした。律法こそパウロ自身の義しさを保証してくれる根拠だったのです。そのため、律法の定めを疎かにするイエスの弟子たちをつけ狙っていたことはご承知の通りです。そのパウロが、「キリストは彼のためにも、死なれたのである」と言えるようになるには、復活のキリストとの出会いを通して、自らを義とするパウロの誇りが決定的に打ち砕かれた体験があったのです。

パウロはこの体験を通して、徹底的に神の反逆者であった自分にさえ神様の分け前がちゃんと用意されていたことを悟ったのだと思います。

（二〇〇四年一〇月一〇日）

主を畏れる知恵

1「しろがねには掘り出す穴があり、精錬するこがねには出どころがある。
2くろがねは土から取り、あかがねは石から溶かして取る。
3人は暗やみを破り、いやはてまでも尋ねきわめて、
暗やみおよび暗黒の中から鉱石を取る。
4彼らは人の住む所を離れて縦穴をうがち、道行く人に忘れられ、
人を離れて身をつりさげ、揺れ動く。
5地はそこから食物を出す。その下は火でくつがえされるようにくつがえる。
6その石はサファイヤのある所、そこにはまた金塊がある。
7その道は猛禽も知らず、たかの目もこれを見ず、
8猛獣もこれを踏まず、ししもこれを通らなかった。
9人は堅い岩に手をくだして、山を根元からくつがえす。
10彼は岩に坑道を掘り、その目はもろもろの尊い物を見る。
11彼は水路をふさいで、漏れないようにし、隠れた物を光に取り出す。
12しかし知恵はどこに見いだされるか。悟りのある所はどこか。

13 人はそこに至る道を知らない、また生ける者の地でそれを獲ることができない。
14 淵は言う、『それはわたしのうちにない』と。
また海は言う、『わたしのもとにない』と。
15 精金もこれと換えることはできない。銀も量ってその価とすることはできない。
16 オフルの金をもってしても、その価を量ることはできない。
尊い縞めのうも、サファイヤも同様である。
17 こがねも、玻璃もこれに並ぶことができない。
また精金の器物もこれと換えることができない。
18 さんごも水晶も言うに足りない。知恵を得るのは真珠を得るのにまさる。
19 エチオピヤのトパズもこれに並ぶことができない。
純金をもってしても、その価を量ることはできない。
20 それでは知恵はどこから来るか。悟りのある所はどこか。
21 これはすべての生き物の目に隠され、空の鳥にも隠されている。
22 滅びも死も言う、『われわれはそのうわさを耳に聞いただけだ』。
23 神はこれに至る道を悟っておられる、彼はそのある所を知っておられる。
24 彼は地の果までもみそなわし、天が下を見きわめられるからだ。
25 彼が風に重さを与え、水をますで量られたとき、
26 彼が雨のために規定を設け、雷のひらめきのために道を設けられたとき、
27 彼は知恵を見て、これをあらわし、これを確かめ、これをきわめられた。
28 そして人に言われた、

『見よ、主を恐れることは知恵である、悪を離れることは悟りである』と」。
（ヨブ記二八章一〜二八節）

[22]ユダヤ人はしるしを請い、ギリシヤ人は知恵を求める。[23]しかしわたしたちは、十字架につけられたキリストを宣べ伝える。このキリストは、ユダヤ人にはつまずかせるもの、異邦人には愚かなものであるが、[24]召された者自身にとっては、ユダヤ人にもギリシヤ人にも、神の力、神の知恵たるキリストなのである。[25]神の愚かさは人よりも賢く、神の弱さは人よりも強いからである。
（コリント人への第一の手紙一章二二〜二五節）

きょうの二八章は、通常「知恵の賛歌」と呼ばれ、内容的によくまとめられており、一つの独立したテキストと考えられています。

全体がはっきりと三つの部分に分かれ、それぞれの論旨が一段ずつ積み上げられて最終的な結論に至る、たいへん整理された構造になっています。

まず、一節から一一節までが第一段階です。自然界の中で人間だけが隠された貴重な宝を探し出す能力を持っていることが、貴金属や鉱石を採掘する作業を例にとって語られています。

次に、一二節の「しかし知恵はどこに見いだされるか。悟りのある所はどこか」という問いをきっかけにして、一三節から一九節までの第二段階に進みます。ここには、人間が自然界における貴重な物質を探し当てる能力を持っていたとしても、本当の「知恵」を探し当てる能力は持ち合わせていないことが記されています。

そして第三段階。二〇節の「それでは知恵はどこから来るか。悟りのある所はどこか」という問いを皮切りに、二一節以下、神だけが本当の「知恵」に至る道を知っておられ、人間が神の知恵を探ろうなどもっての外で、「主を恐れ……、悪を離れること」こそ、人間に許された最善の知恵であり悟りである（二八・二八）と結論づけられています。

さて、この二八章は、これがヨブの発言だとすると、今までヨブが語ってきた、感情の起伏の激しい、荒れ狂うような言葉遣いとは違い、内容も文体もよく整理され、論旨に一貫性が感じられます。

また、鉱山労働の様子など作者が特殊な知識を持っていることが伺われます。

更に、神と知恵とが別々の主体として対置されていること、つまり、わたしたちは当然のこととして、知恵は神の属性の一つと考えているわけですが、二三節には「神はこれに至る道を悟っておられる、彼はそのある所を知っておられる」と記され、「彼が風に重さを与え、水をますで量られたとき、彼が雨のために規定を設け、雷のひらめきのために道を設けられたとき、彼は知恵を見て、これをあらわし、これを確かめ、これをきわめられた」（二八・二五〜二七）と続きますから、神は始めから知恵を備えておられたのではなく、天地創造の時に会得なさったことになります。たぶん、これは多神教時代の名残なのでしょう。

これらの諸点からして、この二八章は、どうも本来ヨブ記とは関係のない文章が後から付け加えられたものであろうと考える聖書学者も少なくありません。しかし、わたくしたちはたとえつじつまが合わないように思えるところがあっても、与えられたテキストはそのまま読むことを前提として参りましたので、ここでも口語訳聖書本文に従って、全体をヨブの発言と見なして読み進んで行くことにします。

毎度申しますように、人間は実に矛盾だらけの複雑な存在です。決して一つのまとまった見解だけを持っているわけではありません。悲観的にもなれば楽観的にもなる。乱暴な面もあればやさしい面もある。悪口雑言をわめきたてるヨブが美しい整った詩を詠んだとしても何の不思議もないのかもしれません。

およそ人間は探究心の旺盛な生き物です。ましてやヨブがユダヤ人なら、当然「主を畏れることは知恵の初め」という箴言の句（一・七　新共同訳）は知っていて、知恵の本質に深く沈潜していたとしても何の不思議もありません。

ただしヨブの探求する知恵と箴言の知恵とは意味合いが違います。箴言における「知恵」は、啓蒙的な知恵、つまり、人間がより良く生きていくためのノウハウのようなものが多いのです。例えば、口やかましい妻にどう対応したらよいかというような実践的な知恵です。「主を畏れることは、知恵の初め」であって、神を畏れることから始めて、賢さをグレードアップしていくのです。これに対してヨブは「主を恐れることは知恵である」と言い切ります。ヨブ記の「知恵」

は終点です。人間には理解できない謎、神のみに属する秘密。啓蒙的な知恵を止揚した知恵です。ヨブは、神に対して不平不満を並べ立て、なぜわたしをこんな目に遭わせたのか答えてくださいと告発し続けながら、しかし、神の領域には決して入り込めない、人間の限界についても、ちゃんと弁《わきま》えていたのでしょう。

わたしたちは既に、神がつむじ風の中からヨブに答えられる場面について知っています。三八章において、神はヨブに天地創造の業の偉大さを示し、お前にそんなことができるか、何も分からずに神の計画に文句を言うなどもってのほか、と諭します。するとヨブは、わたしが間違っていましたと素直に降参する。肩透かしを喰ったような気がしないでもありませんが、ヨブは神の諭しを受けるまでもなく、既にそのことに気づいていたのです。

しかもそのことは、友人たちがヨブを説得しようとして用いた論理にも通じます。友人たちは、人間が神の前にいかに不完全なものであるかを論じ、到底神に太刀打ちできるはずがないから、素直に自分の罪を認めて神に赦しを乞うべきだと説教したわけです。

ところが四二章では、神はヨブを賞賛し、友人たちを叱責します。神もヨブも友人たちも同じ認識を持ちながら、どうしてヨブは褒められ、友人たちは叱られなければならないのでしょうか。

このあたりのことについて、先日お招きした並木先生は、ヨブは自分の知らないこと（即ち神の知恵）は知らないとしたのに対し、友人たちは知らないことを知ったかぶりにお説教したからではなかろうか、とたいへん示唆に富んだ見解を示してくださいました。

ただ、三八章以下の神の弁論に挙げられているものは、もっぱら自然界における創造の業の偉大さに関するものです。それはヨブ記が書かれた時代には説得力があったかもしれませんが、現代という科学の時代に通用するでしょうか。自然界のことは、今まで神秘とされていたことがどんどん解明されています。雪や雨がどうして降るのか。そんなことは小学生でも知っています。星の運行も雲が湧き上がる様も何の不思議もありません。かばやワニを持ち出しても驚きません。もりで突き通せなくても、ライフル銃ならひとたまりもないことを知っています。宇宙誕生の次第や、生命の秘密まで解明されつつあります。いったい、現代において人間が知らないこと、知りえないこと、神さましかご存じないこととは何なのでしょうか。

この度の台風や地震による災害を目の当たりにして、自然の脅威と人間の無力さを痛感しますが、それでも、現代においては、自然界のルールは人間の探求によって知りうるものの範囲に入ります。

人間が知り得ないこと、神に委ねるしか仕方がないこととは、目に見える現象の解析ではなく、現象の背後に隠されている「意味」に関することなのではないでしょうか。並木先生も指摘しておられたように、ヨブの問いは〝なぜ神は罪なきものを苦しめられるのか〟という点にありました。しかし、神はヨブの〝なぜ〟には一言もお答えにならない。それがまさに、人間の知り得ないこと、神にのみ属する事柄だからなのではないでしょうか。

他人の災難を他所にこんな例を持ち出すのは不適切なことかもしれませんが、新潟の人たちは今、〝なぜここだけが、度重なる被害に遭わなければならないのか〟と苦悶していることでしょう。台風の進路が変わったから、断層のずれが激しかったから……と物理的な説明はできます。しかしそんな答えがほしいわけではありません。

特に、母子三人が生き埋めになり、ひとりだけ助かった優太君のことを思います。なぜ、母と姉は命を失い、自分は生き残ったのか。車と岩の間に隙間があったからという答えは何の役にも立ちません。なぜ雄太君だけが生き残ったのか。生き残った意味は何なのか。容易に答えられるものではありません。

たぶん雄太君は、一生この問いを自問し続けるでしょう。そして一時的な気休めならばともかく、確固たる理由を見出すことは難しいのではないでしょうか。

ヨブの友人たちは、この〝なぜ〟に安易な伝統的・因習的な答えを与えました。しかし、真剣に考えれば考えるほどその謎は深まっていくに違いありません。謎に押し潰されてしまわないことを願います。その謎は神に委ねるしかないことに気がついてくれるよう、かげながら祈りたいと思います。

（二〇〇四年一〇月一〇日）

幸いを望んだのに災いが来た

第二九章

1 ヨブはまた言葉をついで言った、
2「ああ過ぎた年月のようであったらよいのだが、
神がわたしを守ってくださった日のようであったらよいのだが。
3 あの時には、彼のともしびがわたしの頭の上に輝き、
彼の光によってわたしは暗やみを歩んだ。
4 わたしの盛んな時のようであったならよいのだが。
あの時には、神の親しみがわたしの天幕の上にあった。
5 あの時には、全能者がなおわたしと共にいまし、
わたしの子供たちもわたしの周囲にいた。
6 あの時、わたしの足跡は乳で洗われ、
岩もわたしのために油の流れを注ぎだした。
7 あの時には、わたしは町の門に出て行き、わたしの座を広場に設けた。
8 若い者はわたしを見てしりぞき、老いた者は身をおこして立ち、
9 君たる者も物言うことをやめて、その口に手を当て、

10 尊い者も声をおさめて、その舌を上あごにつけた。
11 耳に聞いた者はわたしを祝福された者となし、目に見た者はこれをあかしした。
12 これは助けを求める貧しい者を救い、
また、みなしごおよび助ける人のない者を救ったからである。
13 今にも滅びようとした者の祝福がわたしに来た。
わたしはまたやもめの心をして喜び歌わせた。
14 わたしは正義を着、正義はわたしをおおった。
わたしの公義は上着のごとく、また冠のようであった。
15 わたしは目しいの目となり、足なえの足となり、
16 貧しい者の父となり、知らない人の訴えの理由を調べてやった。
17 わたしはまた悪しき者のきばを折り、その歯の間から獲物を引き出した。
18 その時、わたしは言った、
『わたしは自分の巣の中で死に、わたしの日は砂のように多くなるであろう。
19 わたしの根は水のほとりにはびこり、
露は夜もすがらわたしの枝におくであろう。
20 わたしの栄えはわたしと共に新しく、
わたしの弓はわたしの手にいつも強い』と。
21 人々はわたしに聞いて待ち、黙して、わたしの教に従った。
22 わたしが言った後は彼らは再び言わなかった。

わたしの言葉は彼らの上に雨のように降りそそいだ。
23 彼らは雨を待つように、わたしを待ち望み、
春の雨を仰ぐように口を開いて仰いだ。
24 彼らが希望を失った時にも、わたしは彼らにむかってほほえんだ。
彼らはわたしの顔の光を除くことができなかった。
25 わたしは彼らのために道を選び、そのかしらとして座し、
軍中の王のようにしており、嘆く者を慰める人のようであった。

第三〇章

1 しかし今はわたしよりも年若い者が、かえってわたしをあざ笑う。
彼らの父はわたしが卑しめて、群れの犬と一緒にさえしなかった者だ。
2 彼らの手の力からわたしは何を得るであろうか、
彼らはその気力がすでに衰えた人々だ。
3 彼らは乏しさと激しい飢えとによって、かわいた荒れ地をかむ。
4 彼らは、ぜにあおいおよび灌木の葉を摘み、れだまの根をもって身を暖める。
5 彼らは人々の中から追いだされ、
盗びとを追うように、人々は彼らを追い呼ばわる。
6 彼らは急流の谷間に住み、土の穴または岩の穴におり、
7 灌木の中にいななき、いらくさの下に押し合う。
8 彼らは愚かな者の子、また卑しい者の子であって、国から追いだされた者だ。

9 それなのに、わたしは今彼らの歌となり、彼らの笑い草となった。
10 彼らはわたしをいとい、遠くわたしをはなれ、
わたしの顔につばきすることも、ためらわない。
11 神がわたしの綱を解いて、わたしを卑しめられたので、
彼らもわたしの前に慎みを捨てた。
12 このともがらはわたしの右に立ち上がり、
わたしを追いのけ、わたしにむかって滅びの道を築く。
13 彼らはわたしの道をこわし、わたしの災を促す。これをさし止める者はない。
14 彼らは広い破れ口からはいるように進みきたり、破壊の中をおし寄せる。
15 恐ろしい事はわたしに臨み、わたしの誉は風のように吹き払われ、
わたしの繁栄は雲のように消えうせた。
16 今は、わたしの魂はわたしの内にとけて流れ、悩みの日はわたしを捕えた。
17 夜はわたしの骨を激しく悩まし、わたしをかむ苦しみは、やむことがない。
18 それは暴力をもって、わたしの着物を捕え、
はだ着のえりのように、わたしをしめつける。
19 神がわたしを泥の中に投げ入れられたので、わたしはちり灰のようになった。
20 わたしがあなたにむかって呼ばわっても、あなたは答えられない。
わたしが立っていても、あなたは顧みられない。
21 あなたは変って、わたしに無情な者となり、

み手の力をもってわたしを攻め悩まされる。
22 あなたはわたしを揚げて颪の上に乗せ、大風のうなり声の中に、もませられる。
23 わたしは知っている、あなたはわたしを死に帰らせ、
すべての生き物の集まる家に帰らせられることを。

24 さりながら荒塚の中にある者は、手を伸べないであろうか、
災の中にある者は助けを呼び求めないであろうか。
25 わたしは苦しい日を送る者のために泣かなかったか。
わたしの魂は貧しい人のために悲しまなかったか。
26 しかしわたしが幸を望んだのに災が来た。光を待ち望んだのにやみが来た。
27 わたしのはらわたは沸きかえって、静まらない。悩みの日がわたしに近づいた。
28 わたしは日の光によらずに黒くなって歩き、
公会の中に立って助けを呼び求める。
29 わたしは山犬の兄弟となり、だちょうの友となった。
30 わたしの皮膚は黒くなって、はげ落ち、わたしの骨は熱さによって燃え、
31 わたしの琴は悲しみの音となり、わたしの笛は泣く者の声となった。
（ヨブ記二九章一節～三〇章三一節）

13 兄弟たちよ。わたしはすでに捕えたとは思っていない。ただこの一事を努めている。すなわち、後のものを忘れ、前のものに向かってからだを伸ばしつつ、14 目

標を目ざして走り、キリスト・イエスにおいて上に召して下さる神の賞与を得ようと努めているのである。
（ピリピ人への手紙三章一三～一四節）

きょうはかなり長いテキストになりました。二九章から三一章までは、延々と繰り返されてきたヨブと彼の友人たちによる堂々巡りの論戦の終結部分に当たります。皆様の気持の中には既にある種の疲労感のようなものが漂っておるものと存じますが、いましばらくの辛抱です。辛抱の甲斐あって、心の霞みに一条の光が差込んで来ると幸いなのですが……。

さて、この二九～三一章は本来のヨブ記には無かったもので、別の作家によって後から追加されたものであろうと考える聖書学者も少なからずおります。「知恵の賛歌」と呼ばれる二八章と比べて、この箇所のヨブはあまりにも情けないからです。しかし、わたしはここに、一連の論争におけるヨブの立場がよく表されていると思っています。

この物語は、ヨブの信仰を巡る神（主＝ヤハウェ）とサタンとの賭けに始まりました。そこでは、ヨブはどんな酷い災難に遭っても、「われわれは神から幸をうけるのだから、災をも、うけるべきではないか」（二・一〇）と言い放ち、神に対するゆるぎない信頼を表明しました。

ところが、直後の三章に移ると、ヨブは突然態度を変え、自分の不幸を嘆き、彼を慰めようとやって来た友人たちに論争を挑み、果ては、神に向かって喚き立てる始末です。友人たちはこの突然の変容を理解できないで、何とかヨブを立ち直らせたいと説得にかかったのです。しかし、ヨブはますますいきり立って友人たちとの間に亀裂が深まるばかり。以後、両者の間の論争が延々と続き、結局不毛のままこの論争は閉じられます。きょうの二九章から三一章までの箇所は、その間のヨブの弁論全体の要約と言ってよいでしょう。

できれば二九章から三一章まで、一気に読んでしまいたいのですが、あまりにも長くなり過ぎますので、取り敢えず二回に分けて読んでみましょう。

ある注釈書によれば、この箇所には嘆きの三要素がすべて含まれているのだそうです。まず、彼は自分自身に向けて嘆き、次に他人に向かって歎き、最後は神に向かって嘆く……。

「ああ過ぎた年月のようであったらよいのだが、神がわたしを守ってくださった日のようであったらよいのだが。（二九・二）

ヨブはまず自らの来し方を振り返り、三節以下一一節まで、「あの時には……、あの時には……」と繰り返し、自分の過去の繁栄と栄光を論います。

あの時には、彼のともしびがわたしの頭の上に輝き、彼の光によってわたしは暗やみを歩んだ。わたしの盛んな時のようであったならよいのだが。あの時には、神の親しみがわたしの天幕の上にあった。あの時には、全能者がなおわたしと共にいまし、わたしの子供たちもわたしの周囲にいた。あの時、わたしの足跡は乳で洗われ、岩もわたしのために油の流れを注ぎだした。あの時には、わたしは町の門に出て行き、わたしの座を広場に設けた。若い者はわたしを見てしりぞき、老いた者は身をおこして立ち、君たる者も物言うことをやめて、その口に手を当て、尊い者も声をおさめて、その舌を上あごにつけた。耳に聞いた者はわたしを祝福された者となし、目に見た者はこれをあかしした。

（二九・三～一一）

続いて一二節から一七節まで、繁栄と栄光を享受するに足るべき理由、即ち、ヨブがいかに徳の高い人間であったかについて、自慢げに語られます。

これは助けを求める貧しい者を救い、また、みなしごおよび助ける人のない者を救ったからである。今にも滅びようとした者の祝福がわたしに来た。わたしはまたやもめの心をして喜び歌わせた。わたしは正義を着、正義はわたしをおおった。わたしの公義は上着のごとく、また冠のようであった。わたしは目しいの目となり、足なえの足となり、貧しい者の父となり、知らない人の訴えの理由を調べてやった。わたしはまた悪しき者のきばを折り、その歯の間から獲物を引き出した。

（二九・一二～一七）

一九節以降で、再び過去の栄光の数々が誇らしげに語られます。

その時、わたしは言った、『わたしは自分の巣の中で死に、わたしの日は砂のように多くなるであろう。わたしの根は水のほとりにはびこり、露は夜もすがらわたしの枝におくであろう。わたしの栄えはわたしと共に新しく、わたしの弓はわたしの手にいつも強い』と。

人々はわたしに聞いて待ち、黙して、わたしの教に従った。わたしが言った後は彼らは再び言わなかった。わたしの言葉は彼らの上に雨のように降りそそいだ。彼らは雨を待つように、わたしを待ち望み、春の雨を仰ぐように口を開いて仰いだ。彼らが希望を失った時にも、わたしは彼らにむかってほほえんだ。彼らはわたしの顔の光を除くことができなかった。わたしは彼らのために道を選び、そのかしらとして座し、軍中の王のようにしており、嘆く者を慰める人のようであった。

（二九・一八～二五）

ところが三〇章に入ると、一転、語り口が恨み節に変わります。

しかし今はわたしよりも年若い者が、かえってわたしをあざ笑う。彼らの父はわたしが卑しめて、群れの犬と一緒にさえしなかった者だ。彼らの手の力からわたしは何を得るであろうか、彼らはその気力がすでに衰えた人々だ。彼らは乏しさと激しい飢えとによって、乾いた荒れ地をかむ。彼らは、ぜにあおいおよび灌木の葉を摘み、れだまの根をもって身を暖める。彼らは人々の中から追いだされ、盗びとを追うように、人々は彼らを追い呼ばわる。彼らは急流の谷間に住み、土の穴または岩の穴におり、灌木の中にいななき、いらくさの下に押し合う。彼らは愚かな者の子、また卑しい者の子であって、国から追いだされた者だ。

それなのに、わたしは今彼らの歌となり、彼らの笑い草となった。彼らはわたしをいとい、遠くわたしをはなれ、わたしの顔につばきすることも、ためらわない。（三〇・一～一〇）

かつてヨブに尊敬の眼差しを向け、ヨブの言葉に従った人々が、今は逆に軽蔑の眼差しを向け、あからさまに悪口を言うではないかと、他人の言動に対する憤懣・歎きをぶつけます。人間、過去の栄光を論《あげつら》うようになってはおしまいということでしょう。ヨブの口汚い罵りの言葉は、弱い者、貧しい者、虐げられる者に対するあからさまな軽蔑を隠しません。彼が、心の底ではそれらの人々に対し侮りと蔑みの念を抱きながら、表面、いかにも徳のある人物を装って、偽善を行っていたということになりかねません。

他者、特に弱者に対する嘆きの暴言を吐いた末に、その責任を神に転嫁します。

神がわたしの綱を解いて、わたしを卑しめられたので、彼らもわたしの前に慎みを捨てた。このともがらはわたしの右に立ち上がり、わたしを追いのけ、わたしにむかって滅びの道を築く。彼らはわたしの道をこわし、わたしの災を促す。これをさし止める者はない。彼らは広い破れ口からはいるように進みきたり、破壊の中をおし寄せる。恐ろしい事はわたしに臨み、わたしの誉は風のように吹き払われ、わたしの繁栄は雲のように消えうせた。
今は、わたしの魂はわたしの内にとけて流れ、悩みの日はわたしを捕えた。夜はわたしの骨を激しく悩まし、わたしをかむ苦しみは、やむことがない。それは暴力をもって、わたしの着物を捕え、はだ着のえりのように、わたしをしめつける。神がわたしを泥の中に投げ入れられたので、わたしはちり灰のようになった。わたしがあなたにむかって呼ばわっても、あなたは答えられない。わたしが立っていても、あなたは顧みられない。あなたは変って、わたしに無情な者となり、み手の力をもってわたしを攻め悩まされる。あなたはわたしを揚げて風の上に乗せ、大風のうなり声の中に、もませられる。わたしは知っている、あなたはわたしを死に帰らせ、すべての生き物の集まる家に帰らせられることを。（三〇・一一〜二三）

人々がヨブに対し侮りの振る舞いに及ぶのは、神がヨブを見放したからだというのです。そして最後に、もう一度わが身の不幸について歎いて、きょうのテキストが閉じられます。

さりながら荒塚の中にある者は、手を伸べないであろうか、災の中にある者は助けを呼び求めないであろうか。わたしは苦しい日を送る者のために泣かなかったか。わたしの魂は貧しい人のために悲しまなかったか。しかしわたしが幸を望んだのに災が来た。光を待ち望んだのにやみが来た。わたしのはらわたは沸きかえって、静まらない。悩みの日がわたしに近づいた。わたしは日の光によらずに黒くなって歩き、公会の中に立って助けを呼び求める。わたしは山犬の兄弟となり、だちょうの友となった。わたしの皮膚は黒くなって、はげ落ち、わたしの骨は熱さによって燃え、わたしの琴は悲しみの音となり、わたしの笛は泣く者の声となった。（三〇・二四〜三一）

古来「ヨブ」は、ノアの箱舟の「ノア」と並んで、「無垢な人」・「義人」の典型とされてきました。イエス・キリストの予型、イエス・キリストを指し示す存在とさえ言われてきました。しかし、きょうの箇所を読む限り、イエス・キリストを指し示すいかなる予標もヨブからは見て取ることはできません。

「ほふり場にひかれて行く小羊のように、また毛を切る者の前に黙っている羊のように、口を開かなかった」（イザヤ五三・七）と言われる、人々の嘲りに耐え、黙々と十字架に向かって行かれるイエスの姿などどこにもありません。たぶん、この箇所をヨブ記から外そうという試みの背景には、こんな惨めなヨブを認めたくないという気持が働いているのではないでしょうか。

わたしも、最初にここを読んで、ヨブが何と嫌みな人間かと思いました。しかしそれは、はなからヨブを義人と決めてかかっているからではないでしょうか。ヨブもまたわたしたちと変わらないひとりの人間と考えれば、ヨブの歎きも分からないことは無い。

わたし自身に関して言えば、昔は良かったと言えるほど過去に栄光を味わった覚えはありません。また、もうこんな生活やめたい、と放り投げてしまいたいほど現在が居心地悪いわけでもない。しかし、それでも〝あの時こうすれば良かった、ああすれば良かった〟と思わないわけではありません。しょせん人間は後悔する生き物なのです。ましてや、幸せの絶頂から、絶望のどん底まで叩き落とされたヨブが過去に思いを残すのは当然でしょう。むしろ、「神から幸をうけるのだから、災をも受けるべき」などと声高に言う方が疑わしい。虚勢でしかないのではないでしょうか。

使徒パウロは、「後のものを忘れ、前のものに向かってからだを伸ばしつつ、目標を目ざして走り、キリスト・イエスにおいて上に召して下さる神の賞与を得ようと努めている」（ピリピ三・一三〜一四）と言います。

しかし、そういうパウロも過去を振り返った時、

もとより、肉の頼みなら、わたしにも無くはない。もし、だれかほかの人が肉を頼みとしていると言うなら、わたしはそれをもっと頼みとしている。わたしは八日目に割礼を受けた者、イスラエルの民族に属する者、ベニヤミン族の出身、ヘブル人の中のヘブル人、律法の

上ではパリサイ人、熱心の点では教会の迫害者、律法の義については落ち度のない者である。しかし、わたしにとって益であったこれらのものを、キリストのゆえに損と思うようになった。わたしは、更に進んで、わたしの主キリスト・イエスを知る知識の絶大な価値のゆえに、いっさいのものを損と思っている。キリストのゆえに、わたしはすべてを失ったが、それらのものを、ふん土のように思っている……。

（三・四〜八）

と言います。

「糞土のように」思っているなら恥じて口に出さなければよいものを、未だにそれらを誇りに思っているのでつい口走ってしまう、だが、それにもかかわらず、「後のものを忘れ、前のものに向かってからだを伸ばす……」。そこに福音の奥義があるのではないでしょうか。

パウロほどに誇るものは無くとも、わたしたちはいつか必ず、「死」という決定的な将来的世界に向かって歩み出さなければなりません。わたしたちはヨブやパウロに比べればごく暢気に生きさせてもらっていますが、死という決定的な将来と向き合う時、初めてヨブやパウロの気持がわたしにも分かるのかもしれません。

（二〇〇四年一一月一四日）

正しい秤をもって量れ

1「わたしは、わたしの目と契約を結んだ、
どうして、おとめを慕うことができようか。
2もしそうすれば上から神の下される分はどんなであろうか。
高き所から全能者の与えられる嗣業はどんなであろうか。
3不義なる者には災が下らないであろうか。
悪をなす者には災難が臨まないであろうか。
4彼はわたしの道をみそなわし、
わたしの歩みをことごとく数えられぬであろうか。
5もし、わたしがうそと共に歩み、
わたしの足が偽りにむかって急いだことがあるなら、
6(正しいはかりをもってわたしを量れ、
そうすれば神はわたしの潔白を知られるであろう。)
7もしわたしの歩みが、道をはなれ、わたしの心がわたしの目にしたがって歩み、
わたしの手に汚れがついていたなら、
8わたしのまいたのを他の人が食べ、わたしのために成長するものが、

抜き取られてもかまわない。
9 もし、わたしの心が、女に迷ったことがあるか、
またわたしが隣り人の門で待ち伏せしたことがあるなら、
10 わたしの妻が他の人のためにうすをひき、
他の人が彼女の上に寝てもかまわない。
11 これは重い罪であって、さばきびとに罰せられるべき悪事だからである。
12 これは滅びに至るまでも焼きつくす火であって、
わたしのすべての産業を根こそぎ焼くであろう。
13 わたしのしもべ、また、はしためがわたしと言い争ったときに、
わたしがもしその言い分を退けたことがあるなら、
14 神が立ち上がられるとき、わたしはどうしようか、
神が尋ねられるとき、なんとお答えしようか。
15 わたしを胎内に造られた者は、彼をも造られたのではないか。
われわれを腹の内に形造られた者は、ただひとりではないか。
16 わたしがもし貧しい者の願いを退け、やもめの目を衰えさせ、
17 あるいはわたしひとりで食物を食べて、
みなしごに食べさせなかったことがあるなら、
18 (わたしは彼の幼い時から父のように彼を育て、
またその母の胎を出たときから彼を導いた。)
19 もし着物がないために死のうとする者や、

身をおおう物のない貧しい人をわたしが見た時に、
20
その腰がわたしを祝福せず、
また彼がわたしの羊の毛で暖まらなかったことがあるなら、
21
もしわたしを助ける者が門におるのを見て、
みなしごにむかってわたしの手を振り上げたことがあるなら、
22
わたしの肩骨が、肩から落ち、わたしの腕が、つけ根から折れてもかまわない。
23
わたしは神から出る災を恐れる、その威光の前には何事もなすことはできない。
24
わたしがもし金をわが望みとし、精金をわが頼みと言ったことがあるなら、
25
わたしがもしわが富の大いなる事と、
わたしの手に多くの物を獲た事とを喜んだことがあるなら、
26
わたしがもし日の輝くのを見、または月の照りわたって動くのを見た時、
27
心ひそかに迷って、手に口づけしたことがあるなら、
28
これもまたさばきびとに罰せらるべき悪事だ。
わたしは上なる神を欺いたからである。
29
わたしがもしわたしを憎む者の滅びるのを喜び、
または災が彼に臨んだとき、勝ち誇ったことがあるなら、
30
(わたしはわが口に罪を犯させず、
のろいをもって彼の命を求めたことはなかった。)
31
もし、わたしの天幕の人々で、
『だれか彼の肉に飽きなかった者があるか』と、言わなかったことがあるなら、

32（他国人はちまたに宿らず、わたしはわが門を旅びとに開いた。）
33わたしがもし人々の前にわたしのとがをおおい、
わたしの悪事を胸の中に隠したことがあるなら、
34わたしが大衆を恐れ、宗族の侮りにおじて、
口を閉じ、門を出なかったことがあるなら、
35ああ、わたしに聞いてくれる者があればよいのだが、
（わたしのかきはんがここにある。
どうか、全能者がわたしに答えられるように。）
ああ、わたしの敵の書いた告訴状があればよいのだが。
36わたしは必ずこれを肩に負い、冠のようにこれをわが身に結び、
37わが歩みの数を彼に述べ、君たる者のようにして、彼に近づくであろう。
38もしわが田畑がわたしに向かって呼ばわり、
そのうねみぞが共に泣き叫んだことがあるなら、
39もしわたしが金を払わないでその産物を食べ、
その持ち主を死なせたことがあるなら、
40小麦の代りに、いばらがはえ、大麦の代りに雑草がはえてもかまわない」。
ヨブの言葉は終った。
（ヨブ記三一章一～四〇節）

41イエスは彼らに言われた、「もしあなたがたが盲人であったなら、罪はなかったであろう。しかし、今あなたがたが『見える』と言い張るところに、あなたがた

の罪がある。

（ヨハネによる福音書九章四一節）

ヨブ記二九～三一章はヨブの弁論全体の要約的な性格を持っています。

ヨブと彼の友人たちとの論争の主たる争点は、因果応報思想を巡る視点（立場）の相違にありました。友人たちの論旨は、〝神は善には善を、悪には罰をもって報われる方であり、その判断に誤りはない。だから、あなた（ヨブ）は自分の非を率直に認めて神に赦しを請うべきである〞という批判・勧告でした。これに対しヨブは、〝自分は罰を受けなければならないほどの罪を犯した覚えはない。にもかかわらず、こんな苦しみを味わわなければならないのは、神の目に狂いがあるからだ。この世の現実を見て御覧なさい。弱い者、貧しい者を犠牲に悪人が栄えるが、神はそれを放置しておられるではないか〞と反論します。

実に三章以来、ずっとこのかみ合わない論争が繰り返されてきたわけですが、きょうの三一章の最後に、「ヨブの言葉は終った」（三一・四〇）とあり、三二章の冒頭に、「このようにヨブが自分の正しいことを主張したので、これら三人の者はヨブに答えるのをやめた」（三二・一）とあります。わたしたちを悩まし続けてきた水掛論争もここでやっと収束します。

さて、先週は二九章と三〇章を読みましたが、ヨブは明らかに混乱していました。過去の栄光と繁栄を回想する二九章の誇らしげなヨブと、現在の絶望的状況を歎き、周囲の人々の非情を憤り、神の不当な仕打ちに噛みつく、三〇章の憤懣やる方ないヨブとはまるで別人の観がありました。この二つの際立ったコントラストこそ、ヨブが抱え込んだ苦悩の深さ、大きさを物語るものに他なりません。

きょうの三一章は、自らの正しさについてのヨブの論証です。フォーラーという旧約学者によれば、ヨブはここで、人間が陥りやすい一二の罪悪を挙げ、そのすべてを自分は克服したと宣言しているのだそうです。一二というのは完全数ですから、ヨブは自分の完全無欠を宣言していることになります。

わたしは、わたしの目と契約を結んだ、どうして、おとめを慕うことができようか。

（三一・一）

山上の説教において、「だれでも、情欲をいだいて女を見る者は、心の中ですでに姦淫をしたのである」（マタイ五・二八）と言われた、イエスの言葉を彷彿させます。

①人間の三大欲求は、食欲と性欲と睡眠だそうですが、すべての罪悪の最初に〝色欲〟が挙げられているのは、いかにもユダヤ的と言うべきでしょうか。性の氾濫する文明国日本ではあまり説得力がないかもしれませんが、ヨブは最初に、〝情欲をいだいて女を見るようなことをした覚えはない〟と誓ってから、

もしそうすれば上から神の下される分はどんなであろうか。高き所から全能者の与えられる嗣業はどんなであろうか。不義なる者には災が下らないであろうか。悪をなす者には災難が臨まないであろうか。彼はわたしの道をみそなわし、わたしの歩みをことごとく数えられぬであろうか。

（三一・二～四）

〝もしそんなことをしたなら、神が幾重にも罰してくださって構わない。神は悪人を見逃さず、必ず罰を下す方だから、わたしが情欲をいだいて女を見るようなことをしたためしのないことをちゃんとご存じだ〟と言うのです。友人たちの因果応報論に対し、ヨブも彼の因果応報論をもって反撃します。一口に因果応報論と言っても、当事者であるヨブと第三者でしかない友人たちとの間には決定的な相違があります。

五節以下には、残りの一一の咎が言及されます。

②五～六節――虚偽について

もし、わたしがうそと共に歩み、わたしの足が偽りにむかって急いだことがあるなら、（正しいはかりをもってわたしを量れ、そうすれば神はわたしの潔白を知られるであろう。）

（三一・五～六）

ヨブは〝偽りなどを言った覚えがない。もし、あると言うなら、それは正しい秤で計っていないからだ〟といいます。これには、自分が今、こんな酷い目にあっているのは、神が正しい判断をなさっていないからだという抗議の意味が含まれています。

③七～八節――物欲の罪

もしわたしの歩みが、道をはなれ、わたしの心がわたしの目にしたがって歩み、わたしの手に汚れがついていたなら、わたしのまいたのを他の人が食べ、わたしのために成長するものが、抜き取られてもかまわない。（三一・七～八）

④九～一二節――姦淫

もし、わたしの心が、女に迷ったことがあるか、またわたしが隣り人の門で待ち伏せしたことがあるなら、わたしの妻が他の人のためにうすをひき、他の人が彼女の上に寝てもかまわない。これは重い罪であって、罰せられるべき悪事だからである。これは滅びに至るまでも焼きつくす火であって、わたしのすべての産業を根こそぎ焼くであろう。（三一・九～一二）

⑤一三～一五節――奴隷の虐待

わたしのしもべ、また、はしためがわたしと言い争ったときに、わたしがもしその言い分を退けたことがあるなら、神が立ち上がられるとき、わたしはどうしようか、神が尋ねられるとき、なんとお答えしようか。わたしを胎内に造られた者は、彼をも造られたのではないか。われわれを腹の内に形造られた者は、ただひとりではないか。

（三一・一三～一五）

⑥一六～二三節――社会的弱者への虐待

わたしがもし貧しい者の願いを退け、やもめの目を衰えさせ、あるいはわたしひとりで食物を食べて、みなしごに食べさせなかったことがあるなら、（わたしは彼の幼い時から父のように彼を育て、またその母の胎を出たときから彼を導いた。）もし着物がないために死のうとする者や、身をおおう物のない貧しい人をわたしが見た時に、その腰がわたしを祝福せず、また彼がわたしの羊の毛で暖まらなかったことがあるなら、もしわたしを助ける者が門におるのを見て、みなしごにむかってわたしの手を振り上げたことがあるなら、わたしの肩骨が、肩から落ち、わたしの腕が、つけ根から折れてもかまわない。わたしは神から出る災を恐れる、その威光の前には何事もなすことはできない。

（三一・一六～二三）

＊奴隷も社会的弱者なのだから、⑤と⑥を分けなくても良いように思いますが、そうしないと一二にならないからでしょう。

⑦二四～二五節――富への執着

わたしがもし金をわが望みとし、精金をわが頼みと言ったことがあるなら、わたしがもし
わが富の大いなる事と、わたしの手に多くの物を獲た事とを喜んだことがあるなら、
（三一・二四～二五）

＊〝神がいかようにも罰してくださるように〟が略されている。

⑧二六～二八節――占いや迷信に心を奪われること
わたしがもし日の輝くのを見、または月の照りわたって動くのを見た時、心ひそかに迷って、手に口づけしたことがあるなら、これもまたさばきびとに罰せらるべき悪事だ。わたしは上なる神を欺いたからである。

（三一・二六～二八）

＊東方の博士たち（星占い師）がイエスの誕生をいち早く察知してお祝いに駆けつけた、という「クリスマス物語」はユダヤ人にとってはあるべからざる事柄なのです。

⑨二九～三〇節――敵に対する憎悪
わたしがもしわたしを憎む者の滅びるのを喜び、または災が彼に臨んだとき、勝ち誇ったことがあるなら、（わたしはわが口に罪を犯させず、のろいをもって彼の命を求めたことはなかった。）

（三一・二九～三〇）

⑩三一～三二節――外国人や旅人に対する冷淡な扱い

もし、わたしの天幕の人々で、『だれか彼の肉に飽きなかった者があるか』と、言わなかったことがあるなら、（他国人はちまたに宿らず、わたしはわが門を旅びとに開いた。）

（三一・三一～三二）

⑪三三～三四節――罪の隠蔽

わたしがもし人々の前にわたしのとがをおおい、わたしの悪事を胸の中に隠したことがあるなら、わたしが大衆を恐れ、宗族の侮りにおじて、口を閉じ、門を出なかったことがあるなら、

（三一・三三～三四）

⑫三八～四〇節――土地に関する収奪

もしわが田畑がわたしに向かって呼ばわり、そのうねみぞが共に泣き叫んだことがあるなら、もしわたしが金を払わないでその産物を食べ、その持ち主を死なせたことがあるなら、小麦の代りに、いばらがはえ、大麦の代りに雑草がはえてもかまわない」。（三一・三八～四〇）

順序が錯綜しましたが、三五～三七節が結びです。

ああ、わたしに聞いてくれる者があればよいのだが、（わたしのか
どうか、全能者がわたしに答えられるように。）ああ、わたしの敵の書いた告訴状があれば
よいのだが。わたしは必ずこれを肩に負い、冠のようにこれを身に結び、わが歩みの数を彼
に述べ、君たる者のようにして、彼に近づくであろう。（三一・三五〜三七）

「かきはんがここにある」とは、つまり署名捺印するの意。要するに、全能の神の前で裁判をしようじゃないか。不正な告発を正々堂々と受けて立とう。そうすれば自分が謂れのない災難を負わされていることが判るはずだ、というのです。

ここに挙げられている罪咎の数が一二かどうか。それはともかく、多くの聖書学者が、このヨブの倫理観はイエスの山上の説教に匹敵するといいます。特に、ヨブが奴隷を大切に扱う理由について、「わたしを胎内に造られた者は、彼をも造られたのではないか。われわれを腹の内に形造られた者は、ただひとりではないか」（三一・一五）といい得たこと、紀元前の時代にこんな発想を持っているとは素晴らしいことです。しかし、わたしは思います。ヨブの自信は本物なのだろうか。これほどまで、自分の正しさに確信を持ってよいのだろうか、と。

イエスは、パリサイ人に向かって言われました、「今あなたがたが『見える』と言い張るところに、あなたがたの罪がある」（ヨハネ九・四一）と。

果たして、ヨブには自分の本当の姿が見えているのだろうか。疑いの目できょうのテキストを

読み直してみると、いくつかクレームをつけたくなるところがあります。例えば、「もし、わたしの心が、女に迷ったことがあるか、またわたしが隣り人の門で待ち伏せしたことがあるなら、わたしの妻が他の人のためにうすをひき、他の人が彼女の上に寝てもかまわない」（三一・九）などと言うのは、〝もし……ならば、〟という仮定の話であったにしろ、あまりにも酷過ぎます。全く人権感覚がないとしか言いようがありません。

ヨブが、奴隷を大切に扱うことが事実だとしても、奴隷が存在するということ自体にはほとんど何の疑問も感じていないらしい。

先週読みました三〇章にも

　しかし今はわたしよりも年若い者が、かえってわたしをあざ笑う。彼らの父はわたしが卑しめて、群れの犬と一緒にさえしなかった者だ。彼らの手の力からわたしは何を得るであろうか、彼らはその気力がすでに衰えた人々だ。彼らは乏しさと激しい飢えとによって、乾いた荒れ地をかむ。彼らは、ぜにあおいおよび灌木の葉を摘み、れだまの根をもって身を暖める。彼らは人々の中から追いだされ、盗びとを追うように、人々は彼らを追い呼ばわる。彼らは急流の谷間に住み、土の穴または岩の穴におり、灌木の中にいななき、いらくさの下に押し合う。彼らは愚かな者の子、また卑しい者の子であって、国から追いだされた者だ。それなのに、わたしは今彼らの歌となり、彼らの笑い草となった。彼らはわたしをいとい、遠

くわたしをはなれ、わたしの顔につばきすることも、ためらわない。（三〇・一〜一〇）

と、ヨブに軽蔑の眼差しを向ける人々に対し、ヨブは口汚い罵りの言葉を浴びせます。とても徳のある人物の言葉とは思えません。

こんな醜態も晒すヨブに対し、最後の四二章で、神は、〝ヨブが正しいことを語った〟と褒めるのです。ヨブ記の謎は深まるばかりです。

ただし、傍観者としてヨブの批判をしているだけなら簡単です。ヨブの友人たちと変わりません。ヨブは、時代的な制約や心の奥に潜む差別感・偏見に気づいていません。しかし、その制約の範囲で最善を尽くしたことも確かなのでしょう。それに比べて、わたしたちはどうでしょうか。ことわたしに関する限り、ヨブが外国人や旅人を手厚くもてなしていたのに対し、わたしはお貰いさんが来ると、冷たく追い返します。後で〝これでも牧師か〟と後ろめたい気持になりますが、そこまでです。

マザー・テレサのことを思い起こします。彼女の偉大な事業には、マフィアから多額の寄付が寄せられていたらしい。そのことを指摘された彼女は、〝だからと言って、死に行く人たちを放っておくのですか〟と反論しました。そこに彼女の限界と凄さがあります。

（二〇〇四年一一月二一日）

人にはできないが神にはできる

1このようにヨブが自分の正しいことを主張したので、これら三人の者はヨブに
答えるのをやめた。2その時ラム族のブズびとバラケルの子エリフは怒りを起した。
すなわちヨブが神よりも自分の正しいことを主張するので、彼はヨブに向かって怒
りを起した。3またヨブの三人の友がヨブを罪ありとしながら、答える言葉がなか
ったので、エリフは彼らにむかっても怒りを起した。4エリフは彼らが皆、自分よ
りも年長者であったので、ヨブに物言うことをひかえて待っていたが、5ここにエ
リフは三人の口に答える言葉のないのを見て怒りを起した。
6ブズびとバラケルの子エリフは答えて言った、
「わたしは年若く、あなたがたは年老いている。
それゆえ、わたしははばかって、
わたしの意見を述べることをあえてしなかった。
7わたしは思った、『日を重ねた者が語るべきだ、
年を積んだ者が知恵を教えるべきだ』と。
8しかし人のうちには霊があり、全能者の息が人に悟りを与える。
9老いた者、必ずしも知恵があるのではなく、

年とった者、必ずしも道理をわきまえるのではない。
10 ゆえにわたしは言う、『わたしに聞け、わたしもまたわが意見を述べよう』。
11 見よ、わたしはあなたがたの言葉に期待し、その知恵ある言葉に耳を傾け、
あなたがたが言うべき言葉を捜し出すのを待っていた。
12 わたしはあなたがたに心をとめたが、
あなたがたのうちにヨブを言いふせる者はひとりもなく、
また彼の言葉に答える者はひとりもなかった。
13 おそらくあなたがたは言うだろう、『われわれは知恵を見いだした、
彼に勝つことのできるのは神だけで、人にはできない』と。
14 彼はその言葉をわたしに向けて言わなかった。
わたしはあなたがたの言葉をもって彼に答えることはしない。

15 彼らは驚いて、もはや答えることをせず、
彼らには、もはや言うべき言葉がない。
16 彼らは物言わず、立ちとどまって、もはや答えるところがないので、
わたしはこれ以上待つ必要があろうか。
17 わたしもまたわたしの分を答え、わたしの意見を述べよう。
18 わたしには言葉が満ち、わたしのうちの霊がわたしに迫るからだ。
19 見よ、わたしの心は口を開かないぶどう酒のように、
新しいぶどう酒の皮袋のように、今にも張りさけようとしている。

20わたしは語って、気を晴らし、くちびるを開いて答えよう。
21わたしはだれをもかたより見ることなく、また何人にもへつらうことをしない。
22わたしはへつらうことを知らないからだ。
もしへつらうならば、わたしの造り主は直ちにわたしを滅ぼされるであろう」。
（ヨブ記三二章一～二二節）

26イエスは彼らを見つめて言われた、「人にはそれはできないが、神にはなんで
もできない事はない」。
（マタイによる福音書一九章二六節）

このようにヨブが自分の正しいことを主張したので、これら三人の者はヨブに答えるのをやめた。
（三二・一）

クリスマスを挟んでしばらくヨブ記から離れておりましたので、「このように……を主張したので……」などと言われてもピンと来ないでしょう。念のためこれまでの論争の経過をごく大雑把におさらいしておきましょう。

ヨブは突然災難に見舞われ、〝神さま、なぜこんな目に遭わなければならないのですか。あなたはわたしに悪意を持っておられるのですか。それともわたしの苦しみを見て見ぬ振りをしてお

られるのですか。答えてください〟と、祈りとも抗議ともつかない訴えをしたのです。

このヨブの必死の叫びを聞いた友人たちは、決してヨブに対して敵意を持っていたわけではないのですが、まるで神の方に落ち度があるようなもの言いには我慢ならず、非難めいた忠告を浴びせました。〝ヨブよ、お前の気持は分からないではないが、神に落ち度などあろうはずが無い。お前が酷い目に遭ったのは、きっとお前に相応の罪があったからだ。自分の非を素直に認め、神に助けを求めよ。そうすれば神は救いの手を伸べてくださるかもしれない〟と言うのです。

しかしヨブは、そんな紋切り型の神学論では到底納得しません。例えば、この度アジアの国々を襲った巨大津波に巻き込まれた人々は、ヨブと同じ気持なのではないでしょうか。彼らに向かって、〝これはあなた方の罪のせいだ〟などとはとても言えません。ところが、他人の不幸につけ入って勢力を拡大する宗教がなんと多いことか。人間は、突然の不幸に直面すると混乱し、迷い、藁をも摑む気持で似非宗教にはまってしまわないとは限らない、実に弱い存在です。

ヨブが気丈にも〝自分に正しい。君たちが言うような単純な因果応報論では到底納得できない〟と言い張るので、友人たちは口を噤んでしまいます。論争は行き詰まり、このあたりで神様にご登場願わなければ埒《らち》が明かないといったところでしょう。

そんな時、突如として、エリフなる人物が登場いたします。

その時ラム族のブズびとバラケルの子エリフは怒りを起した。すなわちヨブが神よりも自分の正しいことを主張するので、彼はヨブに向かって怒りを起した。またヨブの三人の友がヨブを罪ありとしながら、答える言葉がなかったので、エリフは彼らにむかっても怒りを起した。（三二・二〜三）

これまで、エリフなる人物は影も形も見せませんでした。突然姿を現し、以後三七章まで、独り滔々と喋りまくったかと思うと、またどこへともなく消えてしまう、実に不可解な人物です。この箇所におけるエリフの弁論は文体や用語法において、これまでの形態とかなり違うのですが、内容に画期的なものはありません。

それ故、エリフの登場する箇所は後世の加筆と考えられております。たぶん本来のヨブ記は三一章、ヨブによる無実宣言の後、三八章の神が登場する場面へと直接繋がっていたのでしょう。たぶん、この物語の読者の多くは、痺れを切らして、もうこれ以上無駄な議論は止めてほしいと思うのではないでしょうか。しかし、わたしたちはこれまで、矛盾と言わざるを得ない箇所でも、今手元にある本文のままで読む姿勢を採ってきました。その点では、クリスマス中のご無沙汰は好都合でした。ここは一番、仕切り直しの積りで、この後の付加とされている箇所からも、何とかそれなりの意味を絞り出してみましょう。

エリフは彼らが皆、自分よりも年長者であったので、ヨブに物言うことをひかえて待って

いたが、ここにエリフは三人の口に答える言葉のないのを見て怒りを起した。(三二・四〜五)
エリフは、いったい何を怒っているのでしょうか。

ブズびとバラケルの子エリフは答えて言った、「わたしは年若く、あなたがたは年老いている。それゆえ、わたしははばかって、わたしの意見を述べることをあえてしなかった。わたしは思った、『日を重ねた者が語るべきだ、年を積んだ者が知恵を教えるべきだ』と。しかし人のうちには霊があり、全能者の息が人に悟りを与える。老いた者、必ずしも知恵があるのではなく、年とった者、必ずしも道理をわきまえるのではない。ゆえにわたしは言う、『わたしに聞け、わたしもまたわが意見を述べよう』。(三二・六〜一〇)

年長者を敬うことはイスラエル人の知恵です。エリフは充分その点を弁《わきま》えて今まで黙っていた、しかし、もう我慢できない……。

見よ、わたしはあなたがたの言葉に期待し、その知恵ある言葉に耳を傾け、あなたがたが言うべき言葉を捜し出すのを待っていた。わたしはあなたがたに心をとめたが、あなたがたのうちにヨブを言いふせる者はひとりもなく、また彼の言葉に答える者はひとりもなかった。

エリフは、ヨブに対してよりも、ヨブを説得できない三人の友人たちに対して、真っ先に怒りをぶつけます。

（三二・一一〜一二）

おそらくあなたがたは言うだろう、『われわれは知恵を見いだした、彼に勝つことのできるのは神だけで、人にはできない』と。彼はその言葉をわたしに向けて言わなかった。わたしはあなたがたの言葉をもって彼に答えることはしない。

彼らは驚いて、もはや答えることをせず、彼らには、もはや言うべき言葉がない。彼らは物言わず、立ちとどまって、もはや答えるところがないので、わたしはこれ以上待つ必要があろうか。わたしもまたわたしの分を答え、わたしの意見を述べよう。わたしには言葉が満ち、わたしのうちの霊がわたしに迫るからだ。見よ、わたしの心は口を開かないぶどう酒のように、新しいぶどう酒の皮袋のように、今にも張りさけようとしている。わたしは語って、気を晴らし、くちびるを開いて答えよう。

（三二・一三〜二〇）

エリフは自分の憤懣やる方ない気持を言うばかりで、なかなか本題に入りません。あるいは、威勢良く登場してはみたものの、決定的な論点を見出せないまま、何から切り出そうかとその糸口を探しているのかもしれません。

わたしはだれをもかたより見ることなく、また何人にもへつらうことをしない。わたしはへつらうことを知らないからだ。もしへつらうならば、わたしの造り主は直ちにわたしを滅ぼされるであろう。（三二・二一〜二二）

もったいぶった言い回しで自分の正当性を論じ、きょうのテキストは閉じられます。エリフにつき合って終わりまで読んではみたものの、このテキストから何を読み取ったらよいのか。容易に話の落としどころを見出せません。しかし、これでおしまいというわけにいきませんので、半ば無理やり一三節に焦点を絞ってみました。

おそらくあなたがたは言うだろう、「われわれは知恵を見いだした、彼に勝つことのできるのは神だけで、人にはできない」と。（三二・一三）

三人の友が〝誰もヨブを説得できない、できるのは神さまだけだ〟という口実を設けて自分たちの無能を隠そうとしている、と非難しているのです。

三人の友の言い分は一概に間違いだとは言えません。彼らはこれまで、粘り強く説得を続けてきました。ヨブを襲った突然の災難を聞きつけ、ヨブを慰めようと遠路はるばる馳せ参じ、七日七晩、ヨブの傍らに座り続けた。その彼らの行動を考え合せると、彼らの友情たるや見上げたものです。残念ながら彼らはヨブ自身にあらず。傍観者的立場から抜け出せなかったとしても、人間的な限界の中で彼らが精一杯振舞ったことは評価されてしかるべきです。〝物語だ〟と言ってしまえばそれまでですが、果たして、わたしたちは他者に対して彼らほど一生懸命になれるでしょうか。残念ながら、ヨブと友人たちとの人間的関係には限界があります。今こそ「信仰」の出る幕、行き詰まった解決を神にお委ねするときではないでしょうか。イエスも、「人にはそれはできないが、神にはなんでもできない事はない」（マタイ一九・二六）と仰いました。もうここらで、神に登場していただかなければ収拾がつきません。直ちに三八章に移行して神の登場を待つべきです。

ところが、そのしかるべき文脈を断ち切って、エリフを登場させ、「おそらくあなたがたは言うだろう、『われわれは知恵を見いだした、彼に勝つことのできるのは神だけで、人にはできない』と」（三二・一三）と言わしめたのです。そのことにどんな意味があるのでしょうか。

たぶんこれは、三人の友人たちへの非難にかこつけて、ヨブ記の読者に向け、〝あなたは、神をだしにして言い訳をしようとしてはいませんか〟と警告しているのかもしれません。〝最後には神に頼るしか道はないとしても、その前にもう一度わが身を省みよ〟、という呼びかけでしょう。

この度のスマトラ島沖地震による大災害の救援のために寄せられる、著名人からの救援金が取り沙汰されています。シューマッハというF1ドライバーは一〇億円寄付するそうです。俳優デカプリオは五億円だそうです。松井秀喜も五千万円出します。ブッシュ大統領が一〇〇万円だと聞くと、〝ちょっと少ないんじゃないの〟、と言いたくなりますが、ではわたし自身はどうでしょうか。はなから神頼みを決め込むわけにはいきません。

（二〇〇五年一月九日）

神は語られるが人は悟らない

1「だから、ヨブよ、今わたしの言うことを聞け、
わたしのすべての言葉に耳を傾けよ。
2見よ、わたしは口を開き、口の中の舌は物言う。
3わたしの言葉はわが心の正しきを語り、
わたしのくちびるは真実をもってその知識を語る。
4神の霊はわたしを造り、全能者の息はわたしを生かす。
5あなたがもしできるなら、わたしに答えよ、わたしの前に言葉を整えて、立て。
6見よ、神に対しては、わたしもあなたと同様であり、
わたしもまた土から取って造られた者だ。
7見よ、わたしの威厳はあなたを恐れさせない、
わたしの勢いはあなたを圧しない。
8確かに、あなたはわたしの聞くところで言った、
わたしはあなたの言葉の声を聞いた。
9あなたは言う、『わたしはいさぎよく、とがはない。
わたしは清く、不義はない。

10 見よ、彼はわたしを攻める口実を見つけ、わたしを自分の敵とみなし、
11 わたしの足をかせにはめ、わたしのすべての行いに目をとめられる』と。
12 見よ、わたしはあなたに答える、あなたはこの事において正しくない。
神は人よりも大いなる者だ。
13 あなたが『彼はわたしの言葉に少しも答えられない』といって、
彼に向かって言い争うのは、どういうわけであるか。
14 神は一つの方法によって語られ、また二つの方法によって語られるのだが、
人はそれを悟らないのだ。
15 人々が熟睡するとき、または床にまどろむとき、夢あるいは夜の幻のうちで、
16 彼は人々の耳を開き、警告をもって彼らを恐れさせ、
17 こうして人にその悪しきわざを離れさせ、高ぶりを人から除き、
18 その魂を守って、墓に至らせず、
その命を守って、つるぎに滅びないようにされる。
19 人はまたその床の上で痛みによって懲らされ、その骨に戦いが絶えることなく、
20 その命は、食物をいとい、その食欲は、おいしい食物をきらう。
21 その肉はやせ落ちて見えず、その骨は見えなかったものまでもあらわになり、
22 その魂は墓に近づき、その命は滅ぼす者に近づく。
23 もしそこに彼のためにひとりの天使があり、千のうちのひとりであって、

仲保となり、人にその正しい道を示すならば、
24神は彼をあわれんで言われる、『彼を救って、墓に下ることを免れさせよ、
わたしはすでにあがないしろを得た。
25彼の肉を幼な子の肉よりもみずみずしくならせ、
彼を若い時の元気に帰らせよ』と。
26その時、彼が神に祈るならば、神は彼を顧み、
喜びをもって、み前にいたらせ、その救を人に告げ知らせられる。
27彼は人々の前に歌って言う、『わたしは罪を犯し、正しい事を曲げた。
しかしわたしに報復がなかった。
28彼はわたしの魂をあがなって、墓に下らせられなかった。
わたしの命は光を見ることができる』と。
29見よ、神はこれらすべての事をふたたび、みたび人に行い、
30その魂を墓から引き返し、彼に命の光を見させられる。
31ヨブよ、耳を傾けてわたしに聞け、黙せよ、わたしは語ろう。
32あなたがもし言うべきことがあるなら、わたしに答えよ、
語れ、わたしはあなたを正しい者にしようと望むからだ。
33もし語ることがないなら、わたしに聞け、
黙せよ、わたしはあなたに知恵を教えよう」。

（ヨブ記三三章一～三三節）

5 神は唯一であり、神と人との間の仲保者もただひとりであって、それは人なるキリスト・イエスである。
（テモテ第一の手紙二章五節）

先週の三二章で、エリフなる人物が突然、どこからともなく姿を現しました。彼はヨブと友人たちとの口論を物陰で聞いていたらしく、まず、ヨブの友人たちに向かって、ヨブを説得することができない彼らの無能を厳しく批判しました。それに続いて、三三章では、ヨブの方に向き直って、ヨブの言い分がいかに身のほど知らずであるかについて、縷々《るる》言い募ります。一節から七節までは、もったいぶった前口上です。

だから、ヨブよ、今わたしの言うことを聞け、わたしのすべての言葉に耳を傾けよ。見よ、わたしは口を開き、口の中の舌は物言う。わたしの言葉はわが心の正しきを語り、わたしのくちびるは真実をもってその知識を語る。神の霊はわたしを造り、全能者の息はわたしを生かす。あなたがもしできるなら、わたしに答えよ、わたしの前に言葉を整えて、立て。見よ、神に対しては、わたしもあなたと同様であり、わたしもまた土から取って造られた者だ。見よ、わたしの威厳はあなたを恐れさせない、わたしの勢いはあなたを圧しない。
（三三・一～七）

続いて八節以下、本題に入ります。

確かに、あなたはわたしの聞くところで言った、わたしはあなたの言葉の声を聞いた。あなたは言う、『わたしはいさぎよく、とがはない。わたしは清く、不義はない。見よ、彼はわたしを攻める口実を見つけ、わたしを自分の敵とみなし、わたしの足をかせにはめ、わたしのすべての行いに目をとめられる』と。見よ、わたしはあなたに答える、あなたはこの事において正しくない。神は人よりも大いなる者だ。

（三三・八〜一二）

エリフは言います、「ヨブが〝自分には何も悪いところがないのに、神は自分を敵と見なして苦しめる〟と言い張るのは間違いだ。神は人間より偉大な方で、誤りなど犯されない」と。

少し横道にそれますが、九〜一一節の発言は、厳密にはヨブの言葉通りではありません。そのため、エリフはヨブの言葉を故意に捻じ曲げて、ヨブを貶《おとし》めようとしているのだ、と考える注釈者もおります。確かに正確に突合せをすればヨブの発言とは違いますが、大まかなニュアンスとして、これに類することをヨブが言ったと考えても良いのではないでしょうか。

たぶん、敢えてエリフをここに登場させた書記生の意図は、「人間の苦難」の問題を個人的・感情的面からだけでなく、もっと普遍的な観点から捉え直してみよう、というところにあるのだと思います。

およそ聖書の記事は、ある出来事が起こっている、その真っただ中で書かれたものではありません。その事件が終わった後で、時には何百年も経ってから、過去の出来事を振り返って、その事件から何かを学び取り、新たなる歴史を切り開くヒントを探るために書かれたのです。ヨブの個人的な苦しみに余りにも同情し過ぎると、ヨブ記の文学性を損なうことになりかねません。しかし同時に、人間の苦難の問題を「因果応報論」の神学で杓子定規に片づけてしまうならば、生きる人間の現実を無視した「死せる神学」になってしまうことも確かです。そういう意味で、ヨブ記の読者は、絶えず神学と人間学、普遍性と実存との狭間で苦悶するように仕組まれていると言っても過言ではないでしょう。

次にエリフは、ヨブが、〝神はわたしの訴えに答えてくださらない〟と言っていることについて言及します。

あなたが『彼はわたしの言葉に少しも答えられない』といって、彼に向かって言い争うのは、どういうわけであるか。神は一つの方法によって語られ、また二つの方法によって語られるのだが、人はそれを悟らないのだ。

（三三・一三〜一四）

神は答えてくださるのに、人がそれを悟らないだけだ、と言うのですが、神が人に語りかける方法の一つが「夢」です。

人々が熟睡するとき、または床にまどろむとき、夢あるいは夜の幻のうちで、彼は人々の耳を開き、警告をもって彼らを恐れさせ、こうして人にその悪しきわざを離れさせ、高ぶりを人から除き、その魂を守って、墓に至らせず、その命を守って、つるぎに滅びないようにされる。

（三三・一五〜一八）

夢を通して人の悪と高ぶりを諭し、滅びから救い出してくださる。

神のもう一つの語りかけは病気です。

人はまたその床の上で痛みによって懲らされ、その骨に戦いが絶えることなく、その命は、食物をいとい、その食欲は、おいしい食物をきらう。その肉はやせ落ちて見えず、その骨は見えなかったものまでもあらわになり、その魂は墓に近づき、その命は滅ぼす者に近づく。

（三三・一九〜二二）

人は病気の痛み苦しみと戦い、衰え、死が近いことを知る。しかし、それも神の配慮であって、神は救いの仲立ちをする天使を送って、以前よりもっと瑞々しい命を与えてくださるだろう。

もしそこに彼のためにひとりの天使があり、千のうちのひとりであって、仲保となり、人にその正しい道を示すならば、神は彼をあわれんで言われる、『彼を救って、墓に下ることを免れさせよ、わたしはすでにあがないしろを得た。彼の肉を幼な子の肉よりもみずみずしくならせ、彼を若い時の元気に帰らせよ』と。その時、彼が神に祈るならば、神は彼を顧み、喜びをもって、み前にいたらせ、その救を人に告げ知らせられる。彼は人々の前に歌って言う、『わたしは罪を犯し、正しい事を曲げた。しかしわたしに報復がなかった。彼はわたしの魂をあがなって、墓に下らせられなかった。わたしの命は光を見ることができる』と。

見よ、神はこれらすべての事をふたたび、三たび人に行い、その魂を墓から引き返し、彼に命の光を見させられる。（三三・二三〜三〇）

そして最後に、わたしの言ったことに反論できるものならしてみなさいと、実に高飛車で嫌みな口上をもって、きょうのテキストは閉じられています。

ヨブよ、耳を傾けてわたしに聞け、黙せよ、わたしは語ろう。あなたがもし言うべきことがあるなら、わたしに答えよ、語れ、わたしはあなたを正しい者にしようと望むからだ。もし語ることがないなら、わたしに聞け、黙せよ、わたしはあなたに知恵を教えよう」。（三三・三一〜三三）

他人のことは言えませんが、いかにも謙虚そうでいながら、その実、結構威張っている、学者や宗教家に多いタイプです。エリフには、ヨブの現実の苦しみを分かち合おうという心遣いがいささか欠けているようです。しかし、だからと言って、エリフの発言には少しの真実もないのかというと、そうではありません。むしろエリフは、大筋において神学的真理を語っています。

人間は神の気持をなかなか理解できません。イエスと寝食を共にし、イエスの福音に親しく接したはずの十二弟子でさえ、その真意を充分理解することができなかったわけです。

人間が、〝自分は罪を犯した覚えがない〟などと言うことはいかに不遜なことであるか。これも間違いのないことです。また、神はそんな罪多き人間を何としてでも救いたいと思っておられる。そのことも確かでしょう。エリフが神と人間との仲立ちをする天使について言及する時、新約聖書のメッセージを先取りしていると言ってよいでしょう。

「神は唯一であり、神と人との間の仲保者もただひとりであって、それは人なるキリスト・イエスである」（Ⅰテモテ二・五）と言われていることは、わたしたちの信仰の重要な基盤です。そして、〝その苦難のただ中に送られる仲保者（天使であれキリストであれ）〟の存在も、神学的に間違いではないでしょう。

ただし、わたしたちは神が送ってくださる仲保者を受け容れても、神から来る苦難は容易には受け容れません。人間がいかに弱い存在であるか。神はそんなことは百もご承知です。無理に苦しめ、試す必要などありません。そんな目に遭ったら、わたしはきっとヨブ以上に喚き、泣き叫び、神を呪うことでしょう。

元教団議長、鈴木正久は遺稿集『主よ、み国を』の中に次のような一文を残しています。

わたしは今、わたしのこの世の生活の終わりに立っています。それと言うのは肝臓癌だからです。自分のこの世の生涯がこのようにして終わるとは、考えたこともありませんでした。しかし今は、このことについても「神のなさることは皆、その時にかなって美しい」（伝道の書三・一一）ことを覚え、わたしの生活の頂点として、主とそのみ国をこのように深く真剣に思う時を与えられる恵みに感謝しております。主の光と慰めと力が、日々新たにわたくしを支えてくださり、死を待つのでなく、「キリストの日」に向かって生きてゆく導きを与えて下さいます」

（「主とそのみ国を望みつつ」）

肝臓癌の人に向かって、「これは主の試練です。主はあなたを訓練しより高い信仰へと導こうとなさっておられるのです」などと、とても言えません。言うべきでないでしょう。しかし、鈴木正久の吐露する心情もまた、偽りのないものに違いありません。

果たして、わたしはそんな心境になれるかどうか。「千のうちのひとり」の天使がわたしのために仲保者の役を引き受けてくれるかどうか。わたしの信仰は実に心もとないものです。しかしこんなわたしのために、イエスは十字架の苦しみを担ってくださった……。イエスなら、担ってくださるに違いありません。

（二〇〇五年一月一六日）

わたしに耳を傾けよ

1 エリフはまた答えて言った、
2「あなたがた知恵ある人々よ、わたしの言葉を聞け、
あなたがた知識ある人々よ、わたしに耳を傾けよ。
3 口が食物を味わうように、耳は言葉をわきまえるからだ。
4 われわれは正しい事を選び、
われわれの間に良い事の何であるかを明らかにしよう。
5 ヨブは言った、『わたしは正しい、神はわたしの公義を奪われた。
6 わたしは正しいにもかかわらず、偽る者とされた。
わたしにはとがないけれども、わたしの矢傷はいえない』と。
7 だれかヨブのような人があろう。彼はあざけりを水のように飲み、
8 悪をなす者どもと交わり、悪人と共に歩む。
9 彼は言った、『人は神と親しんでも、なんの益もない』と。
10 それであなたがた理解ある人々よ、わたしに聞け、
神は断じて悪を行うことなく、全能者は断じて不義を行うことはない。

11
神は人のわざにしたがってその身に報い、
おのおのの道にしたがって、その身に振りかからせられる。
12
まことに神は悪しき事を行われない。全能者はさばきをまげられない。
13
だれかこの地を彼にゆだねた者があるか。
だれか全世界を彼に負わせた者があるか。
14
神がもしその霊をご自分に取りもどし、
その息をご自分に取りあつめられるならば、
15
すべての肉は共に滅び、人はちりに帰るであろう。

16
もし、あなたに悟りがあるならば、これを聞け、
わたしの言うところに耳を傾けよ。
17
公義を憎む者は世を治めることができようか。
正しく力ある者を、あなたは非難するであろうか。
18
王たる者に向かって『よこしまな者』と言い、
つかさたる者に向かって、『悪しき者』と言うことができるであろうか。
19
神は君たる者をもかたより見られることなく、
富める者を貧しき者にまさって顧みられることはない。
彼らは皆み手のわざだからである。
20
彼らはまたたく間に死に、民は夜の間に振われて、消えうせ、
力ある者も人手によらずに除かれる。

21 神の目が人の道の上にあって、そのすべての歩みを見られるからだ。
22 悪を行う者には身を隠すべき暗やみもなく、暗黒もない。
23 人がさばきのために神の前に出るとき、神は人のために時を定めておかれない。
24 彼は力ある者をも調べることなく打ち滅ぼし、
他の人々を立てて、これに替えられる。
25 このように、神は彼らのわざを知り、夜の間に彼らをくつがえされるので、
彼らはやがて滅びる。
26 彼は人々の見る所で、彼らをその悪のために撃たれる。
27 これは彼らがそむいて彼に従わず、その道を全く顧みないからだ。
28 こうして彼らは貧しき者の叫びを彼のもとにいたらせ、
悩める者の叫びを彼に聞かせる。
29 彼が黙っておられるとき、だれが非難することができようか。
彼が顔を隠されるとき、だれが彼を見ることができようか。
一国の上にも、一人の上にも同様だ。
30 これは神を信じない者が世を治めることがなく、
民をわなにかける事のないようにするためである。
31 だれが神に向かって言ったか、『わたしは罪を犯さないのに、懲らしめられた。
32 わたしの見ないものをわたしに教えられたい。
もしわたしが悪い事をしたなら、重ねてこれをしない』と。

33あなたが拒むゆえに、彼はあなたの好むように報いをされるであろうか。
あなたみずから選ぶがよい、わたしはしない。
あなたの知るところを言いなさい。
34悟りある人々はわたしに言うだろう、
わたしに聞くところの知恵ある人は言うだろう、
35『ヨブの言うところは知識がなく、その言葉は悟りがない』と。
36どうかヨブが終りまで試みられるように、彼は悪人のように答えるからである。
37彼は自分の罪に、とがを加え、われわれの中にあって手をうち、
神に逆らって、その言葉をしげくする」。
（ヨブ記三四章一〜三七節）

エリフはまた答えて言った、「あなたがた知恵ある人々よ、わたしの言葉を聞け、あなたがた知識ある人々よ、わたしに耳を傾けよ。口が食物を味わうように、耳は言葉をわきまえるからだ。われわれは正しい事を選び、われわれの間に良い事の何であるかを明らかにしよう。
（三四・一〜四）

三三章に続きエリフの弁論です。「あなたがた」とありますから、ヨブとその友達に向けて語られているのでしょうか。それとも、物語の登場人物を離れて、この物語の読者諸氏に語りかけているのでしょうか。たいへん皮肉な語り口です。何が正しい知恵かをわたし（エリフ）が教え

てあげましょう」というほどの意味になります。

いずれにしても、もったいぶった口調でヨブを槍玉にあげます。ヨブよ、あなたは、「わたしは正しい、神はわたしの公義を奪われた。わたしは正しいにもかかわらず、偽る者とされた。わたしにはとががないけれども、わたしの矢傷はいえない」と言い、「人は神と親しんでも、なんの益もない」と言うけれど、それは間違いだ。神は断じて悪を行うことなく、全能者は断じて不義を行うことはない……。

自分では意識していないかもしれないが、ヨブよ、お前は「あざけりを水のように飲み、悪をなす者どもと交わり、悪人と共に歩む」。それ故、「神は人のわざにしたがってその身に報い、おのおの道にしたがって、その身に振りかからせられる」等々、要するに神の全知全能と因果応報論を披歴しているのであって、何ら目新しいことが論じられているわけではありません。〝天網恢恢疎にして漏らさず〟、神はすべてをご存じで、すべてを公正に治めておられる。ヨブが苦境にあるのは神がヨブの悪を見逃しておられないからだ、と言うのです。

彼（神）が黙っておられるとき、だれが非難することができようか。彼が顔を隠されるとき、だれが彼を見ることができようか。（三四・二九）

ヨブよ、あなたは、神があなたの言い分に応えてくださらないことに苛立っているようだが、それはあなたの勝手な言い分に過ぎない。神がいつ沈黙を破られるかは神がお決めになることで、人が与り知ることではない。そこを弁《わきま》えないことが問題だ……。

これらのエリフの言い分はある意味で間違ってはいません。しかし、ただ一般論を言っているだけでヨブの現在の気持に寄り添おうという意識は全く感じられません。これは、ヨブの三人の友人たちにも言えることですが、わざわざエリフという謎の人物を立て、「わたしに耳を傾けよ」と注意を向けさせてまで語らしめるような内容でしょうか。わたしには理解できません。疑問として保留したまま先へ進みましょう。

（二〇〇五年一月二三日）

これはわたしに何の益があるか

1
エリフはまた答えて言った、
2
「あなたはこれを正しいと思うのか、
あなたは『神の前に自分は正しい』と言うのか。
3
あなたは言う、『これはわたしになんの益があるか、
罪を犯したのとくらべてなんのまさるところがあるか』と。
4
わたしはあなたおよび、あなたと共にいるあなたの友人たちに答えよう。
5
天を仰ぎ見よ、あなたの上なる高き空を望み見よ。
6
あなたが罪を犯しても、彼になんのさしさわりがあるか。
あなたのとがが多くても、彼に何をなし得ようか。
7
またあなたは正しくても、彼に何を与え得ようか。
彼はあなたの手から何を受けられるであろうか。
8
あなたの悪はただあなたのような人にかかわり、
あなたの義はただ人の子にかかわるのみだ。
9
しえたげの多いために叫び、力ある者の腕のゆえに呼ばわる人々がある。
10
しかし、ひとりとして言う者はない、

『わが造り主なる神はどこにおられるか、彼は夜の間に歌を与え、
11 地の獣よりも多く、われわれを教え、
空の鳥よりも、われわれを賢くされる方である』と。
12 彼らが叫んでも答えられないのは、悪しき者の高ぶりによる。
13 まことに神はむなしい叫びを聞かれない。また全能者はこれを顧みられない。
14 あなたが彼を見ないと言う時はなおさらだ。さばきは神の前にある。
あなたは彼を待つべきである。
15 今彼が怒りをもって罰せず、罪とがを深く心にとめられないゆえに
16 ヨブは口を開いてむなしい事を述べ、無知の言葉をしげくする」。
（ヨブ記三五章一～一六節）

7 まちがってはいけない、神は侮られるようなかたではない。人は自分のまいた
ものを、刈り取ることになる。
（ガラテヤ人への手紙六章七節）

きょうの三五章は、三二～三七章に及ぶ神学者エリフによるヨブ批判の核心です。二節と三節の二重かぎ括弧は、エリフがヨブの言葉尻を捉え、彼なりにヨブの発言を要約した言葉です。

「あなたはこれを正しいと思うのか、あなたは『神の前に自分は正しい』と言うのか。あ

なたは言う、『これはわたしになんの益があるか、罪を犯したのとくらべて、なんのまさるところがあるか』と。（三五・二～三）

つまり、ヨブが『神の前に自分は正しい』『これはわたしになんの益があるか、罪を犯したのとくらべて、なんのまさるところがあるか』と言い張っていること、それこそがヨブの過ちに他ならない、とエリフは考えているのです。

『これはわたしになんの益があるか』の〝これ〟は何を指すのか、明確ではありませんが、たぶん、〝信仰〟つまり神に信頼することを指すものと思います。続いて『罪を犯したのとくらべて、なんのまさるところがあるか』とありますので、ヨブの置かれている現実を指すのでしょう。エリフは、ヨブが〝自分は罪を犯した覚えがないのに、こんな酷い目に遭っている。これでは罪を犯して安穏に暮らす方がましだ〟と言っていると解して、非難しているのでしょう。

ただし、これらの二重かぎ括弧は文字通りこのままヨブの口から発せられたものではありません。しかし、ヨブの発言をごく大雑把に捉えれば、全く事実無根だとも言えません。概略このような内容のことをヨブは言っていると考えて、あながち間違いではないでしょう。

ヨブの発言は絶えず右に左に揺れます。今、神を呪う言葉を口にしたかと思うと、次の瞬間、神を賛美する。自分の正しさに揺るぎない自信を示したかと思うと、そうは言っても自分の気づかない過ちを犯しているかもしれないと弱気にもなります。神は弱い貧しい者に格別の配慮をしてくださると信じつつ、しかし強いものがその力をほしいままにしている現実にも腹を立て、神に嚙みつきます。

ヨブの揺れ動く発言の真意がどこにあるか。それは表に現れた言葉からだけでは判断できません。最終的には神だけがヨブの真意をご存じなのですが、読者であるわたしたちは、ヨブのこころの奥底まで知ることはなかなかできません。

しかし、エリフはヨブの発言の底意など考えず、「わたしはあなたおよび、あなたと共にいるあなたの友人たちに答えよう」（三五・四）と前置きして、直接的にはヨブに、そして間接的にヨブの不心得を糺《ただ》し得ない三人の友人たちをも批判します。それ故、エリフの非難は二つの側面を持っています。

まず、「天を仰ぎ見よ、あなたの上なる高き空を望み見よ」（三五・五）と言って、ヨブの視線を天に向けさせ、「あなたが罪を犯しても、彼（神）になんのさしさわりがあるか。あなたのとがが多くても、彼に何をなし得ようか。またあなたは正しくても、彼に何を与え得ようか。彼はあなたの手から何を受けられるであろうか。あなたの悪はただあなたのような人にかかわり、あなたの義はただ人の子にかかわるのみだ」（三五・六〜八）。つまり、〝神は天の高きにいまし、人間の知恵や知識では到底計ることのできない方であるから、人間の尺度で測って不平を言うなど、もっての外である。ヨブが「善だ、悪だ」と言っているのは人間の問題であって、神とは何の関係もない〟というのが第一の論点です。

次に、それを受けて、九節以下、

しえたげの多いために叫び、力ある者の腕の故に呼ばわる人々がある。しかし、ひとりとして言う者はない、『わが造り主なる神はどこにおられるか、彼は夜の間に歌を与え、地の獣よりも多く、われわれを教え、空の鳥よりも、われわれを賢くされる方である』と。

（三五・九～一一）

いささか分かりにくい訳ですが、〝不当な暴力によって虐げられると、人は助けを求めて神を呼ぶけれども、そこには神を自分たちの造り主として崇めようという謙虚な気持はない〟。謂わば「苦しいときの神頼み」に過ぎないという意味のようです。だから、「彼らが叫んでも答えられないのは、悪しき者の高ぶりによる。まことに神はむなしい叫びを聞かれない。また全能者はこれを顧みられない」（三五・一二～一三）、つまり、彼らの叫びが神に届かないのは、彼らが心から神を信頼しない「悪しき者」だからだ、と言うのです。

こうして、エリフは、この世に虐げられている人たちが大勢いる理由を「悪しき者の高ぶり」つまり、謙虚に神のみ心を受け入れない人間の傲慢さに帰します。これはヨブに対する当てつけです。

あなたが彼を見ないと言う時はなおさらだ。（三五・一四）

ヨブよ、あなたは〝いくら神に訴えても、神は応えてくれない〟と言うけれど、それはあなた自身に謙虚さがないからだ。「さばきは神の前にある」、即ち、最終的な善悪は神さまがお決めになることだから、「あなたは」へりくだって「彼」のお裁きを「待つべきである」（三五・一四）。ところがあなたは、「今彼（神）が怒りをもって罰せず、罪とがを深く心にとめられない」のを良いことに、「口を開いてむなしい事を述べ、無知の言葉をしげくする」（三五・一五〜一六）と糾弾する。

エリフの弁論は一般論としては多くの神学的真理を含んでいます。人間は神のような正しさを持っていない。当たり前のことです。神のような正しさを持たない人間が、神の深いみ心も知らずにクレームをつけるなど、〝身のほど知らず〟と言われても仕方がありません。

パウロもガラテヤの教会の不平分子に向かって、「まちがってはいけない、神は侮られるようなかたではない。人は自分のまいたものを、刈り取ることになる」（ガラテヤ六・七）と警告しています。

また、ローマ人への手紙では、「そこで、あなたは言うであろう、『なぜ神は、なおも人を責められるのか。だれが、神の意図に逆らい得ようか』。ああ人よ。あなたは、神に言い逆らうとは、いったい、何者なのか。造られたものが造った者に向かって、『なぜ、わたしをこのように造ったのか』と言うことがあろうか」（九・一九～二〇）と言っています。これは、イザヤ書二九章一六節の転用です。

あなたがたは転倒して考えている。陶器師は粘土と同じものに思われるだろうか。造られた物はそれを造った者について、「彼はわたしを造らなかった」と言い、形造られた物は形造った者について、「彼は知恵がない」と言うことができようか。（イザヤ二九・一六）

しかし人間は陶磁器と同じでしょうか。〝地の獣よりも、空の鳥よりも賢い〟と言われるのは、ただただ神に従順だからなのでしょうか。

わたしたちは知っています、主イエスさえ、十字架の苦しみの中で、「わが神、わが神、なにゆえわたしを捨てられるのですか」と叫ばれたことを。ところが、信仰の従順を強調する神学者たちは、これはイエスの神に対する揺るぎない信頼を表す言葉だと解釈します。

このイエスの絶叫は、詩篇二二篇の冒頭の言葉です。

わが神、わが神、なにゆえわたしを捨てられるのですか。なにゆえ遠く離れてわたしを助けず、わたしの嘆きの言葉を聞かれないのですか。（詩篇二二・一）

この虐げられた者の嘆きと訴えが二一節まで続き、二二節以降、「わたしはあなたのみ名を兄弟たちに告げ、会衆の中であなたをほめたたえるでしょう」（詩篇二二・二二）と一転して救いの神に対する信頼と賛美に変わります。そのため、イエスはこの二二編全体を口ずさもうとされたのだが、最初の件だけ口にして力尽きてしまった。イエスの本当のお気持は神への賛美だったのだ、と解釈します。

「わが神、わが神、なにゆえわたしを捨てられるのですか」が、父なる神に対する悲痛な訴えであったのか、それとも、限りない信頼の言葉であったのか、そのことはイエスご自身にお聞きしないと分かりませんが、マルコによる福音書は、イエスはこの言葉を「大声で……叫ばれた」（マルコ一五・三四）と記しています。主イエスさえ不条理な苦しみのただ中で、神のみ心を必死に問わざるを得なかったのではないでしょうか。そして、「わが神、わが神、なにゆえわたしを捨てられるのですか」が神に対する反問であったとしても、それをもってイエスが神に反抗しているのだと決めつけられるでしょうか。ましてやヨブが「これはわたしになんの益があるか」と言ったからと言って、直ちにヨブを神に逆らう者、即ち「悪人」と決めつけられるでしょうか。神学者エリフは決めつけていますが……。

福音書のイエスは、しばしば、「あなたの信仰があなたを救った」と言われますが、現実には、信仰があろうが無かろうが「なんの益も」ありません。こんなことを言ったら、目をむいて怒る人もいるでしょう。しかし「キリスト教はご利益宗教ではない」のです。

私事で恐縮ですが、わたしは人生で何度か挫折を経験しました。まず、大学受験の失敗です。次に銀行に就職して、勤まりませんでした。その後、材木屋になりましたがそれも駄目でした。挫折する度に、とにかく祈りました。しかし、これと言ってお祈りの効果があったとも思えません。ただ、挫折しても卑屈にならずに済みました。いつも何となく〝誰が何と言おうと、イエスさまは分かってくださる〟とたかを括っていました。それは「信仰」などと呼べるものではありませんが、たぶんこれからも、何の益もないと思いつつ、しかし苦し紛れに祈って生きていくことでしょう。

（二〇〇五年二月六日）

悪を離れて帰る

1
エリフは重ねて言った、
2
「しばらく待て、わたしはあなたに示すことがある。
なお神のために言うべき事がある。
3
わたしは遠くからわが知識を取り、わが造り主に正義を帰する。
4
まことにわたしの言葉は偽らない。知識の全き者があなたと共にいる。

5
見よ、神は力ある者であるが、何をも卑しめられない、その悟りの力は大きい。
6
彼は悪しき者を生かしておかれない、苦しむ者のためにさばきを行われる。
7
彼は正しい者から目を離さず、位にある王たちと共に、
とこしえに、彼らをすわらせて、尊くされる。
8
もし彼らが足かせにつながれ、悩みのなわに捕えられる時は、
9
彼らの行いと、とがと、その高ぶったふるまいを彼らに示し、
10
彼らの耳を開いて、教を聞かせ、悪を離れて帰ることを命じられる。
11
もし彼らが聞いて彼に仕えるならば、
彼らはその日を幸福に過ごし、その年を楽しく送るであろう。

12 しかし彼らが聞かないならば、
つるぎによって滅び、知識を得ないで死ぬであろう。
13 心に神を信じない者どもは怒りをたくわえ、
神に縛られる時も、助けを呼び求めることをしない。
14 彼らは年若くして死に、その命は恥のうちに終る。
15 神は苦しむ者をその苦しみによって救い、
彼らの耳を逆境によって開かれる。
16 神はまたあなたを悩みから、束縛のない広い所に誘い出された。
そしてあなたの食卓に置かれた物はすべて肥えた物であった。
17 しかしあなたは悪人のうくべきさばきをおのれに満たし、
さばきと公義はあなたを捕えている。
18 あなたは怒りに誘われて、あざけりに陥らぬように心せよ。
あがないしろの大いなるがために、おのれを誤るな。
19 あなたの叫びはあなたを守って、悩みを免れさせるであろうか、
いかに力をつくしても役に立たない。
20 人々がその所から断たれるその夜を慕ってはならない。
21 慎んで悪に傾いてはならない。
あなたは悩みよりもむしろこれを選んだからだ。　（ヨブ記三六章一〜二一節）

20そこで立って、父のところへ出かけた。まだ遠く離れていたのに、父は彼をみとめ、哀れに思って走り寄り、その首をだいて接吻した。

（ルカ福音書一五章二〇節）

エリフは重ねて言った、「しばらく待て、わたしはあなたに示すことがある。なお神のために言うべき事がある。わたしは遠くからわが知識を取り、わが造り主に正義を帰する。まことにわたしの言葉は偽らない。知識の全き者があなたと共にいる。

（三六・一〜四）

エリフはこれまで、自分も人間としてヨブと対等であると、控えめに、殊勝な口振りでヨブの発言の間違いを指摘してきました。しかし、きょうの三六章では明らかに神に成り代わって、上から目線でヨブの誤りを糾弾します。（果たして、神に成り代わって語っているということをエリフが自覚しているかどうか。往々にして宗教者は無自覚のうちにこういう傲慢な態度を取るものです。）

まず五節から一五節まで、神の権威ついて一般論を語ります。

見よ、神は力ある者であるが、何をも卑しめられない、その悟りの力は大きい。彼は悪しき者*を生かしておかれない、苦しむ者のためにさばきを行われる。彼は正しい者から目を離さず、位にある王たちと共に、とこしえに、彼らをすわらせて、尊くされる。（三六・五〜七）

＊　悪しき者＝神に逆らう者＝神に言い逆らうヨブ

つまり、神は力と知恵に満ちた方であって、正しい人には分け隔てをなさらず、悪しき者を罰し、苦しむ人には正しい裁きを下される、と言うのです。内容的にはヨブの友人たちが既に発言したものと決定的な違いはありませんが、悪人が受ける苦難についてそれが神から下される刑罰という意味及びその教育的意義について、友人たちよりも明確に主張している点にニュアンスの違いがあります。

もし彼らが足かせにつながれ、悩みのなわに捕えられる時は、彼らの行いと、とがと、その高ぶったふるまいを彼らに示し、彼らの耳を開いて、教を聞かせ、悪を離れて帰ることを命じられる。もし彼らが聞いて彼に仕えるならば、彼らはその日を幸福に過ごし、その年を楽しく送るであろう。しかし彼らが聞かないならば、つるぎによって滅び、知識を得ないで死ぬであろう。
心に神を信じない者どもは怒りをたくわえ、神に縛られる時も、助けを呼び求めることをしない。彼らは年若くして死に、その命は恥のうちに終る。神は苦しむ者をその苦しみによ

って救い、彼らの耳を逆境によって開かれる。（三六・八～一五）

人が苦しみに会うのは、こころの高ぶりの故であって、神はその高慢を糺《ただ》すために教育的訓練をなさるのである。その訓練を通して神に立ち帰ればよし、さもなくば恥と死が待っている。

続いて一六節以下、「悪しき者」に対する刑罰と教育的訓練について、今度は直接ヨブに当てはめて語ります。

神はまたあなたを悩みから、束縛のない広い所に誘い出された。そしてあなたの食卓に置かれた物はすべて肥えた物であった。（三六・一六）

この箇所は注釈者によって解釈が分かれるところですが、ヘブル語本文は過去形で語られていますので、災難に見舞われる以前のヨブの状態を言っているものと思われます。

しかしあなたは悪人のうくべきさばきをおのれに満たし、さばきと公義はあなたを捕えている。（三六・一七）

あなたはかつて、精神的にも物質的にも神の恩恵に満たされていた。しかるに今、悪人の受ける刑罰として苦しみを味わっている。これは神の下される正しい裁き、即ち、悔い改めのためのの訓練なのだ。

あなたは怒りに誘われて、あざけりに陥らぬように心せよ。あがないしろの大いなるがために、おのれを誤るな。あなたの叫びはあなたを守って、悩みを免れさせるであろうか、いかに力をつくしても役に立たない。人々がその所から断たれるその夜を慕ってはならない。慎んで悪に傾いてはならない。あなたは悩みよりもむしろこれを選んだからだ。

（三六・一八～二一）

〝あなたがいくら不平不満の叫びを挙げたところで、神の正しい裁きを変えることはできない。だから、神に逆らうことは止めて慎み深くありなさい〟と諭すのです。

一八節の「あがないしろの大いなるがために、おのれを誤るな」とは、ヨブが〝自分は神の前に恥ずべきことは何もないのだから、そのことについて神ご自身が法廷で弁護をしてくださるに違いない〟と言ったことに対し、そのこと自体がヨブの思い上がりだと言うのでしょう。

また二一節は、「あなたは悩みよりもむしろこれを選んだからだ」と、ヨブが既にエリフの説得を受け入れたような口ぶりですが、〝賢明なあなたのことですから、もうその辺で苦難のぼやきは止めて、慎んで神の訓練の方を選ぶでしょう〟と念押しをしているようです。エリフは自分の説得がヨブに通じたと自信を持っているのでしょう。この段落では苦難の教育的意義がことさら強調されています。

この神の教育的訓練という考え方は聖書の中でしばしば現れるものです。例えば新約聖書でも、ヘブル人への手紙では「『わたしの子よ、主の訓練を軽んじてはいけない。主に責められるとき、弱り果ててはならない。主は愛する者を訓練し、受けいれるすべての子を、むち打たれるのである』。あなたがたは訓練として耐え忍びなさい。神はあなたがたを、子として取り扱っておられるのである。いったい、父に訓練されない子があるだろうか」（一二・五〜七）と言われています。

エリフの教育訓練論には神の罰がちらついていますが、ヨブには自分がなぜこんな苦しみを味わわなければならないのか、理由が分からないのです。仮に、父なる神が教育的訓練を行うにしても、理由も告げずになさるのはいささか横暴ではないでしょうか。

同じ父と子の関係をテーマにした物語に、わたしたちのよく知っている「放蕩息子のたとえ」（ルカ一五・一一〜三二）がありますが、ここに現れる父は少し違います。この息子は父の意思で困窮したわけではありません。自分の意思で父の家を離れたのです。もしこの父が神を指すとすれば、我が子が失敗を犯すことは想定内だったに違いありません。しかし、父は息子の意思に任せる。罰をちらつかせはしません。

また息子も自分の意思で父の下に帰っていきます。すると父は、「まだ遠く離れていたのに、父は彼をみとめ、哀れに思って走り寄り、その首をだいて接吻した」（ルカ一五・二〇）。

ここには罰をちらつかせて積極的に訓練する父（神）ではなく、子の自由を尊重し待ち続ける、受け身の父の姿が描かれています。

この物語がイエスの口から直に語られたものなのか、後の作者によって作られたものかは定かでありませんが、イエスの福音の真髄を表しているのではないでしょうか。

たぶん、イエスがバプテスマのヨハネから洗礼を受けたことは事実でしょう。そして一時期、ヨハネの弟子として行動を共にされていたことでしょう。しかし、ある時期から袂を分かちます。マタイによる福音書の伝えるところによれば、バプテスマのヨハネの宣教は、神の裁きをちらつかせて悔い改めの洗礼を迫るものであったようです。

ヨハネは、パリサイ人やサドカイ人が大ぜいバプテスマを受けようとしてきたのを見て、彼らに言った、「まむしの子らよ、迫ってきている神の怒りから、おまえたちはのがれられると、だれが教えたのか。だから、悔改めにふさわしい実を結べ。斧がすでに木の根もとに置かれている。だから、良い実を結ばない木はことごとく切られて、火の中に投げ込まれるのだ。」

（マタイ三・七〜一〇）

たぶんイエスは、こういう交換条件を持ち出して神に立ち帰ることを促すようなヨハネの宣教には賛成できなかったのではないでしょうか。

ヨブは、人間の側の事情などほとんど配慮せず絶対的権威をかざして一方的に教育的苦難を課すような父が本当に神なのかという疑問を提示しています。その意味でヨブは、バプテスマのヨハネよりもイエスの先駆にふさわしい存在なのかもしれません。
問題は、人がしばしば神の無限の愛に甘えてしまうことです。しかしそれだからと言って、裁きや罰をちらつかせて「行為」を正させるのはイエス流のやり方ではないのではないでしょうか。

（二〇〇五年二月一三日）

神のみ業を褒め称える

第三六章
22 見よ、神はその力をもってあがめられる。
だれか彼のように教える者があるか。
23 だれか彼のためにその道を定めた者があるか。
だれか『あなたは悪い事をした』と言いうる者があるか。
24 神のみわざをほめたたえる事を忘れてはならない。
これは人々の歌いあがめるところである。
25 すべての人はこれを仰ぎ見る。
人は遠くからこれを見るにすぎない。
26 見よ、神は大いなる者にいまして、われわれは彼を知らない。
その年の数も計り知ることができない。
27 彼は水のしたたりを引きあげ、その霧をしたたらせて雨とされる。
28 空はこれを降らせて、人の上に豊かに注ぐ。
29 だれか雲の広がるわけと、
その幕屋のとどろくわけとを悟ることができようか。

30 見よ、彼はその光をおのれのまわりにひろげ、また海の底をおおわれる。
31 彼はこれらをもって民をさばき、食物を豊かに賜い、
32 いなずまをもってもろ手を包み、これに命じて敵を打たせられる。
33 そのとどろきは、悪にむかって怒りに燃える彼を現す。

第三七章

1 これがためにわが心もまたわななき、その所からとび離れる。
2 聞け、神の声のとどろきを、またその口から出るささやきを。
3 彼はこれを天が下に放ち、その光を地のすみずみまで至らせられる。
4 その後、声とどろき、彼はそのいかめしい声をもって鳴り渡られる。
その声の聞える時、彼はいなずまを引きとめられない。
5 神はその驚くべき声をもって鳴り渡り、
われわれの悟りえない大いなる事を行われる。
6 彼は雪に向かって『地に降れ』と命じ、
夕立および雨に向かって『強く降れ』と命じられる。
7 彼はすべての人の手を封じられる。
これはすべての人にみわざを知らせるためである。
8 その時、獣は穴に入り、そのほらにとどまる。
9 つむじ風はそのへやから、寒さは北風から来る。
10 神のいぶきによって氷が張り、広々とした水は凍る。
11 彼は濃い雲に水気を負わせ、雲はそのいなずまを散らす。

12これは彼の導きによってめぐる。
彼の命じるところをことごとく世界のおもてに行うためである。
13神がこれらをこさせるのは、懲らしめのため、
あるいはその地のため、あるいはいつくしみのためである。
（ヨブ記三六章一二節～三七章一三節）

22実に、被造物全体が、今に至るまで、共にうめき共に産みの苦しみを続けている
ことを、わたしたちは知っている。
（ローマ人への手紙八章二二節）

先週はエリフの語る「苦難の教育的意味」について考えました。〝神は悪人（＝神に逆らう者）を苦難に遭わせ、試練を通して再び神に立ち帰るよう配慮なさっているのだ〟というのがエリフの主張で、きょうは、その続きです。

見よ、神はその力をもってあがめられる。だれか彼のように教える者があるか。だれか彼のためにその道を定めた者があるか。だれか『あなたは悪い事をした』と言いうる者があるか。（三六・二二～二三）

ここで「彼」というのは神のことで、二重かぎ括弧はヨブの台詞からの引用です。〝誰も神に

向かって「ああしろ、こうしろ」と指図したり、「あなたが間違っている」などと言う者はいない〟と言うのですが、これも一般論で述べながら、実際にはヨブに対する非難です。〝神にクレームをつけ、神を悪人呼ばわりするなど、とんでもない話だ〟と言うのです。

こうしてエリフは、遠回しながら辛辣にヨブを批判した上で、神を賛美する言葉を口にします。


神のみわざをほめたたえる事を忘れてはならない。これは人々の歌いあがめるところである。すべての人はこれを仰ぎ見る。人は遠くからこれを見るにすぎない。見よ、神は大いなる者にいまして、われわれは彼を知らない。その年の数も計り知ることができない。

（三六・二四〜二六）


これも、純粋な神賛美というより、間接的なヨブ批判です。つまり、神の偉大さを論えば論うほど、その偉大な絶対者の前に人間の矮小さ、不完全さ、「罪」が露わになる……それは取りも直さず偉大な神にクレームをつけるヨブの不心得、身のほど知らずに他ならないという道理です。

二七節以下、神への賛美の詩が謳われますが、ここで神の偉大さの根拠として挙げられている事象は、押し並べて自然界の不思議な現象に関するものです。しかし、それらの事象の多くは、現在ではその発生のメカニズムを容易に説明できるものです。

彼は水のしたたりを引きあげ、その霧をしたたらせて雨とされる。空はこれを降らせて、人の上に豊かに注ぐ。だれか雲の広がるわけと、その幕屋のとどろくわけとを悟ることができようか。見よ、彼はその光をおのれのまわりにひろげ、また海の底をおおわれる。彼はこれらをもって民をさばき、食物を豊かに賜い、いなずまをもってもろ手を包み、これに命じて敵を打たせられる。そのとどろきは、悪にむかって怒りに燃える彼を現す。

（三六・二七～三三）

これがためにわが心もまたわななき、その所からとび離れる。聞け、神の声のとどろきを、またその口から出るささやきを。彼はこれを天が下に放ち、その光を地のすみずみまで至らせられる。その後、声とどろき、彼はそのいかめしい声をもって鳴り渡られる。その声の聞える時、彼はいなずまを引きとめられない。神はその驚くべき声をもって鳴り渡り、われわれの悟りえない大いなる事を行われる。彼は雪に向かって『地に降れ』と命じ、夕立および雨に向かって『強く降れ』と命じられる。彼はすべての人の手を封じられる。これはすべての人にみわざを知らせるためである。その時、獣は穴に入り、そのほらにとどまる。つむじ風はそのへやから、寒さは北風から来る。神のいぶきによって氷が張り、広々とした水は凍る。彼は濃い雲に水気を負わせ、雲はそのいなずまを散らす。

（三七・一～一一）

雨や雪がどうして降るのか。雲はどのようにして沸き起こり、なぜ雷がなり、稲妻が光るのか。

そんなことは小学生でも知っている自然現象です。何千年も昔のヨブ記が書かれた時代の人々はいざ知らず、これをもって現代の読者に「恐れ入りました」と言わしめることは到底できません。ましてや、「神がこれらをこさせるのは、懲らしめのため、あるいはその地のため、あるいはいつくしみのためである」(三七・一三)など言われたら、きっと現代のヨブたちは〝インド洋沿岸大地震は神さまの教育的訓練なのか。いったい何のために罪もない多くの人々の命を奪わなければならなかったのか〟と抗議の声を挙げることでしょう。

二千年前、パウロが「実に、被造物全体が、今に至るまで、共にうめき共に産みの苦しみを続けていることを、わたしたちは知っている」(ロマ八・二二)と言った時、果たして現代の環境破壊まで視野に入れていたのかどうかは分かりません。まさに現在、神の創られた世界はうめき苦しんでいますが、その原因を神に押しつけるわけにはいきません。

近年の度重なる大災害、その原因の相当な部分は人災だと言われています。地球温暖化による気象異常であり、先進工業国における過度のエネルギー消費が主因です。そして、温暖化を押さえてくれるはずの熱帯雨林が大量に失われた理由は、日本の商社による大量の木材買いつけだと言われます。また、津波被害をあれほど大きくした原因の一つに、温・熱帯地方の海辺に広がっていたマングローブの樹林が広範に伐採されたことが指摘されています。防波堤の役割をしていたマングローブ樹林が大量に伐採され、エビなどの養殖場が造られたのです。そのエビは大量に日本に運ばれ、わたしたちが好んで食べる……これはほんの一例ですが、わたしたちの快適な生活が地球全体の生態系を破壊しているのです。

何千億年か何万億年か、人間の尺度では測りがたい神の時間の中で生成された地球環境が、たかだか数万年の歴史しか持たない人間によって、実質的にはこの数十年ほどの間に、急激に簒奪され、変調を来している……。自然保護活動に携わる人たちに言わせると〝自然には自然治癒力があって、人間によって痛めつけられた傷を、今一生懸命回復しようとしているのだ〟そうです。今、わたしたちは自然界から手痛いしっぺ返しを受けているのかもしれません。霊長類などといいながら、自然から教育的訓練を受けなければ悟れないほど、人間は愚かな生き物なのです。

去る一六日、地球温暖化防止のための「京都議定書」が批准されました。これ以上自然を傷つけ続けるわけにはいかないことは判っているのですが、アメリカが拒否している議定書にどれほどの効力があるのか。結局、グローバリズムと称するアメリカの好き勝手なやり方が絶望的な破綻を来たすまで待たなければならないのでしょうか。昨日のニュースでは、老ブッシュとクリントンがインド洋沿岸大震災の被災地を訪問して、救援を訴えたとのことですが、自分たちこそが環境破壊の元凶だとは思ってもいない様子です。

そして、かく批判するわたしはと言えば、今さら、車に乗らない、家は建てない、えびは食べない、というわけにもいかない。せいぜいできることと言えば、わたしの快適な暮らしによって犠牲にされた人々に、なにがしかの救援募金を送ることとくらいしかない……。情けない話です。

(二〇〇五年二月二〇日)

あなたは知っているか

14 ヨブよ、これを聞け、立って神のくすしきみわざを考えよ。
15 あなたは知っているか、神がいかにこれらに命じて、
その雲の光を輝かされるかを。
16 あなたは知っているか、雲のつりあいと、知識の全き者のくすしきみわざを。
17 南風によって地が穏やかになる時、あなたの着物が熱くなることを。
18 あなたは鋳た鏡のように堅い大空を、彼のように張ることができるか。
19 われわれが彼に言うべき事をわれわれに教えよ、
われわれは暗くて、言葉をつらねることはできない。
20 わたしは語ることがあると彼に告げることができようか、
人は滅ぼされることを望むであろうか。
21 光が空に輝いているとき、風過ぎて空を清めると、
人々はその光を見ることができない。
22 北から黄金のような輝きがでてくる。神には恐るべき威光がある。
23 全能者は——われわれはこれを見いだすことができない。

彼は力と公義とにすぐれ、正義に満ちて、これを曲げることはない。
24それゆえ、人々は彼を恐れる。
彼はみずから賢いと思う者を顧みられない」。（ヨブ記三七章一四〜二四節）

26御霊もまた同じように、弱いわたしを助けて下さる。なぜなら、わたしたちはどう祈ったらよいかわからないが、御霊みずから、言葉にあらわせない切なるうめきをもって、わたしたちのためにとりなして下さるからである。
（ローマ人への手紙八章二六節）

きょうの箇所は三二章から始まったエリフの弁論の締めくくりであり、次の三八章から始まる神の弁論への橋渡しになっています。

ヨブよ、これを聞け、立って神のくすしきみわざを考えよ。（三七・一四）

ここに至って、エリフは直接ヨブに呼びかけます。これまでの友人たちとの論争では、ヨブの名は「……はヨブに答えて言った……」という形でト書きの部分に間接的に出て来ることはあっても、直接〝ヨブよ〟と名指しで呼ばれることはありません。この辺でヨブに引導を渡してやろうという気負いの表れなのでしょう。

あなたは知っているか、神がいかにこれらに命じて、その雲の光を輝かされるかを。あなたは知っているか、雲のつりあいと、知識の全き者のくすしきみわざを。（三七・一五～一六）

「あなたは知っているか……」との問いかけは、次の三八章で、つむじ風の中から主（ヤハウェ）がヨブに呼びかけるシーンの先取りです。ヨブはこれまで、〝なぜ、罪のないものが苦しまなければならないのか〟と問い続けてきました。しかし、主はそれには直接答えないで、逆に、〝神のみ業である天地創造の神秘について、お前は知っているか。知っているなら答えてみろ〟とヨブに問い返すのです。「あなたは知っているか……」は、その呼びかけの先取りです。一七節以下は言葉づかいは違いますが、主がヨブに向かってする質問と内容的には同じです。

南風によって地が穏やかになる時、あなたの着物が熱くなることを。あなたは鋳た鏡のように堅い大空を、彼のように張ることができるか。われわれが彼に言うべき事をわれわれに教えよ、われわれは暗くて、言葉をつらねることはできない。わたしは語ることがあると、彼に告げることができようか、人は滅ぼされることを望むであろうか。光が空に輝いているとき、風過ぎて空を清めると、人々はその光を見ることができない。北から黄金のような輝きがでてくる。神には恐るべき威光がある。（三七・一七～二二）

ここでエリフが神の業として列挙するものは、古代人の目に映った自然現象の数々に他なりません。しかし、自然界の驚異をもって神の力を論証するやり方は現代人にはほとんど通用しません。古代人には謎のベールに包まれていた自然現象の多くが、現在ではほとんど解明されてしまっています。

「全能者は……力と公義とにすぐれ、正義に満ちて、これを曲げることはない。それゆえ、人々は彼を恐れる」（三七・二三〜二四）とありますが、わたしたちは新潟地震もインド洋沿岸の大津波も、自然災害は恐れますが、それらが神の所業だなどとは考えません。しかし、古代人には解明されていない自然界の驚異を、エリフの口を借りて神の業に帰し、〝彼はみずから賢いと思う者を顧みられない〟と結論づけます。

神のみ業である自然界の不思議について何も説明できないヨブが、自分の無知を弁《わきま》えずに、神のなさることに異議を申し立てるなど言語道断。驕り高ぶりの顕れに他ならない。神がヨブの訴えに耳を傾けてくださらないのも当然だ、と言うのです。

しかし逆に考えれば、エリフ自身も自然界の不思議について何も知らないし、ましてや神のみ心など知るべくもない。彼は自分のことには気づかず、無知を棚に上げてヨブの無知、傲慢を裁いている。果たしてエリフをここに登場させた作者の意図はどこにあったのか。知る由もありませんが、鋭いアイロニーをもってエリフの弁論は閉じられます。

現在の聖書学者の中には、本来のヨブ記にはエリフの弁論部分はなく、三一章におけるヨブの最後の弁論から三八章のつむじ風の中から発せられる神の弁論へと繋がっていたであろう、と考える人もおります。その間に挟まれたエリフの弁論の部分は後代の作者による二次的な加筆で、内容的には目新しいものもなく、これが挟まれた為に、主（ヤハウェ）の突然の登場という劇的効果が損われているとさえ言われます。

ところがその反対に、エリフの弁論には重大な意味があると考える学者も少なくありません。特に、ユダヤ系の神学者、思想家、芸術家の中に、ユダヤ民族の過酷な歴史的運命をエリフの主張する「苦難の教育的意味」に則して理解する傾向がしばしば見られます。

たぶんこれには、ユダヤ人の特別な歴史的体験と人間理解が関係しているものと思われます。ご存じのように、ユダヤ民族の歴史は迫害の歴史です。特に、紀元前五九七年に始まり半世紀にわたるバビロン捕囚で、ユダヤ人は国を失い、民族存亡の危機に直面しました。〝神に選ばれた民イスラエルが、なぜこんな悲惨な目に遭わなければならないのか〟。この、ヨブの問いにも似た問いを、半世紀に亘る捕囚のあいだ中考え続けた末に到達した答えが「苦難の僕」の思想です。つまり、イスラエルが神の民として選ばれたのは、弱い、小さな民を主が顧みておられることを世界に知らしめ、神の意思に背いて争い合う人間を神の平和（天地創造の秩序）に立ち戻させるという使命のためであった。しかるに、イスラエルはその使命を忘れて、自分が世界に君臨する王たらんと欲した。今、味わっている苦難は、この使命を見失ったことに対する神の裁きであり、イスラエルが再び自分の使命に立ち戻ることを神は欲しておられる。神はイスラエルを愛するが故に苦難を負わせ給うたのだ、というのです。

この思想は時代を越えて、ホロコーストを体験したユダヤ人思想家たちに引き継がれました。ただし、この思想を受け容れることができるのは、彼らが命を「集合」として捉える民族だということと関係があります。つまり、命は個人のものではなく、家族、部族、民族という集合体の中にあって、次の世代に引き継がれてゆくものなのです。現在生きている個人は肉体としては死をもって終わりですが、肉体は滅んでも、命は次の世代のグループの中で生き続ける。

話が先走りますが、四二章には、ヨブの正しさが認められ、ヨブは名誉も財産も家族も回復されることが報告されています。しかもその恩恵は以前の二倍です。しかし、先に死んだ人たちの命はどうなるのでしょうか。命を個人単位で考えるわたしたち現代人には到底納得できないことです。しかし、ヨブ記の読者であるユダヤ人には、特に違和感を覚えるような事柄ではなかったのでしょう。そしてたぶん、イエスがユダヤ人であった以上、ご自分の負うべき十字架を主の僕の運命に重ね合わせて理解したとしても不思議ではありません。イエスの復活に関しても、ユダヤ人である初代教会のメンバーたちは、教会という集合体の中で、主イエスが今も生きて働いておられると信じることができたのでしょう。パウロが教会をイエス・キリストのからだにたとえるのも、教会という共同体の中に引き継がれたイエスの命を受け止めていたからに相違ありません。

それならば、個人を核にして成立している現代社会に生きるわたしたちがヨブ記を読むとはどういうことなのか。そして、イエスをキリストと信じるとはどういうことなのか。「あなたは知っているか」と問われれば、口に手を当てて黙るしか仕方がない。本当のところは分からないままに、ヨブを批判するエリフを批判している。まさにアイロニーです。

パウロは言います。

御霊もまた同じように、弱いわたしを助けて下さる。なぜなら、わたしたちはどう祈ったらよいかわからないが、御霊みずから、言葉にあらわせない切なるうめきをもって、わたしたちのためにとりなして下さるからである。

（ロマ八・二六）

果たしてパウロは、二千年も前に既にこの現代人のアイロニーをいち早く予感していたのでしょうか。

（二〇〇五年二月二七日）

ただ手を口に当てるのみ

第三八章

1 この時、主はつむじ風の中からヨブに答えられた、
2「無知の言葉をもって、神の計りごとを暗くするこの者はだれか。
3 あなたは腰に帯して、男らしくせよ。
わたしはあなたに尋ねる、わたしに答えよ。

4 わたしが地の基をすえた時、どこにいたか。
もしあなたが知っているなら言え。
5 あなたがもし知っているなら、だれがその度量を定めたか。
だれが測りなわを地の上に張ったか。
6 その土台は何の上に置かれたか。その隅の石はだれがすえたか。
7 かの時には明けの星は相共に歌い、神の子たちはみな喜び呼ばわった」。

第四〇章

3 そこで、ヨブは主に答えて言った、
4「見よ、わたしはまことに卑しい者です、なんとあなたに答えましょうか。

ただ手を口に当てるのみです。
5 わたしはすでに一度言いました、また言いません、
すでに二度言いました、重ねて申しません」。
（ヨブ記三八章一～七節、四〇章三～五節）

34 イエスはその女に言われた、「娘よ、あなたの信仰があなたを救ったのです。
安心して行きなさい。すっかりなおって、達者でいなさい」。
（マルコによる福音書五章三四節）

一昨年の一月に始まったヨブ記の説教も〝いよいよ〟と言うか〝やっと〟と言うか、ともかく終わりを迎えます。来週をもってヨブの裁判を結審にしようと決心しました。省みて、講解説教とは名ばかりで、結局、後悔ばかりを残して終わることになります。残念ながら決定的なことは何も申し上げられず、〝わたしには能く分かりません〟を繰り返してきたに過ぎません。言わずもがなではありますが、神さまのことなど、わたしに判るはずがないのです。

ヨブが神に向かって訴え続けてきたのは、〝自分は特段の罪を犯した覚えもないのに、なぜこんな酷い災難に遭わなければならないのか〟ということです。これはヨブの個人的な苦難体験に基づく問題提起ですが、間接的には、〝なぜ神は、悪人が栄え、貧しい者が苦しむ状態を放置しておられるのか〟という社会的不正義の問題にまで踏み込む問題です。

この問いを巡って、三章以降ヨブと三人の友人たちとの論戦が延々と続けられ、二六章から三一章に至るヨブの最終弁論をもって幕が閉じられます。

ごく手短に要約すれば、友人たちの主張は因果応報論、即ち、神は善い人には良い報いを、悪人にはそれ相応の罰を下される。従って、ヨブが災難に遭い、苦しんでいるのはヨブが犯した罪に対する神の罰だ、ということになります。

この因果応報論は、ニュアンスの微妙な相違はあるものの、世界中のあらゆる宗教や倫理・道徳に共通の基盤を与える基礎的な思想です。それが物質的なご利益と結び着きやすいことは問題ですが、基本的には、神は善い行いをお喜びになられ、悪い行いは、何とか止めさせようとなさる方だということに、わたしも大筋で異存はありません。問題は、信仰という、生きた人間に関わる事柄を数学の公式のように機械的に当てはめるところにあります。特に、因果応報の公式を逆転させて、応報因果論にしがちです。悪い報いを受けるからにはそれ相応の罪があるはずだという発想です。数学でさえ〝逆必ずしも真ならず〟ですから、相当に無理な話ですが、ヨハネによる福音書九章の「生まれつきの盲人の物語」には、〝目の見えない原因をその人あるいはその人の家族・先祖が犯した罪のせいにする〟伝統的な応報論をイエスが否定された記事があります。現代でも、キリスト教の中でさえ、災いをちらつかせながら伝道する姑息な応報因果論が幅を利かせているのは残念なことです。

ヨブの友人たちは、この機械的な因果応報論でヨブを納得させようと代わる代わる論陣を張りました。まず、〝人間である以上、罪を犯さない人間などいない〟（二五・四）と口火を切ります。もちろん、そのことは間違ってはいません。アダムとエバの物語やノアの箱舟の物語にあるように、神が後悔なさるほど、「人が心に思い図ることは、幼い時から悪い」（創世記八・二一）のです。ヨブも決して自分が神のように正しいとは思っているのではありません。彼は、気づかずに犯した罪があるかもしれないと考えて、神に罪の赦しを乞うための捧げ物を怠らなかったわけです。しかし、そういう一般的な原罪論では現実世界の悪の問題は説明できません。現実には、小さい悪は罰せられ、巨悪が栄えている……ヨブがそのことに気づいたのは、彼が実際に苦難を体験したからです。もし、ヨブと友人たちの立場が逆で、友人たちが災難に遭い、ヨブには何事も起こらなかったとしたら、ヨブも友人たちに、〝あなたがたは自分の罪を素直に認めて、神に赦しを乞いなさい。そうすれば、神はあなたがたの罪を赦して、今の苦しみから救ってくださるでしょう〟と言ったかもしれません。

ヨブが杓子定規の原罪論では納得しないので、友人たちは、神の偉大さを論じ、反対に人間がいかに矮小な存在であるかを論じます。いわゆる「創造論」を持ち出して、神がお創りになった人間が、造り主である全知全能の神に非難を浴びせるとは何事か、と言います。つまり、人間は神のお考えについては知る由もない。僅かに宇宙大自然の不思議な営みに驚嘆し、これらを創造された神の知恵と偉大さを畏れをもって受け止めることが許されているだけだ。これもまた一般論としては決して間違いではないでしょう。しかし、神は偉大な知恵と力に満ちた方であると信じるからこそ、繁栄を享受する者の傍らで不当な苦しみを味わわなければならない人々がいる……その現実が理解できないのです。

かくして、ヨブは友人たちの説得には頑として応じず、二六章以下三一章に至る長大な最後の弁論を試みます。最後の三一章では、我が身の潔白が宣言され、「ヨブの言葉は終った」(三一・四〇)と記され、後は神様の登場を待つばかりです。

ところが、三二章以下、今まで影も形もなかったエリフなる人物が突然登場してきて、もう一度ヨブの説得に当たります。

このエリフが登場する場面(三二章〜三七章)は、後から別の作者によって書き加えられたものであろう、というのが大方の研究者の見解です。その主な理由として、①三一章の、ヨブの最後の弁論から、いよいよヤハウェが登場する、きょうの三八章へと続く物語の流れを中断してしまうこと、②内容的に言って、これまでヨブと友人たちとの間で交わされた議論を根底から覆すような画期的な主張は見当たらない……等が挙げられます。

敢えてエリフの主張の特徴を挙げるならば、苦難の理由を〝神の教育的な訓練〟だと説明していることでしょう。つまり、人が苦難に遭うのは、その苦難を通して訓練され、更に高い信仰の段階へと進む為の神の恵み深い計らいなのだと言うのです。エリフは、この神の配慮ある訓練論に文句をつけるヨブを身のほど知らずの「罰当たり者」と決めつけ、〝神はお前を罰せずにはおかない〟、と激しい言葉を浴びせます。

先週申しましたように、エリフが神の偉大な知恵と力の現れとして挙げる数々の証拠は、ほとんどが既にヨブの友人たちも論った宇宙・世界の自然現象の不思議さです。確かにヨブ記が書かれた古代世界には、自然界の営みはとても人間の知恵では説明のつかない驚異であったに違いありません。しかし、それらは現在ではほとんど科学的に説明のつくものばかりです。なぜ空が青く、太陽が輝き、星が光るのか。そこに雲が湧くとなぜ雨が降り、雷が鳴るのか。時として雪が降るのか。そういうことを列挙されても、現代の読者には納得がいきません。

確かにわれわれ人間を取り巻く自然は、時として人間の思い上がりに対して手痛い一撃を下すことがあります。しかしそれが神の意思による教育的訓練だとしたら、新潟地震やスマトラ島沖地震による被害者たちにはどんな罪があったのか、と反論しないわけにはいきません。まさにヨブが発した問いは、山古志《やまこし》村の人々が発する問いであり、インド洋沿岸の津波被害者たちの発する問いに他なりません。果たして神はこの問いにどうお答えになられるのでしょうか。

この時、主はつむじ風の中からヨブに答えられた、「無知の言葉をもって、神の計りごとを暗くするこの者はだれか。（三八・一～二）

主・ヤハウェは意表をついてつむじ風の中から重々しい口調でヨブの問いに応じられます。しかし、それはヨブの問いに対する直接の答えではありません。

あなたは腰に帯して、男らしくせよ。わたしはあなたに尋ねる、わたしに答えよ。（三八・三）

直接答えないで、逆にヨブを問い質《ただ》します。

わたしが地の基をすえた時、どこにいたか。もしあなたが知っているなら言え。あなたがもし知っているなら、だれがその度量を定めたか。だれが測りなわを地の上に張ったか。その土台は何の上に置かれたか。その隅の石は誰がすえたか。かの時には明けの星は相共に歌い、神の子たちはみな喜び呼ばわった。（三八・四～七）

八節以降三九章までを省略させていただきましたが、この間にヤハウェがヨブに向かって発している問いは、自然界の営みの不思議についてエリフが言ったことと同じ内容です。ヨブは何も知らないだろう、知っていることがあるなら言ってみろ……と言うのです。同じことを言っても、エリフが言うのとヤハウェが言うのとでは、その重みが違うということなのでしょうか。

確かにわたしたちの信ずる神は、わたしたちには到底計り知ることのできない偉大な知恵と力に満ちた方です。しかし、本当に実力のある人は、自分の力をこれ見よがしに論うようなことはしないものです。もしわたしたちの信じる神が力を見せつけて他人を屈服させるような方なら、なぜイエスが十字架につけられたとき、手を拱《こまね》いていたのでしょうか。

もっと腑に落ちないことは、あれほど頑強に自分の主張を曲げなかったヨブが、ヤハウェが天地創造の業について論《あげつら》われたとたん、

「見よ、わたしはまことに卑しい者です、なんとあなたに答えましょうか。ただ手を口に当てるのみです。わたしはすでに一度言いました、また言いません、すでに二度言いました、重ねて申しません」。（四〇・四〜五）

と、まるで腰砕けのように降参してしまうことです。山古志村やインド洋沿岸の被害者のためにもヨブにはもっと頑張ってもらいたい……。

ヨブはなぜこれほどあっけなく降参してしまったのか。いろいろな解釈がなされていますが、わたしは、今のところこれぞという解釈に出会えないでおります。

確か並木先生をお呼びしてヨブ記のお話をしていただいた時、先生は、〝神には神の理由があり、人には人の理由があるのであって、ヨブは神の理由を人が自分の理由に基づいてとやかく言うことの見当外れに気づかされて、すごすご引き下がらざるを得なかったのだ〟と仰いましたが、この解釈も、今ひとつピンと来ません。

他にも次のような解釈があります。たぶん、ヨブと神との間に信頼関係が成立していたからこそ、ヨブは神に自分の気持を率直に訴え、答えにならない答えをそのまま受け止めることができ

たのだ。聖書はあらゆるケースに当てはまる普遍多岐な真理を記したものではなく、神に対する信頼の上に初めて真理となりうる信仰の証言に他ならない、というものです。

ただし、これはヨブが自説を引っ込めた理由の一部を説明することができるかもしれませんが、山古志村やインド洋沿岸の被害者の悲痛な叫びには到底対応し切れないと思います。

正直なところ、どちらの解釈もわたしには納得できません。「わたしには分かりません」と言って終わりたいところですが、「また、今井の分からない病が始まった」と言われそうですので、イエスの言葉を引用して、結論の出ないまま終らせていただきます。

イエスはその女に言われた、「娘よ、あなたの信仰があなたを救ったのです。安心して行きなさい。すっかりなおって、達者でいなさい」。

（マルコ五・三四）

（二〇〇五年三月六日）

我が目は汝を見たり

1 そこでヨブは主に答えて言った、
2「わたしは知ります、あなたはすべての事をなすことができ、
またいかなるおぼしめしでも、あなたにできないことはないことを。
3『無知をもって神の計りごとをおおうこの者はだれか』。
それゆえ、わたしはみずから悟らない事を言い、
みずから知らない、測り難い事を述べました。
4『聞け、わたしは語ろう、わたしはあなたに尋ねる、わたしに答えよ』。
5 わたしはあなたの事を耳で聞いていましたが、
今はわたしの目であなたを拝見いたします。
6 それでわたしはみずから恨み、ちり灰の中で悔います」。
7 主はこれらの言葉をヨブに語られて後、テマンびとエリパズに言われた、
「わたしの怒りはあなたとあなたのふたりの友に向かって燃える。あなたがたが、
わたしのしもベヨブのように正しい事をわたしについて述べなかったからである。
8 それで今、あなたがたは雄牛七頭、雄羊七頭を取って、わたしのしもベヨブの所
へ行き、あなたがたのために燔祭をささげよ。わたしのしもベヨブはあなたがたの

ために祈るであろう。わたしは彼の祈を受けいれるによって、あなたがたの愚かを
罰することをしない。あなたがたはわたしのしもべヨブのように正しい事をわたし
について述べなかったからである」。
9そこでテマンびとエリパズ、シュヒびとビルダデ、ナアマびとゾパルは行って、
主が彼らに命じられたようにしたので、主はヨブの祈を受けいれられた。
10ヨブがその友人たちのために祈ったとき、主はヨブの繁栄をもとにかえし、そ
して主はヨブのすべての財産を二倍に増された。11そこで彼のすべての兄弟、すべ
ての姉妹、および彼の旧知の者どもことごとく彼のもとに来て、彼と共にその家で
飲み食いし、かつ主が彼にくだされたすべての災について彼をいたわり、慰め、お
のおの銀一ケシタと金の輪一つを彼に贈った。12主はヨブの終りを初めよりも多く
恵まれた。彼は羊一万四千頭、らくだ六千頭、牛一千くびき、雌ろば一千頭をもっ
た。13また彼は男の子七人、女の子三人をもった。14彼はその第一の娘をエミマと
名づけ、第二をケジアと名づけ、第三をケレン・ハップクと名づけた。15全国のう
ちでヨブの娘たちほど美しい女はなかった。父はその兄弟たちと同様に嗣業を彼ら
にも与えた。16この後、ヨブは百四十年生きながらえて、その子とその孫と四代ま
でを見た。17ヨブは年老い、日満ちて死んだ。（ヨブ記四二章一～一七節）

12わたしたちは、今は、鏡に映して見るようにおぼろげに見ている。しかしその
時には、顔と顔とを合わせて、見るであろう。わたしの知るところは、今は一部分
にすぎない。しかしその時には、わたしが完全に知られているように、完全に知る

であろう。

（コリント人への第一の手紙一三章一二節）

一年三カ月に亘って読んでまいりましたヨブ記も最終回です。この間、わたしたちは執拗に繰り返されるヨブと友人たちの議論に悩まされ続けてきました。そもそも、友人たちとの議論という体裁を採りながら、実はヨブは友人たちの頭越しに神に訴えかけています。ヨブの言い分が正しいのか、正しくないのか。頑迷に自分の無実を主張し、神を敵対者と見なしたかと思うと、神との間を調停してくれる仲裁者を求め、神を賛美したりもする。論争はしばしば暗礁に乗り上げ、やっと議論が終わるかと思うと、突然どこからともなく謎の人物エリフが現れて、また議論は蒸し返される。こんな調子で、なかなか話の落としどころが見えてきません。

しかも、ヤハウェが長い沈黙を破ってつむじ風の中から声を発すると、ヨブはあっけなく兜を脱いでしまいます。このときヤハウェは自分の天地創造の業について自慢げに論い、〝お前には到底こんな真似はできないだろう〟と言うのですが、そのことはヨブの友人たちもエリフも、ヨブを攻撃する論拠として既に何度も口にしてきたことに他なりません。このヤハウェの答えは、〝罪を犯した覚えもないのに、なぜこんな酷い災難に遭わなければならないのか〟というヨブの疑問には直接何も答えていません。なぜ、これまで友人たちの忠告には耳を貸さなかったヨブが、神の発言にはこれほどあっけなく降参してしまうのか、ヨブ記の謎は深まるばかりです。

この点については、〝親子の間にあるような理屈を超えた信頼関係がヤハウェとヨブの間にも存在していたので、友人たちの説得には耳を貸さなかったヨブが、ヤハウェの声には無条件で反応したのではなかろうか〟という解釈もあります。

しかし、四〇章七節以下では、ヤハウェは無条件降伏したヨブに向かって重ねて叱責の言葉を浴びせます。四〇章の八節以下には、

「あなたはなお、わたしに責任を負わそうとするのか。あなたはわたしを非とし、自分を是としようとするのか。あなたは神のような腕を持っているのか、神のような声でとどろきわたることができるか。あなたは威光と尊厳とをもってその身を飾り、栄光と華麗とをもってその身を装ってみよ」。

（四〇・八〜一〇）

云々とあり、まるで、ヨブの無条件降伏に追い打ちをかけるかのように、河馬や鰐の話を持ち出して、重ねて自分の力を誇示します。河馬や鰐を造ったのは自分であり、それらを思いのままに扱えるのも自分だけだ。ヨブにそれができるならやってみろ。そうしたらお前の言い分も認めてやろう、と言うのです。

わたしたちの口語訳聖書で〝河馬〟、〝鰐〟と訳されている語は、ヘブライ語聖書では、〝べヘモット〟、〝レビヤタン〟という空想上の怪獣です。そんな空想上の怪獣まで持ち出して脅し、黙らしてしまおうなど、信頼関係も何もあったものではありません。

さて、きょうの四二章は、まるで頑固親父の八つ当たりのようなヤハウェの言い分を受けて、ヨブが平謝りに謝る場面です。

「わたしは知ります、あなたはすべての事をなすことができ、またいかなるおぼしめしでも、あなたにできないことはないことを。『無知をもって神の計りごとをおおうこの者はだれか』。それゆえ、わたしはみずから悟らない事を言い、みずから知らない、測り難い事を述べました。『聞け、わたしは語ろう、わたしはあなたに尋ねる、わたしに答えよ』。わたしはあなたの事を耳で聞いていましたが、今はわたしの目であなたを拝見いたします。それでわたしはみずから恨み、ちり灰の中で悔います」。

（四二・二〜六）

旧約聖書では〝神を見たものは死ぬ〟と言われ、古代イスラエル人は神の顔を見ることを恐れていたようですが、どうしてヨブは、こんな強権的なヤハウェの怒鳴り声を聞いて、「わたしはあなたの事を耳で聞いていましたが、今はわたしの目であなたを拝見いたします」などと、平身低頭してしまったのでしょうか。

注釈者の中には、最初のヤハウェの発言にヨブが余りにも簡単に応じ過ぎたので、これでは安易過ぎる、と考えた別の作者が、幾分でも真実味を増そうとして後から付け加えたものだろう、と考える人もおります。

一方、これをヤハウェのユーモアだと受け取る人もいます。つまり、〝ベヘモット〟、〝レビヤタン〟という混沌の世界に君臨する得体の知れない怪物にさえヤハウェは心を配っておられるのだから、ましてやヨブに対してもっと深い配慮をしてくださらないはずはない。「今はわたしの目であなたを拝見いたします」というのは、ヨブがそれに気づいたことを指している、と言います。

果たしてこれがユーモアなのか、ジョークなのか、こじつけなのか。半信半疑で先に進むと、更なる疑問が生じます。厳しくヨブを叱咤したヤハウェは、ヨブが平謝りに謝ると、七節以下、今度は矛先をヨブの友人の一人エリパズに向けます。

主はこれらの言葉をヨブに語られて後、テマンびとエリパズに言われた、「わたしの怒りはあなたとあなたのふたりの友に向かって燃える。あなたがたが、わたしのしもべ、ヨブのように正しい事をわたしについて述べなかったからである。（四二・七）

ヤハウェがヨブに言ったのと同じ内容のことをエリパズも言ったのに、彼はヤハウェに叱られ、逆にヨブは〝正しい事を述べた〟と褒められる。

ヨブの述べた「正しい事」とはいったい何を指すのか。この点も解釈が分かれるところです。直近の文脈に限って考えれば、ヨブが自分の非を認め悔い改めたことを指すのかもしれません。

この後、八節以下、友人たちもヨブを介して悔い改め、赦されたことが記されています。

それで今、あなたがたは雄牛七頭、雄羊七頭を取って、わたしのしもべヨブの所へ行き、あなたがたのために燔祭をささげよ。わたしのしもべヨブはあなたがたのために祈るであろう。わたしは彼の祈を受けいれるによって、あなたがたの愚かを罰することをしない。……そこでテマンびとエリパズ、シュヒびとビルダデ、ナアマびとゾパルは行って、主が彼らに命じられたようにしたので、主はヨブの祈を受けいれられた。（四二・八～九）

そして、最大の疑問はこの後です。

ヨブがその友人たちのために祈ったとき、主はヨブの繁栄をもとにかえし、そして主はヨブのすべての財産を二倍に増された。そこで彼のすべての兄弟、すべての姉妹、および彼の旧知の者どもことごとく彼のもとに来て、彼と共にその家で飲み食いし、かつ主が彼にくだされたすべての災について彼をいたわり、慰め、おのおの銀一ケシタと金の輪一つを彼に贈った。主はヨブの終りを初めよりも多く恵まれた。彼は羊一万四千頭、らくだ六千頭、牛一千くびき、雌ろば一千頭をもった。また彼は男の子七人、女の子三人をもった。彼はその第一の娘をエミマと名づけ、第二をケジアと名づけ、第三をケレン・ハップクと名づけた。全国のうちでヨブの娘たちほど美しい女はなかった。父はその兄弟たちと同様に嗣業を彼らにも与えた。この後、ヨブは百四十年生きながらえて、その子とその孫と四代までを見た。ヨブは年老い、日満ちて死んだ。（四二・一〇〜一七）

執拗なまでに因果応報論に疑問を投げかけてきたにもかかわらず、結局、物語は因果応報論的結末をもって終わる。果たしてこんな結末で読者は納得するでしょうか。

この点に関して、以前と同じだけのものが回復されたのならば因果応報論と言えるかもしれないが、二倍に増やされているということは、単なる因果応報論を超えて、ヤハウェの恵みの豊かさが語られているのだ、という穿った解釈がありますが、いかにも屁理屈です。初めに失われた息子、娘たち（一・一九）、及び雇い人や奴隷たち（一・一四、一七）の命はどうなるのでしょうか。

この点でも、財産は二倍だが子供たちの数は同じなのは、以前なくなった子供たちが復活したことを暗示している、という解釈がありますが、とても納得はできません。

最近では、ヨブ記は神の絶対主権、つまり〝神様は何もかもご自分の意思で決定し、思いのままに実行される〟という神学思想に異議を申し立てる書だと考える研究者もいます。ヨブがユダヤ人ではないこと、「エル」とか「シャダイ」とか「エロアハ」とか、ヤハウェの他に幾通りかの神様の呼び名が出てくること等を考えると、あるいは、ヤハウェ一辺倒のユダヤ教に一石を投じる意図があったのかもしれません。

さて、他人の解釈ばかり並べましたが、正直なところ、わたしには〝これぞヨブ記の決定版〟と言えるようなお話はできません。一年三カ月かけて、結局〝分からないということが分かった〟だけです。

ただ、〝分からない〟なりに分かっていることは、ほとんどの聖書の記事は、一人の人があるとき一気に書き上げたものではないだろうということです。特にヨブ記には、世代も思想も越えて何人もの作者が関わっているらしい。ですから、ヨブ記全体を一つの解釈で統一しようなどということはしょせん無理なのでしょう。この書はあらゆる時代、あらゆる状況に向かって開かれた書物なのです。

我々の問題意識は古代人のものとは断然違います。わたしたちが現代人の目で文字通りにこの書を読んだら、つじつまの合わないことばかりです。しかし、それにもかかわらず、この書は時代を超え、状況を超えて、現代まで多く人々に読まれ続けてきました。それは、この書が開かれた書であるからだと思います。

この物語は、まず、ヤハウェがヨブの信仰を巡ってサタンと賭けをすることから始まります。何という不埒《ふらち》な神でしょうか。〝主なるあなたの神を試みてはならない〟と命じておきながら、ご自分はヨブを試して、誰からも何も言われない……ちょっと変です。

最初から読者に疑問を起させるよう仕組まれているのではないでしょうか。以後読者は神に対する疑いをヨブと共有します。疑いを抱くことが許されている、と言っても良いかもしれません。しかしそれと同時に、疑いながらもヨブのように最後まで神に喰らいついていくことができるか……読者の信仰が試されているのではないでしょうか。

パウロは言います、

わたしたちは、今は、鏡に映して見るようにおぼろげに見ている。しかしその時には、顔と顔とを合わせて、見るであろう。わたしの知るところは、今は一部分にすぎない。しかしその時には、わたしが完全に知られているように、完全に知るであろう。

（Iコリント一三・一二）

果たしてわたしたちに、〝今はわたしの目であなたを拝見いたします〟と言えるときが来るのでしょうか。

（二〇〇五年三月一三日）

あとがき

牧師の引退届なるものを出しました。

人生の幕引きについて薄々考えないわけではなかったのですが、高校の同級生が相次いで三人も亡くなり、否応なしに「ラスト・ステージ」について考えさせられています。若かりし頃は七十過ぎまで生きることは想定外で、人生の最終段階のことなど考えもしませんでしたが、最近はいやでもそのことが脳裏をかすめ、眠れない夜もあります。従兄弟の医者に相談したら、自律神経の失調だろうとのこと。気をつけないと「ボケる」そうです。実のところ、既にボケかかっていますが……。

かつて、教会のお年寄りから「不眠」を訴えられた時、「眠れない時は眠らなくてもいいのです。人間、必要なら必ず眠れるものですよ」とわかったようなことを言い、「そんな時こそ、聖書を開いてはどうですか。すぐ眠くなりますから」などと冗談めかして言っていましたが、いざ自分の番になってみると、不眠がどんなに辛いことか。

パウロは、「死は勝利に飲まれてしまった」と言いました。イエスも「神は死んだ者の神ではなく、生きている者の神なのだ」と言われたらしい。二人とも、まるで死など眼中にないような口振りです。キリスト教徒ならくよくよとラスト・ステージのことなど考えずに、最大限充実した「今」を生きるべきなのでしょうが、なかなか割り切れないものです。想えば、イエスは三十歳そこそこ、パウロも六十歳くらいの一生でした。彼らに比べるのは畏れ多いことですが、少し長生きし過ぎたのかもしれません。その分だけ未練を絶ち難くなっているようです。わたしに残された年月がどのくらいあるか分かりませんが、これからの生き方こそが問われているとわかってはいながら、死の不安を綺麗さっぱり忘れてしまうわけにはいかない……。

おかげで、神に対するヨブの執拗な抗いが、なぜ神の一喝（「無知の言葉をもって、神のはかりごとを暗くするこの者はだれか」）によって吹き飛んでしまったのか、おぼろげながら分かるような気がしています。注釈書では納得のいかなかったことです。

この本も、皆さんの疑問に納得のいく答えを与えようなどとするものではなく、直接ヨブ記を読んでご自分で考えていただくためのささやかなお手伝いとなればと願っています。

二〇一六年五月四日

今井敬隆

著者

今井敬隆（いまい・よしたか）

日本基督教団隠退教師。1940年、長野市生まれ。同志社大学経済学部卒。八十二銀行（本店長野市）・美福製材所（山口県美祢市）勤務の後、1982年日本基督教団教師試験Cコースにて補教師。1985年正教師。美祢教会副牧師を経て1987年より2010年まで東美教会牧師、1999〜2009年日本女子大学文学部非常勤講師、2011年8月より2013年3月まで小平学園教会代務者を務めた。著書『あなたのガリラヤへ　聖書《テキスト》を読む』（新教出版社）。

あなたはヨブと出会ったか

迷い、躓き、行き詰まりながら読む

2016年5月31日　第1版第1刷発行

著　者……今井敬隆

発行者……小林　望

発行所……株式会社新教出版社

〒162-0814 東京都新宿区新小川町9-1

電話（代表）03 (3260) 6148

振替 00180-1-9991

印刷・製本……株式会社カシヨ

ISBN 978-4-400-52727-5　C1016